나 혼자 간다

7개 국어로 말할 수 있다!

한국어 · 영어 · 러시아어 · 스페인어
우즈베크어 · 중국어 · 프랑스어

나 혼자 간다

7개 국어로 말할 수 있다!

한국어 · 영어 · 러시아어 · 스페인어 · 우즈베크어 · 중국어 · 프랑스어

초판 1쇄 인쇄 2022년 6월 20일
초판 1쇄 발행 2022년 6월 30일

지은이 김춘식 · 이선희 · G.미르탈리포바 유누소바 · M.안또니나 파브로브나 · K.옥사나 · 황다향 · 김기호
펴낸이 서덕일
펴낸곳 문예림

출판등록 2014.12.24 (제2014-73호)
주소 경기도 파주시 회동길 366 (10881)
전화 (02)499-1281~2 **팩스** (02)499-1283
전자우편 info@moonyelim.com
홈페이지 www.moonyelim.com

ISBN 978-89-7482-926-1 (13790)
값 15,000원

나 혼자 간다

7개 국어로 말할 수 있다!

한국어 · 영어 · 러시아어 · 스페인어
우즈베크어 · 중국어 · 프랑스어

문예림

저자소개

김춘식 (어문학 박사)

전 타슈켄트 국립동방학대학교 한국어학부 및 대학원 교수
전 국립사마르칸드 외국어대학교 한국어학과 및 대학원 교수
전 KLPT 한국말 인정시험 우즈베키스탄 대표
현 (사단법인) 한·중앙 아시아 친선협회 법인이사 및 사무국장
저서 한국어-러시아어/러시아어-한국어 사전(문예림)
한국어-우즈베크어/우즈베크어-한국어 사전(문예림)

이선희 (국어 석사)

전 포항여고 교사
전 코이카 봉사단원(사마르칸드 외대, 인도네시아 반둥 공대)
현 에콰도르 센트럴 대학교 외국어로서 한국어 교수

G.미르탈리포바 유누소바 (한국학 박사)

현 타슈켄트국립동방학대학교 한국어학과(부학장)
저서 한국어-우즈베크어/우즈베크어-한국어 사전(문예림)
활용 우즈베크인-한국어, 한국인-우즈베크어 회화(문예림)

M.안또니나 파브로브나 (언어학 준박사)

전 사마르칸드 국립외국어대학교 한국어 학과장
2011년 한글날 기념 이명박 대통령 훈장 수여
우즈베키스탄 독립 15주년 기념 교육부분 우즈베키스탄 대통령 훈장수여
우즈베키스탄 독립 20주년 기념 교육부분 우즈베키스탄 대통령 훈장수여
저서 러시아어 한국어 입문사전(문예림)
한국어-우즈베크어/우즈베크어-한국어 사전(문예림)
고려인과 한국문화(사마르칸드 외국어 대학교 출판)

K.옥사나(김정숙) (한국학 석사)

하바로브스크 약학대학 졸업
경희대학교 대학원 졸업 한국학 석사(외국어로서 한국어 교육)
사단법인 한·중앙아시아 친선협회, 자유기고가(러시아어 통번역)
저서 투르크메시스탄 양용식물총람 대통령저서 번역
활용 러시아인-한국어, 한국인-러시아어 회화(문예림)

황다향(해란)

중국 장춘 외국어 대학교(MA)
전 중국 연길시 10번 학교
현 자유 통역 및 번역, 여행 가이드

김기호

중국어 학원 강사

머리말

현재 우리가 살고있는 시대는 세계화, 정보화로 인하여 지구촌이라는 시대에 살고 있습니다. 이러한 현실에서 시대적 변화에 신속하게 적응하며 국제무대에서 경쟁력을 갖기 위한 자격 요건이 외국어 의사소통의 능력입니다.

세계적인 공용어가 된 영어와 함께 아세아 대륙의 가장 넓은 땅을 가지고 있는 러시아어, 러시아어는 독립국가 연합과 동유럽에서 가장 중요하게 사용되는 공용어이며, 세계에서 가장 인구가 많은 중국어. 그리고 유럽과 남미 대륙에서 공용어로 사용되고 있는 스페인어와 우즈베크어는 중앙아시아에서 사용하고 있으며, 이슬람 종교인 약 37개국에서 사용하고 있는 우즈베크어를 비롯하여 유럽과 아프리카 대륙과 많은 나라들이 사용하고 있는 프랑스어를 수록했습니다.

이러한 언어들은 유엔과 국제적십자사, 국제우편 등의 공식어입니다.

이러한 시점에서 7개국어 회화책의 출간은 시대적 요구를 만족하는 의미 있는 일이라 생각합니다. 이 책은 한국어, 영어, 러시아어, 스페인어, 우즈베크어, 중국어, 프랑스어를 동시에 짧은 시간 동안 효율적으로 습득할 수 있도록 만들어진 책입니다. 특히 여행이나 일상생활에서 의사소통능력 배양을 목적으로 일상생활과 관련하여 33가지를 상황별 다양하게 주제로 회화 형식으로 꾸며져 있습니다. 예를 들면 인사부터 자기소개, 시간, 요일, 년, 월, 일, 계절과 날씨, 건강, 쇼핑, 등등 여행에서 필요하고 우리의 일상생활에서 필요한 전화, 문화생활, 스포츠 등의 회화를 소개하고 있습니다.

그리고 발음표기는 우리말 외래어 표기법의 틀에 얽매이지 않고 실제 각국에서 거주하고 있는 한국어 선생(교수)님들께서 수고하시므로 가장 원어민의 말에 맞게 표기하도록 최선을 다하였습니다. 그래도 지역과 문화와 억양에 따라서 다소 다르게 들릴 수 있습니다. 독자께서는 더 좋은 어휘표기 방법이 있다면 연락 주시면 다음에 출판될 때는 수정하여 표기하도록 하겠습니다.

7개국어 회화책은 7개국의 언어를 동시에 습득할 수 있는 일석 7조의 효과를 주면서 지금이라도 당장 세계 어느 곳이라도 배낭을 메고 여행할 수 있는 자신감을 가지게 될 것입니다.

저자 대표 김춘식

Departures

차 례

독립 국가 연합과 동유럽 공용어 러시아어

러시아어는 동슬라브어의 북동 지역 방언을 기저로 형성되었지만 11세기부터 17세기에 이르는 긴 기간 중에 쓰여진 문헌들의 언어는 순수하게 슬라브어도 아니고, 러시아어도 아닌 키릴 알파벳에 의한 교회슬라브어였다. 러시아어의 기반이 된 이 키릴 문자는 오랜 기간에 걸쳐 현재와 같은 형태를 띄게 되었지만 그 당시의 문자 순서는 현재와는 큰 차이가 없다.

1917년 이루어진 신개혁에서는 러시아어 철자법의 정리와 그 단순화라는 기본 과제가 해결되었다. 불필요한 네 개의 문자, 즉, 자음 뒤 어말(특히 복합어)문자를 제거하고 경자음 부를 없앴다. 그러나 경자음 부호는 곧 부분적으로 접두사 뒤 그리고 복합어에서 부활되었고 33개의 자 · 모음 철자로 정리되었다. 1918년의 신철자 개혁의 기본 특성은 현재까지 유지되고 있다.

러시아어는 불가리아어, 리투아니아어, 라트비아어와도 유사하며, 동부 러시아어는 카자흐어나 위구르어의 영향도 소수로 받은 편이며, 그리스어, 라틴어, 폴란드어, 네덜란드어, 독일어, 프랑스어 등에서도 차용어를 들여왔다. 전 세계에서 2억 8천만 명이 러시아어를 쓰고, 이 가운데 1억 6천만 명이 러시아어를 모국어로 사용한다.

유럽과 남미 대륙에서 공용어로 사용하는 스페인어

스페인 공식어인 이외에 사용되는 언어는 '카탈루냐어'와 '바스크어'가 있다. 전자는 18세기와 19세기의 기간 동안 지속된 쇠퇴기를 맞았으나, 스페인과 중남미 지역의 다양한 사회계층에서 사용되고 있는 것은 통속적 특질들이 각 지역에서 유사함을 보이고 있기 때문이다. 즉, 교양어의 사용은 공통 지역의 다양성을 감소시키고, 지역적 특성을 줄이고 있기 때문이다.

스페인 북부 지역에서 기원하여 아메리카 대륙에 널리 퍼졌으며, 아프리카 및 아시아 태평양 지역에도 상당한 영향을 주었다. 현재 포르투갈, 브라질을 제외한 라틴아메리카, 미국, 적도 기니, 서사하라 등의 지역에서 사용되고 전 세계에서 약 4억 5천 200만 명의 인구가 모국어로 사용하고 있다.

중앙아시아 국가 사용하고 있는 우즈베크어

우즈베크어는 투르크어 계통으로 터키어, 아제리어, 투르크멘어, 카자흐어, 키르기즈어 등이 같은 언어 계통 있고, 우즈베크어는 약 3천 만 명의 사람들이 사용하는데 이들은 주로 우즈베키스탄에 거주하며, 그 밖에도 중앙아시아 국가들에서 약 500만 명이 사용하는 언어이다.

가장 많은 인구가 사용하는 중국어

중국어(Chinese Language)는 중국 대륙에서 기원하여 중국티베트어족(Sino-Tibetan)의 한어파(Sinitic)에 속하는 언어군을 일컫는 말이다. 중국어는 근 몇 백년 동안 북방관화를 기초로 발전해왔으며, 북경어의 음을 기준으로 하고 있다. 중국어는 지금 세계에서 사용인구가 가장 많은 언어이며, 주변국가의 언어 문자에도 중요한 영향을 미쳤다. 즉 일어, 한국어, 베트남어 등이 대량의 한자를 보유하고 있다. 중국어는 고대와 현대 두 개의 형태로 존재하고, 문어체와 구어체로 나뉜다. 또 방언과 표준어로 나누며, 표준어는 중앙정부의 주재지역에 따라 변해왔다. 현대한어의 표준어는 '보통화(普通話)'라고 칭한다.
1982년 11월, 제5차 전국인민대표대회 5차 회의에서 통과된 〈중화인민공화국헌법(中华人民共和国宪法)〉 안에 전국에서 통용되는 보통화를 국가가 보급한다라는 조항을 넣었다. 2001년 1월 1일부터 시행한 〈중화인민공화국국가통용문자법(中华人民共和国国家通

用语言文字法)〉를 확립하고 국가보급보통화(国家推广普通话)와 규범한자(规范汉字)를 규정하였다.
현대 국어격인 보통화와 고대 국어인 중원 아음과 비교할 때 대량의 북방 소수민족의 언어를 유입하였고 원나라 이전의 중국어(관화)와는 또 매우 다르다. 보통화에서 볼 수 없는 중원 아음의 특징은 각종 중국어 방언 속에 대량으로 존재한다.

유럽과 아프리카 대륙과 많은 나라들이 사용하고 있는 프랑스어

프랑스는 언어를 보면 북부 프랑스어, 남부의 프랑스말로 나눌 수 있는데, 파리를 중심으로 하는, 즉 프랑스왕이 거처하는 곳의 말이 프랑스의 영토 확장과 왕권의 팽창과 더불어 프랑스 전역으로 퍼짐으로써 최후에는 프랑스 공용어의 위치를 차지하게 되었다. 그러나 이런 흐름 속에서도 중세의 큰 사건들에 의해서도 언어적 변천이 크게 영향을 받았는데, 프랑스의 르네상스 시기는 프랑스어 발전시기에서 현대 프랑스어 형성시기라고 할 수 있는 시기이다.
그후 17세기에 들어 프랑스어 우아하며 완벽하게 다듬었고, 18세기에 와서는 프랑스 문호가 외부로 개방된 시기로써 프랑스는 유럽전체에 있어 문명의 대표 국가로, 수도 파리는 문화의 수도로 인정받게 되었다.
이와 더불어 프랑어는 외교어와 교양어로써 그 위치를 확보하게 되었던 것이다. 이런 영광의 시기를 거쳐 그후 20세기에 미국의 등장과 더불어 영어권의 부각으로 상대적으로 프랑스어는 영어에 위협을 받게 되었다. 그러나 아직도 프랑스어의 문화적 가치는 인정되고 있으며, 프랑어의 국제적 위치는 확고하여 영어와 더불어 국제어로써 유지하고 있다고 하겠다.
프랑스어는 프랑스와 벨기에, 스위스, 캐나다, 그 외에도 아프리카 등지의 공용어이며, 유엔에서는 영어와 함께 가장 많이 쓰이는 언어 이기도 하다. 전 세계 약 2억 6,300만 명이 프랑스어를 쓰고 약 7,500만 명이 모국어로 사용하고 있다.

참조문헌
세계의 문자(예술의 전당)

나 혼자 간다

7개국어로 말할 수 있다!

한국어·영어·러시아어·스페인어
우즈베크어·중국어·프랑스어

01 인사

- Salutation
- Приветствие
- saludo
- salom
- 招呼
- salutation

안녕하세요, 안녕하십니까?(언제나)

Hi, Hello. Good morning.

Привет, здравствуйте!
쁘리베-트 즈드라-스뜨부이쩨

¡Hola! Buenos días.
올라 부에노스 디아스

Salom. Assalomu alaykum!
살럼 아쌀러무 알라이쿰

您好! 你好嗎？
Nǐ hǎo Ni hǎo ma
니 하오 니 하오 마

Salut Bonjour. Bonjour.
쌀뤼 봉주흐 봉주흐

안녕하세요, 안녕하십니까(오후)

Good afternoon.

Добрый день!
도-브르이 젠

Buenas tardes.
부에나스 따르데스

Xayrli kun!
하이를리 쿤

你好。
Nǐ hǎo
니하오

Bonne après-midi.
보 나프헤-미디

안녕하세요, 안녕하십니까(오전)

Good morning, sir.

Доброе утро!
도-브르이 우-뜨로

Buenos días.
부에노스 디아스

Xayrli kun!
하이를리 쿤

早上好。
zǎoshàng hǎo
자오상 하오

Bonjour Monsieur.
봉주흐 므씨유

안녕하세요, 안녕하십니까(저녁)

Good evening.

Добрый вечер!
도-브르이 베-체르

Buenas tardes.
부에나스 따르데스

Xayrli kech.
하이를리 케치

晚上好。
Wǎnshàng hǎo
완 상 하오

Bonsoir.
봉쑤아흐

안녕히 주무십시오.

Good night.

Спокойной ночи!
스빠꼬-이노 노-치

Buenas noches.
부에나스 노체스

Xayrli tun!
하이를리 툰

晚安。
Wǎn'ān
완 안

Bonne nuit.
본 뉘

또 만납시다.

See you later(again).

До скорой встречи.
다 스꼬-로이 프스뜨레-치

Encontrémonos otra vez.
엔꼰뜨레모노스 오뜨라 베스

Yana uchrashguncha!
야나 우츠라시균차

再见(再次)。
zàijiàn (zàici)
짜이지엔 짜이쓰

À plus tard.
아 쁠뤼 따흐

안녕히 가십시오.

Goodbye. (So long.)

До свидания! (Прощайте)
다 스비다-니야 쁘라샤-이쩨

¡Chao! ¡Adiós!
차오 아디오스

Xayr!
하이르

慢走!
Mánzǒu
만-쪼우

Au revoir. (Si longtemps.)
오 흐부아흐 씨 롱떵

월요일에 또 만납시다.

See you on Monday.

До понедельника!
다 빠녜젤-니까

Encontrémonos otra vez el lunes.
엔꼰뜨레모노스 오뜨라 베스 엘 루네스

Dushanba kuni ko'rishguncha.
뚜샨빠 쿠느 코르시균차

星期一再见吧。
Xīngqí yī jiàn ba
씽취이 지엔 빠

À lundi.
어 렁디

잘 지내세요.

Good luck.

Всего хорошего.
프세보- 하로-쉐보

¡Buena suerte! ¡Pasa bien!
부에나 수에르떼 빠사 비엔

Omadingizni bersin!
어마딘기즈느 베르쓴

祝你过得愉快。
zhù nǐ guò dé yúkuài
쭈 니 꾸어 떠 유-콰이

Bonne chance.
본 샹쓰

B씨? (B양?)

Mr. B?(Mrs, B, Miss B?)

Господин B? (Госпожа B?)
가스빠진- 베 가스빠자- 베

¿Señor B?(Señora B, Señorita B?)
세뇨르 B 세뇨라B, 세뇨리따 B

Janob B. B xonim!
자너브 B B 허늠

B先生。 B某。(B女士。B小姐。)
B xiānshēng B mǒu（B nǚshì, B xiǎojiě）
B 씨엔셩, B 모우 B 뉘쓰, B 샤오 지에

Monsieur B? (Mme, B, Mlle B?)
므씨유 B

여보세요!

Hallo! Hello!

Алло!
알로

¡Diga!(받는 측)
디-가

¡Aló!(Only use when you answer the phone)
알로

Allo! Eshitaman!
알로 에시타만

喂(餵)!
wèi
웨이

salut!
쌀뤼

그렇습니다.

Yes, sir.

До.
다

Si.
시

Shunday.
슌다이

是，是的。
Shì, shì de
쓰, 쓰더

Oui, monsieur.
위 므씨유

아니오.

No, sir.

Нет.
니에트

No.
노

Yo'q.
욕

不, 不是。
Bù, búshì。
뿌, 씨엔셩

Non monsieur.
농 므씨유

네, 그렇습니다.

Yes, I am.

Да.
다

Si, yo soy.
시, 요 소이

Ha, shunday.
하, 슌다이

是的, 是的。
shì de, shìdei
쓰-더, 쓰-더

Oui.
위

당신은 B씨 부인이 아닙니까?

Are you not Mrs. B?

Вы не госпожа Б?
브이 네 가스빠쟈 -베

¿No es usted la esposa del Sr. B?
노 에스 우스뗏 라 에스뽀사 델 세뇨르 베

Siz B xonim emasmisiz?
스즈 B 허늠 애마스므스즈

你不是太太嗎B?
Nǐ bùshì B tàitài ma
니 뿌 쓰 B 타이타이 마

N'êtes-vous pas Mme B?
네뜨-부 빠 마담 베

만나서 반갑습니다.

How do you do?

Рад с вами познакомиться.
라-트 스 바-미 빠즈나꼬-미쨔

¿Cómo está usted?
꼬모 에스따 우스뗏

tanishganimdan xursandman.
타느시가늠단 후르산드만

很高兴见到你。
hěngāoxìng jiàndào nǐ
헨 카오씽 찐따오 니

Comment allez-vous?
꼬멍 딸레-부

제 소개를 하겠습니다.

Allow me to introduce myself.

Позвольте представиться.
빠즈볼-쩨 쁘레스뜨스따-비쨔

Te present. Me presentaré.
떼 쁘레젠또 메 쁘레센따레

O’zimni tanishtiraman.
오즘느 타느시트라만

請允許我介紹一下自己。
Qǐng yǔnxǔ wǒ jièshào yīxià zìjǐ
칭 윈쉬이 워 지에샤오 이씨아 쯔지이

Permettez-moi de me présenter.
뻬흐메-무와 드 므 프레장떼

나는 김입니다.

I'm Kim.

Я Ким.
야 킴

Soy kim.
소이 킴

Men Kimman.
멘 김만

我性金, 我是老金。
Wǒ xìng jīn wǒshilǎojīn。
워 씽 찐, 워 쓰 라오 찐

Je suis Kim.
주 쒸 킴

건강하신 모습을 보니 매우 기쁩니다.

I'm very glad to see you in such an good health.

Рад (Рада) вас видеть в добром здравии.
라-트 라-다 바스 비-제찌 브 도-브롬 즈드라비

Me alegro de que veo que está bien de salud.
메 알레그로 데 께 베오 께 에스따 비엔 데 살룻

sog’-salomat ko’rib turganimdan xursandman.
서흐- 살러맡 코릅 두르가늠단 후르산드만

我很高興看到你身體健康。
Wǒ hěn gāoxìng jiàn dào nǐ shēntǐ jiànkāng
워 헌 까오씽 칸 따오 니 션티 찌엔캉

Je suis très heureux de vous voir en si bonne santé.
주 쒸 트헤 제뢰 드 부 부아흐 앙 씨 본 쌍떼

오랜만에 뵙겠습니다.

I have not seen you for ages (for a long time).

Мы долго не виделись!
므이 돌-가 녜 비젤리시

Hace tiempo que no te veo.
아쎄 띠엠뽀 께 노 떼 베오

Ko'rishmaganimizga ham ancha
코르시마가니므즈가 함 안차
bo'ldi.
볼트.

我好久没见过你了。
Wǒ hǎojiǔ méi jiànguò nǐle
워 하오지우 메이 찌엔꾸오 니러
(很长一段时间。)
hěn zhǎng yīduàn shíjiān
헌 창 이뚜안 쓰지엔

Je ne vous ai pas vu depuis
주 느 부 제 빠 뷔 드쀠
longtemps.
롱떵

존경합니다.

I pay my respects to you.

Я уважаю вас.
야 우바자유 바스

Te respeto. Lo respeto.
떼 레스뻬또 로 레스뻬또
Te admiro.
떼 아드미로

Sizni hurmat qilaman.
스즈느 후르마트 클라만

尊敬您。
Zūnjìngnín
쭌징닌

Je vous respecte.
주 부 헤스뻭뜨

축하합니다.

Congratulations!

Поздравляю.
빠즈드라블랴-유

¡felicidades!
펠리씨다데스

Tabriklayman.
탑릭라이만

恭喜!
Gōngxǐ
꽁쒸이

Toutes nos félicitations!
뚜뜨 노 펠리씨따씨옹

생일 축하합니다.

Happy birthday to day.

Поздравляю вас с днём рождения.
빠즈드라블랴-유 바스 즈 드뇸 라즈제니야

Le felicito por su cumpleaños.
레 펠리씨또 뽀르 수 꿈뽈레아뇨스
Feliz cumpleaños.
펠리스 꿈뽈레아뇨스

Tug'ilgan kuningiz bilan
투클간 쿤닌기즈 블란
tabriklayman!
탑릭라이만

祝你(您)生日快乐。
Zhùnǐ(nín)shēngrì kuàilè
쭈니 닌 셩르 콰일러

Joyeux anniversaire au jour.
주와이외 자니베흐쎄흐 오 주르

새해 복 많이 받으십시오.

I wish you a happy New Year.

Поздравляю вас с Новым годом.
빠즈드라블라-유 바스 스노-브임 가돔-

Желаю вам счастья в Новом году.
젤라-유 밤 샤-스찌야 브노-봄 가두-

Feliz año Nuevo.
펠리스 아뇨 누에보

Le deseo un feliz año.
레 데세오 운 펠리스 아뇨

Yangi yilingiz bilan tabriklayman.
얀기 일린기즈 빌란 타브리클라이만

新年快乐。祝你新年快乐。
Xīnnián kuàilè zhù nǐ xīnnián kuàilè
씬니엔 콰일러 쭈니 씬니엔 콰일러

Bonne année.
보 난네

당신 아버님(어머님)께 안부를 전해주십시오.

Remember me to your father (mother).

Привет вашему отцу.
쁘리베-트 바-쉐무 앗쭈-

(вашей матери)
바-쉐이 마-쩨리

Por favor dé mis saludos
뽀르 파보르 데 미스 살루도스

a su padre.(madre)
아 수 빠드레 마드레

Otangiz(onangiz)ga salom ayting!
어탄기즈 어난기즈 가 살롬 아이팅

请向您父亲(母亲)问好。
qǐng xiàng nín fùqin mǔqīn wènhǎo
칭 쌍 닌 푸친 무친 원하오

Dites bonjour à votre père(mère).
디뜨 봉주흐 아 보트흐 뻬흐 메흐

부모님께 안부 전해주십시오.

Please give my kind regards to your parents.

Привет вашим родителям.
쁘리베-트 바-쉼 라지-쩰럄

Por favor dé mis saludos
뽀르 파보르 데 미스 살루도스

a sus padres.
아 수스 빠드레스

Ota-onangizga salom ayting!
어타-어난기즈가 살롬 아이팅

請代我向你的父母问好。
Qǐng dài wǒ xiàng nǐ de fùmǔ wènhǎo
칭 따이 워 시양 니 더 푸무 원하오

S'il vous plaît, donnez mes
씰 부 쁠래, 도네 메

salutations à vos parents.
쌀뤼따씨옹 아 보 빠항

형제 분들에게 안부를 전해주십시오.

Remember me to your brothers.

Передайте мой привет вашим
뻬레다-이쩨 모이 쁘리베-트 바쉼

братьям.
브라-찌얌

Por favor envíale mis saludos a tu
뽀르 파보르 엔비아레 미스 살루도스 아 뚜

hermano.
에르마노

Aka-ukalaringizga mendan salom
아카-우칼라리느기즈가 멘단 사럼

ayting.
아이팅.

請代我向您的兄弟问好。
qǐng dài wǒ xiàng de xiōngdi wènhǎo
칭 따이 워 시양 시옹띠 원하오

Dites bonjour à vos frères.
디뜨 봉주흐 아 보 프레흐

당신 가족 모두에게 안부를 전해주십시오.

Please remember me kindly to all at home.

Передайте привет вашей семье.
빼레다이쩨 쁘리베트 바쉐이 세미에

Por favor envíale mis saludos a tu familia. Saludos en tu casa.
뽀르 파보르 엔비아레 미스 살루도스 아 뚜 파밀리아 살루도스 엔 뚜 까사

Uydagi laringizga salom ayting!
우이다길 라린기즈가 살롬 아이팅

请向您全家问好。
qǐng xiàng nín quánjiā wènhǎo
칭 쌍 닌 꾸안찌아 원하오

Dites bonjour à toute votre famille.
디뜨 봉주흐 아 뚜뜨 보트흐 파미유

어떻게 지내세요?

How are you?(How do you do?)

Как поживаете?
깍-크 빠쥐바-에쩨

¿Cómo está?
꼬모 에스따

Qandaysiz?(Ishlaringiz yaxshimi?)
칸다이스즈 이실라린기즈 야흐시므

过得怎么样?
guò dé zěnmeyàng
꾸어 떠 쩐메양

Comment vas-tu?
꼬멍 바-뛰
(Comment allez-vous?)
꼬멍 딸레-부

감사합니다. 아주 잘 지내고 있습니다. 당신은?

I am very well, and you?

Спасибо, Очень хорошо, а вы?
스빠시-보 오-친 하라쇼- 아 브이

Gracias. Estoy muy bien. ¿Y tú?
그라시아스 에스또이 무이 비엔 이 뚜

Rahmat. Juda yaxshiman.
라흐마트 주다 야흐시만
O'zingiz-chi?
오진기즈 츠

谢谢。我们过得很好。你呢?
xièxie。 wǒmen guò dé hěn hǎo。 nǐ ne
씨에씨에 워멘 꾸오 더 헨 하오 니 너

Je vais très bien et vous?
주 베 트헤 비엥 에 부

감사합니다. 아주 잘 지내고 있습니다.

Very well, thanks.(Find thanks.)

Благодарю, очень хорошо.
블라가다류- 오-친 하라쇼-

Gracias. Estoy muy bien.
그라시아스 에스또이 무이 비엔

Rahmat. Juda yaxshiman.
라흐맏 주다 야흐시만

谢谢。我们过得很好。
xièxie。wǒmen guò dé hěn hǎo
씨에씨에 워멘 꾸오 더 헨 하오

Très bien merci. (Trouvez merci.)
트헤 비엥 메흐씨 토로비 메흐씨

건강이 어떻습니까?

Are you in good health.

Как ваше здоровье?
깍-크 바-쉐 즈다로-비에
(Как вы себя чувствуете?)
깍-크 브이 시뱌 춥-스뜨부에쩨

¿Cómo está de salud?
꼬모 에스따 데 살룻
¿Está bien de salud?
에스따 비엔 데 살룻

Sog'lig'ingiz qanday?
서흘르큰기즈 칸다이

你身体怎么样?
Nǐ shēntǐ zěn meyàng
니 션티 전 머양

Êtes-vous en bonne santé.
에뜨-부 앙 본 쌍떼

아니오, 건강이 좋지 않습니다.

No, I am not in good health. (No, I am not.)

Я чувствую себя плохо.
야 춥-스뜨부유 시뱌 뽈로-호
(не хорошо.)
네 하라쇼-

No, no estoy bien de salud.
노, 노 에스또이 비엔 데 살룻

Yo'q, sog'lig'im yaxshi emas.
욕, 섷르큼 야흐시 애마스

不, 身体不好。
Bù, shēntǐ bùhǎo
뿌, 션티 뿌 하오

Non, je ne suis pas en bonne santé.
농, 주 느 쒸 빠 앙 본 쌍떼
(Non, je ne suis pas.)
농, 주 느 쒸 빠

네, 건강은 좋습니다.

I am in good health.

Спосибо, хорошо.
스빠시-보 하라쇼-

Si, estoy bien de salud.
시, 에스또이 비엔 데 살룻

Sog'ligim yaxshi!
서흘르큼 야흐시

好 很好(很健康)。
hǎo hěnhǎo (hěnjiànkāng)
하오 헌하오 헌지엔캉

Je suis en bonne santé.
주 쒸 장 본 쌍떼

그거 안됐군.

That's too bad.

Это плохо.
에-따 뽈로-호

¡Qué lástima!
께 라스띠마

Bu yaxshi emas.
뿌 야흐시 에마스

那太可怜了。
nà tài kělián le
나 타이 커리렌 러

C'est dommage.
쎄 도마주

어디 가십니까?

Where are you going?

Куда вы идёте?
꾸다-브이 이죠쩨

¿A dónde va?
아 돈데 바

Qayerga ketayapsiz?
카예르갸 케타얍스즈

你去哪裡?
Nǐ yào qù nǎlǐ
니 취 나리

Où allez-vous?
우 알레-부

그는 어디서 오십니까?

Where is he coming from?

Откуда он приезжает?
앗꾸-다 온 쁘리예자-에트

¿De dónde viene él?
데 돈데 비에네 엘

Ular qayerdan kelayapdilar?
울라르 카옐단 켈랍틀라르

他从哪里来的?
Tā cóng nǎli láide
타 총 나리 라이더

D'où vient-il?
두 비엥-띨

나는 숙부를 마중하러 역에 갑니다.

I am going to the station to meet my uncle.

Я иду на станцию(вокзал)
야 이두-나 스딴-찌유 바그잘
встретить дядю.
프스뜨레-찌찌 쟈-쥬

Voy a la estación para dar
보이 아 라 에스따씨온 빠라 다르
la bienvenida a mi tío.
라 비엔베니다 아 미 띠오

Men tog'amni kutib olish uchun
멘 터감느 쿠톱 얼르시 우춘
stansiya(vokzal)ga ketayapman.
스탄치야 왁잘르 갸 켙얍만

我到火車站接叔叔去。
Wǒ dào huǒchēzhàn jiē shū-shu qù
워 따오 후오처짠 찌에 슈우-슈우 취

Je vais à la gare pour rencontrer
주 베 알 라 갸흐 뿌흐 랑꽁트헤
mon oncle.
모 낭끌

그는 영국여행에서 돌아오는 길입니다.

He is returning from his travels in England.

Он возвращается из
온 바즈브라샤-엣쨔 이스
путешествия по Англии.
뿌쩨쉐스비야 빠 안-글리

Está regresando de un viaje a
에스따 레그레산도 데 운 비아헤 아
Inglaterra.
잉글라떼라

Ular Angliya bo'ylab sayohatdan
울라르 안글리야 보일랍 사여할단
qaytayaptilar.
카이트얍틀라르

他从英国旅行回来的 。
Tā cóng yīngguó lǚxíng huílaí de
타 쩡짜이 잉꾸어 뤼씽 후이라이

Il revient de son voyage
일 르비엥 드 쏭 부아야주
en Angleterre.
어 낭글르떼흐

또 뵙겠습니다.

Good-bye. (See you again.)

До свидания.
다 스비다-니야

Nos vemos.
노스 베모스

Yana ko'rishamiz.
야나 코르샤므즈

再見。
Zàijiàn
짜이찌엔

Au revoir. (À la prochaine.)
오 흐부아흐 알 라 프호쉔

02 자기소개

- About myself
- О себе
- Sobre mí
- Men haqimda
- 關於我自己
- À propos de moi

당신의 이름은 무엇입니까?

What is your name?

Как вас зовут?
깍크 바스 자부트

¿Cuál es su nombre?
꾸알 에스 수 놈브레

Ismingiz nima?
이스밍기즈 느마

您的名字是什么?
nín de míngzì shì shénme
닌 더 밍즈 쓰 션머

Quel est votre nom?
껠 레 보트흐 농

내 이름은 안나 니꼴라예브 입니다.

My name is Anna Nikolaevna.

Миня зовут Анна Николаевна.
미냐 자부트 안나 니꼴라예브나

Mi nombre es Anna Nicolaeva.
미 놈브레 에스 안나 니꼴라예브나

Mening ismim Anna Nikolaevna.
메닝 이스믐 안나 니꼴라예브나

我叫 安娜尼古拉耶夫娜。
Wǒ jiào Ānnà ní gǔ lā yé fū nà
워 지아오 안나 니 꾸어 라 예 푸 나

Je m'appelle Anna Nikolaevna.
주 마뻴 안나 니꼴라예브

당신 성을 말씀해주시겠습니까?

Can you tell me, What is your surname.

Скажите, пожалуйста,
스까쥐쩨 빠잘루이스따
как вашв фамилия?
깍크 바샤 파밀리야

¿Podría usted decirme su apellido?
뽀드리아 우스뗏 데씨르메 수 아뻬지도

Menga ayting-chi, familiyangiz nima?
멘가 아이팅츠, 파밀리얀기즈 느마

能告诉我姓吗?
néng gàosu wǒ xìng ma
넝 까오쑤 워 씽 마

Pouvez-vous me dire, quel est votre
뿌베-부 므 디흐, 껠 레 보트흐
nom de famille.
농 드 파미유

당신의 이름과 성을 말해주시겠습니까?

Can you tell me, What are your forename and patronymic?

Скажите, пожалуйста,
스까쥐쩨 빠잘루이스따
как ваше имя и отчество?
깍크 바쉐 이먀 이 옷체스뜨보

¿Podría decirme su nombre
뽀드리아 데씨르메 수 놈브레
y apellido?
이 아뻬지도

Ismingiz va otangizning
이스민기즈느 와 어탄기즈닝
ismlarini aytib yubora olasizmi?
이슴라르느 아이틉 유버라 얼라스즈므

能告诉我你的名字和姓吗?
néng gàosu wǒ nǐ de míngzì hé xìng ma
넝 까오쑤 워 니 더 밍즈 허 씽 마

Pouvez-vous me dire, quels sont
뿌베-부 므 디흐, 껠 쏭
votre prénom et votre patronyme?
보트흐 프레농 에 보트흐 빠트호님

내 이름과 성은 니나 세르게예브나입니다.

My forename and patronymic are Nina Sergeyevna.

Моё имя и отчество-Нина
마요 이먀 이 옷체스뜨보- 니나
Сергеевна.
세르계에브나

Mi nombre y apellido son Nina
미 놈브레 이 아뻬지도 손 니나
Sergeyevna.
세르게예브나

Mening ismim va otamning
메닝 이슴와 어탐닝
ismlari - Nina Sergeyevna.
이슴라르 니나 세르계에브나

我的名字和父係是尼娜谢尔盖耶 夫娜。
Wŏ de míngzì hé fù xì shì Ní nà xiè ĕr gài yé fū nà
워 더 밍즈 허 푸 씨 쓰, 니 나 씨에 얼 까이 예 푸 나

Mon prénom et mon patronyme
몬 트헤농 에 몽 빠트호님
sont Nina Sergeyevna.
쏭 니나 세르계에브나

당신은 어디서 왔습니까?

Where are you from?

Откуда вы?
앗꾸다 브이

¿De dónde es usted?,
데 돈데 에스 우스뗏
¿De qué país es usted?
데 께 빠이스 에스 우스뗏

Qayerdansiz? (Qayerliksiz?)
카예르단 스즈 카예를리키스즈

你是从哪裡來的?
Nĭ shì cóng nălĭ lái de
니 쓰 총 나리 라이

D'où êtes-vous?
두 에뜨-부

나는 대한민국에서 왔습니다.

I (come) from Korea.

Я из Кореи.
야 이스 까레이

Yo vine de Corea.
요 비네 데 꼬레아
Yo soy Coreano(a).
요 소이 꼬레아노꼬레아나

Men Koreyadan kelganman.
멘 커레야단 겔갼만

我來自韓國。
Wŏ láizì hánguó
워 라이쯔 한꾸어

Je viens de Corée.
주 비엥 드 꼬레

당신은 어디에 삽니까?

Where do you live?

Где вы живёте?
그제 브이 지뵤쩨

¿Dónde vive?
돈데 비베

Siz qayerda yashaysiz?
스즈 카예르다 야샤이스즈

你住在哪里?
Nĭ zhù zài nălĭ
니 쭈 짜이 나리

Où habitez-vous?
우 아비떼-부

나는 모스크바에 삽니다.

I live in Moscow.

Я живу в Москве.
야 지부 브 마스끄베

Yo vivo en Moscú.
요 비보 엔 모스꾸

Men Moskvada yashayman.
멘 모스크바다 야샤이만

我住在莫斯科。
Wǒ zhù zài mòsīkē
워 쭈 짜이 모스크어

J'habite à Moscou.
쟈비뜨 아 모스꾸

당신은 모스크바 시내에 삽니까?

Do you live in the center of Moscow?

Вы живёте в центре Москвы?
브이 지뵤쩨 프 쩬뜨레 마스끄브이

¿Vive usted en el centro de Moscú?
비베 우스뗏 엔 엘 쎈뜨로 데 모스꾸

Siz Moskvaning markazida yashaysizmi?
스즈 모스크와닝 마르캬즈다 야샤이스즈므

你住在莫斯科市内嗎?
Nǐ zhù zài mòsīkē shì nèi ma
니 쭈 짜이 모스크어 쓰 네이 마

Vivez-vous dans le centre de Moscou?
비베-부 당 르 쌍트흐 드 모스꾸

네, 나는 모스크바 시내에 삽니다.

Yes, I live in the center of Moscow.

Да, Я живёте в центре Москвы.
다, 야 지뵤쩨 프 쩬뜨레 마스끄브이

Si, vivo en el centro de Moscú.
시, 비보 엔 엘 쎈뜨로 데 모스꾸

Ha, men Moskvaning markazida yashayman.
하 멘 모스크와닝 마르캬즈다 야샤이만

是的，我住在莫斯科市内。
Shì de, wǒ zhù zài mòsīkē shì nèi
쓰 더, 워 쮸 짜이 모스크어 쓰 네이

Oui, Je vis dans le centre de Moscou.
위, 주 비 당 르 쌍트흐 드 모스꾸

당신은 어디에서 일합니까?

Where do you work?

Где вы работаете?
그제 브이 라보따에쩨

Dónde trabaja usted?
돈데 뜨라바하 우스뗏

Qayerda ishlaysiz?
카예르다 이실라이스즈

你在哪里工作?
Nǐ zài nǎlǐ gōngzuò
니 짜이 나리 꽁주오

Où travaillez-vous?
우 트하바이에-부

나는 회사에서 일합니다.

I work in a company.

Я работаю в компании.
야 라보따유 깜빠니

Yo trabajo en una compañía.
요 뜨라바호 엔 우나 꼼빠니아

Men korxonada ishlayman.
멘 커르허나다 이실랴이만

我在一家公司工作。
Wǒ zài yījiā gōngsī gōngzuò
워 짜이 이지아 꽁쓰 꽁주오

Je travaille dans une entrepeise.
주 트하바이유 당 쥔느 앙트흐프리즈

당신의 여동생은 어디에서 일합니까?

Where does your sister work?

Где работает твоя сестра?
그제 라보따에뜨 뜨바야 시스뜨라

¿Dónde trabaja su hermana menor?
돈데 뜨라바하 수 에르마나 메노르

Sizning singlingiz qayerda ishlaydi?
스즈닝 씬글린기즈 카예르다 이실라이드

你妹妹在哪里工作？
Nǐ mèimei zài nǎlǐ gōngzuò
니 메이메이 짜이 나리 꽁주오

Où travaille votre soeur?
우 트하바이유 보트흐 쐬흐

나는 일하지 않습니다. 나는 은퇴 했습니다.

I don't work. I am retired.

Я не работаю. Я на пенсии.
야 네 라보따유 야 나 뻰시

Yo no trabajo.
요 노 뜨라바호
Estoy jubilado (retirado).
에스또이 후빌라도 레띠라도

Men ishlamayman.
멘 이실라마이만
Men nafaqadaman.
멘 나파카다만

我不工作。 我退休了。
Wǒ bù gōngzuò Wǒ tuìxiūle
워 뿌 꽁주오 워 투이씨우러

Je ne travaille pas.
주 느 트하바이유 빠
Je suis à la retraite.
주 쒸 잘 라 흐트헤뜨

그녀는 은행에서 일합니다.

She works in a bank.

Она работает в банке.
아나 라보따에뜨 브 반께

Ella trabaja en un banco.
에야 뜨라바하 엔 운 방꼬

U bankda ishlaydi.
우 반크다 이실라이드

她在銀行工作。
Tā zài yínháng gōngzuò
타 짜이 인항 꽁주오

Elle travaille dans une banque.
엘 트하바이유 당 쥔느 방끄

당신의 직업은 무엇입니까?

What is your occupation?

Кто вы по специальности?
크또 브이 빠 스뻬찌알노스찌
Кто вы по професии?
끄또 브이 빠 쁘라페시

¿Cuál es su ocupación?
꾸알 에스 수 오꾸빠씨온

Kasbingiz nima?
갸스뻰끼즈 느마

你的職業是什麼?
Nǐ de zhíyè shì shénme
니 더 쯔위에 쓰 션머

Quel est votre profession?
껠 레 보트흐 프로페씨옹

나는 엔지니어입니다.

I am a engineer.

Я – инженер.
야 인제네르

Soy ingeniero.
소이 잉헤니에로

Men muhandisman.
멘 무한드스만

我是工程師。
Wǒ shì gōngchéngshī
워 쓰 꽁청쓰

Je suis un ingénieur.
주 쒸 젱제니외흐

나는 대학생입니다.

I am a student.

Я – студент.
야 스뚜젠트

Soy estudiante universitario.
소이 에스뚜디안떼 우니베르시따리오

Men talabaman.
멘 탈라빠만

我是大學生。
Wǒ shì dà xuéshēng
워 쓰 따 씨웨-셩

Je suis un étudiant.
주 쒸 제뛰디앙

나는 컴퓨터 프로그래머입니다.

I am an a computer programmer.

Я– компьютерный программист.
야 깜쀼쩨르느이 쁘라그라미스뜨

Soy programador de computación.
소이 쁘로그라마도르 데 꼼뿌따씨온

Men kompyuter dasturchisiman.
멘 컴퓨테르 다스투르츠스만

我是一名計算機程序員。
Wǒ shì yī míng jìsuànjī chéngxù yuán
워 쓰 이 밍 찌수완지 청쒸 위엔

Je suis un programmeur
주 쒸 언 프로그하뫼흐 데
d'ordinateurs.
오디나떼-르

03 일상사용언어

- Common expressions
- Фразы обычного разговора
- Expresiones comunes
- Umumiy iboralar
- 常用表达式
- Expressions communes

A씨(A군) A씨(A부인) A씨(A양)

Mister A(Mr A) Mistress A.(Mrs. A) Miss A

Господин А.
가스빠진- 아-

Госпожа А.
가스빠자- 아-

Госпожа А.
가스 빠자- 아-

Señor A. (Sr. A)
세뇨르 A

Señora A (Sra. A)
세뇨라 A

Señorita (Srta. A)
세뇨리따 A

Janob A.
자너브 A

A xonim.
A 허님

A xon.
A 헌

先生A。
Xiānshēng A(A xiānshēng)
씨엔셩 A A씨엔셩

太太(A 女士)。
nǚ zhǔrén A(A nǚshì)
타이타이A A뉘쓰

A 小姐。
cuòguò yīgè
A 샤오지에

Monsieur A. (M. A)
므씨유 A

Madame A. (Mme. A)
마담 A

Mademoiselle A. (Mlle A)
마드무아젤 A

네, 예, 넵.

Yes, sir(yes) yes, madam.(yes)

Да.
다-

Si, si señor, si señora.
시, 시 세뇨르 시 세뇨리떠

Ha.
하

是的, 先生(是) 是的, 女士.(是)。
Shì de, xiānshēng (shì) shì de, nǚshì(Shì)
쓰 더, 씨엔셩 쓰쓰더, 뉘쓰쓰

oui, monsieur (oui)
위, 므씨유 위

oui, madame (oui)
위, 마담 위

아니오.

No.

Нет.
니에-트

No.
노

Yo’q.
욕

不，不是。
bù, búshì
뿌, 뿌스

Non.
농

물론이지요.

Certainly.

Конечно.
까녜-쉬노

Claro que sí, por supuesto.
끌라로 께 시, 뽀르 수뿌에스또

Albatta.
알받타

是，当然。
shì, dāngrán
쓰 땅란

Certainement.
쎄흐뗀느멍

좋다!

All right.

Хорошо.
하라-쇼

¡Bien!
비엔

Yaxshi.
야흐시

好!
hǎo
하오

D'accord.
다꼬흐

좋습니다.

That's right.

Хорошо.
하라-쇼

Bueno.
부에노

Yaxshi.
야흐시

好。(好的。)
Hǎo hǎo de
하오 하호 더

C'est bon.
쎄 봉

옳습니다.

It is so(just so)(You are right).

Правильно. (Это так)
쁘라-빌노 에-따 딱-크

Correcto, muy bien.
꼬렉또, 무이 비엔

To'g'ri (Shunday).
토그르 슌다이

对的。正确的。
duide。 zhèngquè de
뚜이더 쩡취에 더

Il en est ainsi. (Vous avez raison.)
일 러 네 엥씨 부 자베 레종

그렇지 않습니다.

It is not so.

Это не так.
에-따 녜 딱-크

No es así, no es de esa manera.
노 에스 아시, 노 에스 데 에사 마네라

Unday emas.
운다이 에마스

不，不是。
bù búshì。
뿌, 부쓰

Ce n’est pas ça.
쓰 네 빠 싸

맞습니다.

You are right.

Вы правы.
브이 쁘라-브이

Cierto.
씨에르또

Haqsiz.
하커시즈

你是对的。
Nǐ shì duì de
니 쓰 뚜이 더

C’est vrai.
쎄 브레

알겠습니다.

All right, sir. (Very well.) (Certainly sir.)

Хорошо.(Согласен, Согласна.)
하라쇼 사글라-센 사글라-스나

Entiendo. Está bien.
엔띠엔도 에스따 비엔

Yaxshi (Tushundim. Tushunarli)
야흐시 투슌듬 투슈나를리

知道了。
zhīdaole
쯔따올러

Très bien, Monsieur. (Très bien.)
트헤 비엥 므씨유 트헤 비엥
(Certainement, monsieur.)
쎄흐뗀느멍 므씨유

기꺼이(쾌히) 하겠습니다.

With please.(With great pleasure.)

С удовольствием.
수 다볼-스뜨비엠

Con gusto.(Con todo gusto lo haré.)
꼰 구스또 꼰 또도 구스또 로 아레

Bajonu dil (Jon-dilim bilan).
빠저누 들 쩐 들름 블란

我会很乐意的。
wǒ huì hěn lèyì de
워 훠이 헨 레이 더

Avec plaisir. s’il vous plaît.
아베끄 쁠래지흐
(Avec grand plaisir.)
아베끄 그항 쁠래지흐

나도 그렇게 생각합니다.

I think so.

Я тоже так думаю.
야 또-제 딱-크 두-마유

Yo también pienso de esa manera (pienso así).
요 땀비엔 삐엔소 데 에사 마네라 삐엔소 아시

Men ham shu fikrdaman.
멘 함 슈 피키르다만

我认同。
Wǒ rèntóng
워 르언통

Je le pense.
주 르 빵스

나는 그렇게 생각하지 않습니다.

I think not. (I do not think so.)

Я так не думаю.
야 딱크 녜 두-마유

Yo no pienso de esa manera (no pienso así).
요 노 삐엔소 데 에사 마네라 노 삐엔소 아시

Men bunday deb o'ylamayman.
멘 분다이 대브 오일라마이만

我想不是。(我不这么认为)。
Wǒ xiǎng bùshi (Wǒ bù zhème rènwéi)
워 씨양 뿌쓰 워 뿌 쩌머 런웨이

Je crois que non.(Je ne pense pas.)
주 크루와 끄 농 주 느 빵스 빠

그럴 리가 없다!

That cannot be!

Этого не может быть.
에-또보 녜 모-제트 브이찌

¡No es posible que sea así!, ¡No es posible que sea de esa manera!
노 에스 뽀시블레 께 세아 아시 노 에스 뽀시블레 께 세아 데 에사 마네라

Bunday bo'lishi mumkin emas.
분다이 볼르시 뭄킨 에마스

那不可能!
Nà bù kěnéng
나 뿌 커넝

Cela ne peut pas être!
쓸라 느 뾔 빠 제트흐

나는 알고 있습니다.

I know.

Я знаю.
야 즈나유

Yo sé, yo estoy conociendo.
요 세, 요 에스또이 꼬노씨엔도

Men bilaman.
멘 블라만

我知道。
Wǒ zhīdào
워 쯔으-따오

Je connais.
주 꼬네

나는 모릅니다.

I don't know.

Я не знаю.
야 녜 즈나-유

Yo no sé, no sé.
요 노 세, 노 세

Men bilmayman.
멘 블마이만

我不知道。
Wǒ bù zhīdào
워 뿌 쯔으-따오

Je ne sais pas.
주 느 쎄 빠

네, 이해합니다.

yes, I do.

Да, понимаю.
다, 뻐니마-유

Si, entiendo.
시, 엔띠엔도

Ha, tushunayapman.
하, 투슈나얍만

是的, 我愿意。
Shì de, wǒ yuànyì
쓰-더, 워 위엔이

Oui, je comprends.
위, 주 꽁프항

내 말 이해합니까?

Do you understand me?

Вы понимаете меня?
브이 빠니마-에쩨 미냐-

¿Entiende lo que estoy diciendo?,
엔띠엔데 로 께 에스또이 디씨엔도
¿Entiende lo que digo?
엔띠엔데 로 께 디고

Meni tushunayapsizmi?
메느 투슈나야브스즈므

你明白我的话吗?
nǐ míngbai wǒ de huà ma
니 밍바이 워 더 화 마

Me comprenez-vous?
므 꽁프흐네-부

아니오, 당신을 이해할 수 없습니다.

No, I can't understand you.

Нет, я не могу вас понять.
니에-트, 야 녜 마구-바스 빠냐-찌

No, no puedo entenderle.
노, 노 뿌에도 엔뗀데르레

Yo'q, sizni tushuna olmayapman.
욕, 스즈느 투슈나 얼마얍만

不, 我无法理解你。
Bù, wǒ wúfǎ lǐjiě nǐ
뿌, 워 우-파 리이지에 니

Non, je ne peux pas vous comprendre.
농, 주 느 뾔 빠 부 꽁프항드흐

나의 말을 이해했습니까?

Did you understand me?

Вы поняли меня?
브이 뽀-냘리 미냐-

¿Entendió lo que dije?
엔뗀디오 로 께 디헤

Meni gapimni tushundingizmi?
메느 가븜느 투슌딘기즈므

你明白我的意思了吗。
Nǐ míngbái wǒ de yìsile ma
니 밍빠이 워 더 이-쓰러 마

M'avez-vous compris?
마베-부 꽁프리

못했습니다.

Not at all.

Нет.
니에트

No, para nada.
노, 빠라 나다

yo'q (tushuna olmadim).
욕 투슈나 얼마듬

没理解。
méi lǐjiě
메이 리지에

Pas du tout.
빠 뒤 뚜

실례합니다.

Excuse me. (I beg your pardon.)

Простите. (Извините.)
쁘라스찌-쩨 이즈비니-쩨

Discúlpeme, perdóneme.
디스꿀뻬메, 뻬르도네메

Uzr (Kechirasiz).
우주르 케치라스즈

失礼。
shīlǐ
실리

Excusez-moi.
엑스뀌제-무와
(Je vous demande pardon.)
주 부 드망드 빠흐동

괜찮습니다.

That's all right.(Never mind!)

Ничего!
니체보-
(Неважно! Не беспокойтесь!)
네바-즈노 녜 베스빠꼬-이쩨시

Está bien. (¡No importa!)
에스따 비엔 노~ 임뽀-르따

Hammasi joyida!
함마스 저이다

没关系。(没关系!)
Méiguānxì Méiguānxì
메이꾸안시 메이꾸안시

C'est d'accord. (Ça ne fait rien!)
쎄 다꼬흐 싸 느 페 리엥

아니오, 잘못이요.

You are wrong.

Нет, вы не правы.
니에-트, 브이 녜 쁘라브이

No, está equivocado,
노, 에스따 에끼보까도,
está incorrecto.
에스따 인꼬렉또

Yo’q, siz nohaqsiz.
욕, 스즈 너하크스즈

不, 不对。
bù, búduì
뿌 뿌뚜이

Non, vous avez tort.
농, 부 자베 또흐

늦어서 미안합니다.

Forgive me for coming so late.

Простите, что я опоздала.
쁘라스찌-쩨, 쉬또 야 아빠즈달라-

Disculpe por llegar tarde,
디스꿀뻬 뽀르 예가르 따르데,
lo siento por llegar tarde.
로 시엔또 뽀르 예가르 따르데

Kech qolganim uchun uzr.
케츠 컬가늠 우춘 우주르

对不起，来晚了。
duì bùqǐ lái wán le
뚜아부치 라이완러

Pardonnez-moi d’être venu si tard
빠흐도네-무와 데트흐 브뉘 씨 따흐

감사합니다.

Thank you.(Thanks.)(I thank you.)

Спасибо. (Благодарю)
스빠시-보, 블라가다류-

Gracias.
그라시아스

Rahmat.
라흐마트

谢谢。
Xièxiè
씨에씨에

Merci. (Je vous remercie.)
메흐씨 주 부 흐메흐씨

대단히 감사합니다.

Thank you very much. (Many thanks)

Большое спасибо.
발쇼-에 스빠시-보
(Очень благодарен.)
오-친 블라가다-렌

Muchas gracias.
무차스 그라시아스

Katta rahmat.
캍타 라흐마트
(Juda minnatdorman).
주다 민낟더르만

非常感谢你。（非常感谢。）
Fēicháng gǎnxiè nǐ (Fēicháng gǎnxiè)
페이창 깐씨에 니 페이창 깐씨에

Merci beaucoup.
메-씨 보-꾸-

천만에요.

You're welcome.

Не за что.
녜 자 쉬또

De nada.
데 나다

Arzimaydi.
아르지마이드

别客气。
Bié kèqì
삐에 커취

De rien. (Je vous en prie.)
드 리엥 주 부 장 프리

당신은 정말 친절하군요.

You are very kind.

Вы очень добры.
브이 오-친 도-브르이

Usted es muy amable.
우스뗃 에스 무이 아마블레

Siz juda ham mehribonsiz.
스즈 주다 함 메흐르번스즈

您太亲切了。
Nín tài qīnqiè le
닌 타이 친치에 러

Vous êtes très gentil.
부 제뜨 트헤 장띠

친절에 감사합니다.

Thanks for your kindness.

Спасибо за вашу доброту.
스빠시-보 자 바슈 다브라뚜-

Gracias por su amabilidad.
그라시아스 뽀르 수 아마빌리다드

Mehribonligingiz uchun rahmat.
메흐르번리긴기즈 우춘 라흐마트

感谢您的款待。
gánxiè nín de kuǎdài
깐시에 닌 더 쿠안따이

Merci pour votre gentillesse.
메흐씨 뿌흐 보트흐 장띠에스

편지 주셔서 감사합니다.

Thanks for your letter.

Спасибо за письмо.
스빠시-보 자 삐스모

Gracias por su carta.
그라시아스 뽀르 수 까르따

Xat uchun rahmat.
할 우춘 라흐마트

谢谢您的来信。
xièxiè nín de láixìn
씨에씨에 린 더 라이씬

Merci pour votre lettre.
메흐씨 뿌흐 보트흐 레트흐

어서 오십시오.

You are welcome.(Welcome.)

Добро пожаловать!
다브로- 빠잘-로바찌

Bienvenido.
비엔베니도

Xush kelibsiz! (Marhamat qiling!)
후시 켈립스즈 마르하마트 클링

欢迎光临。
Huānyíng guānglín
후안잉 광린

Bienvenue.
븨아브뉘

와주셔서 고맙습니다.

Thanks you for your coming.

Спасибо за посещение.
스빠시-보 자 빠세쉐-니에

Gracias por venir.
그라시아스 뽀르 베니르

Tashrifingiz uchun tashakkur.
타시리핀기즈 우춘 타샤큐르

感谢您得到来。
gǎnxiè nín de dàolái
깐씨에 닌 더 따오라이

Merci pour votre venue.
메흐씨 뿌흐 보트흐 브뉘

영어(러시아어)로 말할 줄 압니까?

Do you speak English(Russian)?

Вы говорите по-анлийски (по-русски)?
브이 가바리-쩨 빠안글리-스끼 빠루-스끼

Sabe hablar Inglés(Ruso)?
사베 아블라르 잉글레스 루소

Inglizcha (ruscha) gaplasha olasizmi?
인글리스차 루스차 가플라샤 어라스즈므

你会说英语(俄语)吗?
Nǐ huì shuō yīngyǔ (èyǔ) ma
니 후이 쑤어 잉위 어위 마

Parlez-vous anglais (russe)?
빠흘레-부 장글래 뤼쓰

조금요.

A little.

Немножко.
님노-쉬꼬

Un poco.
운 뽀꼬

Ozgina.
어즈기나

一点点。
Yīdiǎndiǎn
이 디엔디엔

Un peu.
엉 뾔

03 일상생활언어

당신은 말을 잘하는군요.

You speak very well.

Вы говорите очень хорошо.
브이 가바리-쩨 오-친 하라쇼-

Usted habla muy bien.
우스뗏 아블라 무이 비엔

Siz juda yaxshi gapirar ekansiz.
스즈 주다 야흐시 갸블라샤 에갼스즈

你很会说话。
Nǐ hěn huìshuōhuà
니 헌 후이슈오후화

Vous parlez très bien.
부 빠흘레 트헤 비엥

네, 그러죠.

Very good, sir. (Very well sir.)

Хорошо.
하라쇼-

Si, muy bien. Si, lo haré.
시, 무이 비엔 시, 로 아레

Yaxshi.
야흐시

是的, 就这么办。
shì de, jiù zhème bàn
쓰 더 쭈 쩌머 빤

Oui, ça l'est. (Oui, bien sûr.)
우이, 쌀- 레- 우이, 비안 스유-

좀 천천히 말해주십시오.

Speak more slowly, please.

Говорите, пожалуйста, медленнее.
가바리-쩨, 빠잘-루이스따, 메-들렌네에

Por favor hable más despacio.
뽀르 파보르 아블레 마스 데스 빠씨오

Biroz sekinroq gapiring.
쁘러즈 세킨럭 갸브링

请慢点儿说。
Qǐng màn diǎnér shuō
칭 만 디안얼 슈오

Parlez plus lentement, s'il vous plaît.
빠흘레 쁘뤼 랑뜨멍, 씰 부 쁠래

정말 놀라운 일이군요?

What a surprise!

Какой сюрприз!
깍꼬-이 슈르쁘리-스

¡Es realmente maravilloso!
에스 레알멘떼 마라비요소
¡Es realmente asombroso!
에스 레알멘떼 아솜브로소

Haqiqatdan ham kutilmagan hodisa!
하키카탄 함 쿠틀르마갼 허드사

真是惊人的事情啊?
zhēn shì jīngrén de shìqing a
쩐 쓰 찡런 더 씽- 아

Quelle surprise!
껠 쒸흐프리즈

정말입니까?

Indeed?

Это правда? (Действительно?)
에-따 쁘라-브다 제이스트비-쩰노

¿De verdad?
데 베르닷

Rosdanmi?
러스단므

真的吗?
zhēndema
쩐더마

Effectivement?
에펙띠브멍

뭐라고요?

What? (How?)

Что? (Как?)
쉬또 깍크

¿Qué?
께

Nimalar deyapsiz?
느마라르 데야브스즈

你说什么?
Nǐ shuō shénme
니 슈오 션 머

Quoi? (Comment?)
꾸와 꼬멍

저런!

Oh, dear! (Dear me!)

Ах!
아-흐

¡Oh!
오

Ох!
어흐

天哪!
tiānna
티엔나

Oh, mon Dieu! (Oh, mon!)
오-, 몽 디유 오-, 몽

무엇이라 말했습니까?

What? (How?)

Что Вы сказали?
쉬또 브이 스까잘-리

¿Cómo dijo? ¿Qué dijo?
꼬모 디호 께 디호

Nima dedingiz?
님마 데딘기즈

你说的是什么?
nǐ shuō de shì shénme
니 슈오 더 쉬 션-머

Quoi? (Comment?)
꾸와 꼬멍

다시 한번 말씀해 주십시오.

What did you say? (please say it again.)

Пожалуйста, повторите.
빠잘-루이스따, 빠프따리-쩨
(Скажите ешё раз.)
스까쥐-제 잇쇼-라스

Nuevamente dígalo una vez
누에바멘떼 디가로 우나 베스
más por favor.
마스 뽀르 파보르

Iltimos, qaytarib yuboring.
일트머스, 카이타릅 유버링
(Yana bir marta aytib yuboring.)
야나 브르 마르타 아이틉 유버링

请再说一遍?
Qǐng zàishuō yībiàn
칭 짜이수어 이삐엔

Qu'est-ce que vous avez dit?
께-스 끄 부 자베 디
(s'il vous plaît dites-le encore)
씰 부 쁠래, 디뜨-르 앙꼬흐

이 문장의 뜻을 설명해 주시겠습니까?

Will you explain me the meaning of this sentence?

Не объясните ли вы мне смысл
녜 아뱌스니-쩨 리 브이 므녜 스므이슬
этого предложения?
에-또보 쁘레들라졔-니야

Podría por favor explicar
뽀드리아 뽀르 파보르 엑스 쁠리까르
el significado de esta oración?
엘 시그니피까도 데 에스따 오라씨온

Bu gapning ma'nosini tushuntirib
부 갑닝 마너스느 투슌트릅
bera olasizmi?
베라 어라스즈므

你能解释一下这句话的意思吗?
Nǐ néng jiěshì yīxià zhè jù huà de yìsi ma
니 넝 지에스 이씨아 쩌 쥐 후아 더 이쓰 마

Voulez-vous m'expliquer le sens
불레-부 멕스쁠리께 르 쌍스
de cette phrase?
드 쎄뜨 프하즈

네, 그러죠.

Yes, sir.

Хорошо.(Ладно.)
하라쇼- 라-드노

Si, muy bien. Si, lo haré.
시, 무이 비엔 시, 로 아레

Ha, shunday qilaman(Ha, yaxshi).
하, 슌다이 클라만 하, 야흐시

是的先生。
Shì de xiānshēng
쓰 더 씨엔셩

Oui, monsieur.
위, 므씨유

대단히 감사합니다.

Thank very much. (It's nothing.)

Большое спасибо.
발쇼-에 스빠시-보

Muchas gracias.
무차스 그라시아스

Katta rahmat.
캍타 라흐마트

非常感谢。
Fēicháng gǎnxiè
페이창 깐씨에

Merci beaucoup.
메씨- 보-꾸

천만에요!

Don't mention it. (It's nothing.)

Не стоит.
네, 스또-이트

¡De nada! No es nada!
데 나다 노 에스 나다

Arzimaydi!
아르지마이드

不客气。
Búkè qi
부커치

Ne le mentionne pas.
느 르 망씨온느 빠
(Ce n'est rien.)
쓰 네 리엥

축하합니다.

Congratulations.

Поздравляю.
빠즈드라블랴-유

Felicidades.
펠리시다데스

Tabriklayman!
타쁘리킬라이만

恭喜。
Gōngxǐ
꽁시

Toutes nos félicitations.
뚜뜨 메 펠리씨따씨옹

만나서 반갑습니다.

I'm very glad to see you.

Очень рад(рада) вас видеть.
오-친 라-트 라-다 바스 비-제찌

Es un gusto conocerle.
에스 운 구스또 꼬노쎄르레

Ko'rishganimdan hursandman.
코르쉬가놈단 후르산드만

我很高兴见到你。
Wǒ hěn gāoxìng jiàn dào nǐ
워 헌 까오씽 찌엔 따오 니

Je suis très content de vous voir.
주 쒸 트헤 꽁떵 드 부 부아흐

나는 그것이 기쁩니다.

I'm glad of it.

Я рад(рада) этому.
야 라-트 라-다 에-또무

Me alegra. Me alegro de eso.
메 알레그라 메 알레그로 데 에소

Men bundan mamnunman.
멘 분단 맘눈만

我很高兴。
Wǒ hěn gāoxìng
워 헌 까오씽

Je suis content de ça.
주 쒸 꽁떵 드 싸

안됐군요!

What a pity!

Как жаль! (Какая жалость!)
깍-크 잘 깍까-야 잘-로스찌

¡Qué pena! ¡Qué lamentable!
께 뻬나 께 라멘따블레

Afsus! (Attang!)
아프수스 앝탕

太糟糕了!
tài zāogāo le
타이 짜오까오 러

Quel dommage!
껠 도마주

좋지 않습니다.

That's too bad.

Это не хорошо. (Это плохо)
에-따 녜 하라쇼- 에-따 쁠로-호

No es bueno.
노 에스 부에노

Bu yaxshi emas.
뿌 야흐시 에마스

不好。
bùhǎo
뿌 하오

C'est dommage.
쎄 도마주

그런 슬픈 일이!

What a sad thing it is!

Как зто грустно!
깍-크 에-따 그루-스노
(Как зто печально!)
깍-크 에-따 뻬찰-노

¡Qué cosa tan triste!
께 꼬사 딴 뜨리스떼

Afsuslanarli holat!
아프수슬라나를리 헐라트

那样伤心的事!
nàzhǒng bēishāng de shì
나양 뻬이샹- 더 쉬-

Hélas!
엘라스

04 날씨

- weather
- Погода
- clima
- Ob-havo
- 天气
- Météo

오늘은 날씨가 어떻습니까?

How is the weather today?

Какая сегодня погода?
깍까-야 시보드냐 빠고-다

¿Cómo está el clima hoy?
꼬모 에스따 엘 끌리마 오이

Bugun havo qanday?
부꾼 하워 칸다이

今天天气怎么样?
Jīntiān tiānqì zěnmeyàng
찐티엔 티엔취 쩐머양

Quel temps fait-il aujourd'hui?
껠 떵 페-띨 오주흐드위

오늘은 날씨가 좋습니다.

The weather is good today.

Сегодня прекрасная погода.
시보-드냐 쁘레끄라---스나야 빠고다

El clima es bueno hoy.
엘 끌리마 에스 부에노 오이

Bugun havo yaxshi.
부군 하워 야흐시

今天天气很好。
Jīntiān tiānqì hěn hǎo
찐티엔 티엔취 헌 하오

Il fait beau aujourd'hui.
일 페 보 오주흐드위

좋은 날씨입니다.

Good weather. It is fine.

Хорошая погода.
하로-샤야 빠고다

Buen clima. Está bien.
부엔 끌리마 에스따 비엔

Yaxshi havo.
야흐시 하워

好天气。天气真好。
Hǎo tiānqì tiānqì zhēn hǎo。
하오 티엔취 티엔취 쩐하오

Beau temps.
보 떵

해가 떴고, 따뜻하고, 바람이 없습니다.

It is sunny, warm, and there is no wind.

Солнце, тепло, ветра нет.
손쩨, 찌쁠로, 볘뜨라 니에트

Es soleado, cálido, y no hay viento.
에스 솔레아도, 깔리도, 이 노 아이 비엔또

Quyoshli, iliq, shamol yo'q.
쿠여실리, 일륵, 샤멀 욕

阳光明媚，温暖，没有风。
Yángguāng míngmèi, wēnnuǎn, méiyǒu fēng
양꾸앙 밍메이, 원누안, 메이요우 펑

Il fait soleil, il fait chaud et il
일 페 쏠레이, 일 페 쇼 네 일
n'y a pas de vent.
니 아 빠 드 방

좋은 날씨인가요?

Is it good weather? Nice weather, isn't it?

Правда, погода хорошая?
쁘라-브다 빠고-다 하로-사야

¿Está bueno el clima?
에스따 부에노 엘 끌리마
Buen tiempo, ¿no?
부엔 띠엠뽀, 노

Havo yaxshimi? Havo yaxshi,
하워 야흐시므 하워 야흐시,
shunday emasmi?
순다이 애마스므

是好天气吗?
shì hǎo tiānqì ma
쓰 하오 티엔취 마

Est-il beau temps?
에-띨 보 떵
Beau temps, n'est-ce pas?
보 떵 네-스 빠

참 좋은 날씨군요?

Is it good weather?

Какая хорошая погода?
깍까-야 하로-샤야 빠고-다

¿Hace buen tiempo?
아쎄 부엔 띠엠뽀

Juda yaxshi havo-a?
쥬다 야흐시 하워-아

天气真好啊?
tiānqì zhēn hǎo a
티엔취 쩐 하오 아

Est-il beau temps?
에-띨 보 떵

나쁜(궂은) 날씨입니다.

Bad weather.

Погода плохая.
빠고-다 쁠라하-야

Mal tiempo.
말 띠엠뽀

Havo yomon.
하워 여먼

天气不好。
tiānqì bù hǎo
티엔치 뿌 하오

Mauvais temps.
모베 떵

날씨가 좋습니까?

Is the weather good?

Погода хорошая?
빠고-다 하로-샤야

¿Está agradable el clima?
에스따 아그라다블레 엘 끌리마

Havo yaxshimi?
하워 야흐시므

天气好吗?
Tiānqì hǎo ma
티엔취 하오 마

Le temps est-il bon?
르 떵 에-띨 봉

예측할 수 없는 날씨입니다.

Unpredictable weather.

Погода переменчивая
빠고-다 뻬레멘-치바야
(неустойчивая).
네우스또이치바야

Clima impredecible.
끌리마 임쁘레데씨블레

Havo o'zgaruvchan.
하워 오즈갸루브찬

不可预测的天气。
Bùkě yùzhī de tiānqì
뿌커 위즈 더 티엔취

Temps imprévisible.
떵 엥프레비지블

내일은 날씨가 어떨 것 같습니까?

What is the weather like tomorrow?

Вы не знаете, какая завтра
브이 네 즈나이쩨, 깍까야 자프뜨라
будет погода?
부제트 빠고다

¿Cómo está el clima mañana?
꼬모 에스따 엘 끌리마 마냐나

Ertaga havo qanday bo'lar ekan?
애르타갸 하워 칸다이 볼라르 애갼

明天天气怎么样?
Míngtiān tiānqì zěnme yàng
밍티엔 티엔취 쩐머 양

Quel temps fait-il demain?
껠 떵 페-띨 드멩

제 생각에는 나쁠(추울) 것 같습니다.

I think it will be bad. It seems to be cold.

По-моему, плохая, Будет холодно.
빠모에무 쁠라하야 브제트 호로드노

Creo que será malo.
끄레오 께 세라 말로
Parece que hace frío.
빠레쎄 께 아쎄 프리오

Menimcha havo yomon bo'ladi.
매늠챠 하워 여먼 볼라드
Sovuq bo'ladiganga o'xshaydi.
서욱 보라드간갸 오흐샤이드

我觉得不好(冷)。
wǒ juéde bù hǎo(lěng)
워 쩌따 뿌 하오 렁

Je pense que ce sera mauvais.
주 뻥스 끄 쓰 쓰라 모베
Il semble faire froid.
일 썽블르 페어 프후아

요즘은 날씨가 변덕스럽군요.

The weather is so volatile these days.

В эти дни погода очень
브 에찌 드니 빠고-다 오-친
переменчивая.
뻬레멘-치바야

El clima es tan volátil en estos días.
엘 끌리마 에스 딴 볼라띨 엔 에스또스 디아스

Shu kunlarda havo juda
슈 쿠늘라르따 하워 쥬다
o'zgaruvchan.
오즈갸루브찬

最近，天气不稳定。
Zuìjìn tiānqì bù wending
쭈이진 티엔취 뿌 원띵

Le temps est changeant, ces jours-ci.
르 떵 에 씨 샹장, 쎄 주흐-씨

오늘 아침은 구름이 끼었군요.

The clouds are cluttered this morning.

Сегодня утром облачно (пасмурно).
시보-드냐 우-뜨롬 아블라츠노 빠-스무르노

Las nubes están desordenadas esta mañana.
라스 누베스 에스딴 데스오르데나다스 에스따 마냐나

Bugun ertalab havo bulutli edi.
부군 애르탈랍 하워 부루틀리 애드

今天早上云层杂乱无章。
Jīntiān zǎoshang yúncéng záluànwúzhāng
찐티엔 자오샹 윈청 짜루안우짱

Il y a un nuage ce matin.
일 리아 엉 뉘아주 쓰 마땡

곧 비가 올 것 같습니다.

It seems to be raining soon.

Кажется, скоро будет дождь.
까-젯쨔 스꼬-로 부-제트 도-쉬

Parece que lloverá pronto.
빠레쎄 께 요베라 쁘론또

Tez orada yomg'ir yog'adiganga o'xshaydi.
테즈 어라따 염크르 여카드간갸 오흐샤이드

它似乎很快就会下雨。
Tā sìhū hěn kuài jiù huì xià yǔ
타 스-후 헌 콰이 지우 후이 씨아 위

Je pense qu'il va pleuvoir.
주 뻥스 낄 바 쁠르부아흐

비가 옵니다.

it's raining.

Идёт дождь.
이죠-트 도-쉬

Está lloviendo.
에스따 요비엔도

Yomg'ir yog'ayapdi.
염크르 여크얍트

在下雨。
Zaì xià yǔ
짜이 씨아 위

Il pleut.
일 쁠뢰

비가 억수같이 쏟아집니다.

It is rain poursing (wet) down.

Идёт проливной дождь.
이죠-트 쁘랄리브노-이 도-쉬

La lluvia es torrencial.
라 유비아 에스 또렌씨알

Jala quymoqda.
쟐라 쿠이먹다

雨倾盆而下。
Yǔ qīngpén ér xià
위 칭펀 얼 씨아

Il pleut comme une averse.
일 쁠르 끔 윈 나베흐스

04 날씨

비가 그쳤습니다.

The rain stopped.

дождь кончился.
도-쉬 끈칠사

La lluvia paró.
라 유비아 빠로

Yomg'ir to'xtadi.
염크르 토흐타드

雨停了。
Yǔ tíngle
위 팅러

La pluie s'est arrêtée.
라 쁠르 뤼 쎄 따레쎄

오후에 비가 올 것 같습니다.

It seems to rain in the afternoon.

Днём пойдёт дожль.
드뇸 빠이죠-트 도-쉬

Parece que lloverá por la tarde.
빠레쎄 께 요베라 뽀르 라 따르데

Tushlikdan keyin yomg'ir
투실릭단 케인 염크르
yog'adiganga o'xshaydi.
여카드간갸 오흐샤이드

下午好像要下雨。
Xiàwǔ hǎoxiàng yào xià yǔ
씨아우 하오씨양 야오 씨아 위

Il vas pleuvoir cet après-midi.
일 바 쁠로부아흐 쎄 따프레-미디

오늘 저녁에는 눈이 올 것입니다.

It will be snowing this evening.

Сегодня вечером пойдёт снег.
시보드-냐 볘치-롬 빠이죠-트 스녜-크

Estará nevando esta noche.
에스따라 네반도 에스따 노체

Bugun kechqurun qor
부군 케츠쿠룬 커르
yog'adiganga o'xshaydi.
여카드간갸 오흐샤이드

今天晚上要下雪。
Jīntiān wǎnshàng yào xià xuě
찐티엔 완씨양 야오 씨아 씨에

Il va neiger ce soir.
일 바 네제 쓰 쑤아흐

날씨가 좋아지고 있습니다.

The weather is getting better.

Погода улучшается.
빠고-다 울루츠샤-엣짜

El clima está mejorando.
엘 끌리마 에스따 메호란도

Havo ochilmoqda.
하워 어츨먹다

天气正在变好。
Tiānqì zhèngzai biànhaǒ
티엔취 쩡짜이 삐엔하오

Le temps s'améliore.
르 떵 써멜리오흐

눈이 옵니다.

The snow is coming. It is snowing.

Идёт снег.
이죠-트 스녜-크

La nieve se acerca. Está nevando.
라 니에베 세 아쎄라 에스따 네반도

Qor yog'yapti.
커르 여크얍트

在下雪。下雪了。
Zaì xiàxuě Xià xuěle
씨에 라이러 씨아 쒸에러

La neige tombe. (Il neige.)
라 네쥬 똥브 일 네쥬

바람이 붑니다.

The wind is blowing. It is blowing.

Ветер дует.
볘치르 두-엣트

El viento sopla. Está soplando.
엘 비엔또 소쁠라 에스따 소쁠란도

Shamol esmoqda.
샤멀 애스먹따

风很大。
fēng hěn dà
펑 헨 따

Le vent souffle. Il souffle.
르 방 쑤플르 일 쑤플르

땅에 눈이 쌓입니다.

Snow is piled up on the ground.

На земле лежит снег.
나 제믈례- 레지-트 스녜크

La nieve se apila en el suelo.
라 니에베 세 아삘라 엔 엘 수엘로

Yerda qor yig'ilgan.
예르따 커르 예클갼

地上有雪。
Dìshàng yǒuxuè
띠시양 요우 씨에

La neige est entassée sur le sol.
라 네쥬 에 떵따쎄 쒸흐 르 쏠

바람이 몹시 붑니다.

The wind blew badly.

Дует сильный ветер.
두-에트 실-느이 베-치르

El viento soplaba mal.
엘 비엔또 소쁠라바 말

Kuchli shamol esmoqda.
쿠츨리 샤멀 애스먹따

风很大。 风吹得很厉害。
fēng hěn dà Fēng chuī dé hěn lìhài
펑 헨 따 펑 추이 뜨어 헌 리-하이

Le vent souffle fort.
르 방 쑤플르 포흐

오늘은 춥습니다.

It is cold today.

Сегодня холодно.
시보-드냐 홀-로드노

Hoy hace frio.
오이 아쎄 프리오

Bugun sovuq.
부군 서욱

今天冷。
Jīntiān lěng
찐티엔 렁

Il fait froid aujourd'hui.
일 페 프루아 오주흐드위

오늘은 매우 덥습니다.

It is very hot today.

Сегодня очень жарко.
시보-드냐 오-친 자-르꼬

Hace mucho calor hoy.
아쎄 무초 깔로르 오이

Bugun juda issiq.
부군 쥬따 이씁

今天好热啊。
Jīntiān hǎo rè a
찐티엔 하오 러 아

Il fait très chaud aujourd'hui.
일 페 트헤 쇼 오주흐드위

오늘 아침은 춥지요, 그렇지 않습니까?

It's cold this morning, is not it?

Утро сегодня холодное,
우-뜨로 시보-드냐 홀-로드노에,
не правда ли?
녜 쁘라-브다 리

Hace frío esta mañana, ¿no es así?
아쎄 프리오 에스따 마냐나, 노 에스 아시

Bugun ertalabdan sovuq,
부군 애르탈랍딴 하워 서욱,
shunday emasmi?
슌다이 애마스므

今天早上很冷,不是吗?
Jīntiān zǎoshang hěn lěng, bùshì ma
찐티엔 쨔오샹 헌 렁, 뿌쓰 마

Il fait froid ce matin, n'est-ce pas?
일 페 프루아 쓰 마땡, 네-스 빠

오늘 저녁은 무덥군요.

It's hot(sultry) this evening.

Вечер сегодня душный.
베-체르 시보-드냐 두쉬느이

Hace calor esta noche.
아쎄 깔로르 에스따 노체

Bugun kechqurun havo dim.
부군 케츠쿠룬 하워 뜸

今天晚上很热。
Jīntiān wǎnshàng hěn rè
찐티엔 완씨양 헌 러

Il fait chaud ce soir.
일 페 쇼 쓰 쑤아흐

오늘은 선선합니다.

Today is good.

Сегодня прохладно.
시보-드냐 쁘라홀라-드노

Hoy es bueno.
오이 에스 부에노

Bugun havo salqin.
부꾼 하워 살큰

今天凉快。
Jīntiān liángkuài
찐티엔 리양콰이

Aujourd'hui c'est bon.
오주흐드위 쎄 봉

날씨가 맑아지고 있습니다.

The weather is open.
The weather improves.

Небо проясняется.
네보 쁘라야스냐엣짜

El clima está abierto.
엘 끌리마 에스따 아비에르또
El clima mejora.
엘 끌리마 메호라

Havo ochilayapdi.
하워 어츨랴트

天气转请。天气好转。
Tiānqì zhuǎnqíng Tiānqì hǎozhuǎn
티엔취 쭈안칭 티엔취 하오쭈안

Le temps s'améliore.
르 떵 싸멜리오레

일기예보에 의하면 내일은 날씨가 좋답니다.

According to the weather forecast,
the weather is good tomorrow.

По прогнозам, завтра
빠 쁘라그노잠 자-프뜨라
ожидается хорошая погода.
아지다-엣짜 하로-샤야 빠고-다

Según el pronóstico del tiempo,
세군 엘 쁘로노스띠꼬 델 띠엠뽀,
el clima será bueno mañana.
엘 끌리마 세라 부에노 마냐나

Ob-havo ma'lumotlariga ko'ra,
업-하워 말루멀라르갸 코라,
ertaga havo yaxshi bo'lar ekan.
애르타갸 하워 야흐시 볼라르 애갼

根据天气预报，明天天气好。
Gēnjù tiānqì yùbào, míngtiān tiānqì hǎo
껀쥐 티엔취 위바오, 밍티엔 티엔취 하오

Selon les prévisions météorologiques,
쓸롱 레 프레비지옹 메떼오로지끄
il fera beau demain.
일 프하 보 드멩

천둥이 칩니다.

Thunder strikes.

Гремит гром.
그레미-트 그롬-

El trueno golpea.
엘 뜨루에노 골뻬아

Momaqaldiroq gumbirlamoqda.
머마칼뜨럭 굼브롤라멐다

打雷。
Dǎléi
따레이

Il y a du tonnerre.
일 리 아 뒤 또네흐

때때로 번개가 번쩍거립니다.

Sometimes the lightning flashes.

Иногда сверкает молния.
이나그다- 스베르까에트 몰-니야

A veces los rayos destellan.
아 베쎄스 로스 라요스 데스떼얀

Ba'zan chaqmoq chaqmoqda.
바잔 찹먹 찹먹따

时而闪电。
Shí'ér shǎndiàn
쓰얼 샨디엔

Parfois, la foudre clignotent.
빠흐푸아, 라 푸드흐 끌리뇨뜨

05 계절

The four seasons

Времена года

Las cuatro

estaciones To'rt fasl

四个季节

Les quatre saisons

당신은 4계절의 이름을 말할 수 있습니까?

Can you tell memes of the four seasons of the year?

Вы можете назвать четыре
브이 모-줴쩨 나즈바-찌 체뜨이레
времени года?
브레-메니 고-다

¿Puede usted decirme los nombres
뿌에데 우스뗃 데씨르메 로스 놈브레스
de las cuatro estaciones del año?
데 라스 꽈뜨로 에스따씨오네스 델 아뇨

Siz to'rt faslning nomlarini aytib
스즈 토르트 파슬닝 넘라르느 아이틉
bera olasizmi?
베라 얼라스즈므

你能说出四季的名字吗?
nǐ néng shuō chū sìjì de míngzì ma
니 넝 쑤오 추 스지 더 밍찌 마

Pouvez-vous dire les noms
뿌베-부 디흐 레 농
des quatre saisons? de l'année?
데 꺄트흐 쎄종 둘 란네

네, 할 수 있습니다.
그것은 봄, 여름, 가을, 겨울입니다.

Yes, I can. They are spring, summer, autumn and winter.

Да, могу. Это - весна, лето,
다- 마구- 에따- 베스나-, 레-또,
осень и зима.
오-센 이 지마-

Si puedo. Son primavera, verano,
시 뿌에도 손 쁘리마베라, 베라노,
otoño e invierno.
오또뇨 이 인비에르노

Ha, aytib bera olaman.
하, 아이틉 베라 얼라만
Ular bahor, yoz, kuz va qishdir.
울라르 바허르, 여즈, 쿠즈 와 크시드르

我可以。
Wǒ kěyǐ
워 커이
它们是春季, 夏季, 秋季 和冬季。
Tāmen shì chūnjì, xiàjì, qiūjì hé dōngjì
타먼 쓰 춘지, 씨아지, 치우지 허 똥지

Oui je peux. Ils sont le printemps,
위, 주 뾔 일 쏭 르 프랭떵,
l'été, l'automne et l'hiver
레떼, 로똔, 에 리베흐

지금은 무슨 계절입니까?

What season is it now?

Какое время года сейчас?
꼭꼬-에 브레-마 고-다 시차스

¿En que estación estamos?
엔 께 에스따씨온 에스따모스

Hozir qaysi fasl?
허즈르 카이쓰 파슬

现在是什么季节?
Xiànzài shì shénme jìjié
씨엔짜이 쓰 션머 지지에

Quelle saison est-ce maintenant?
껠 쎄종 에-쓰 멩뜨넝

지금은 봄입니다.

It is spring now.

Сейчас весна.
시차스 베스나-

Es primavera ahora.
에스 쁘리마베라 아오라

Hozir bahor.
허즈르 바허르

现在是春天了。
Xiànzài shì chūntiānle
씨엔짜이 쓰 춘티엔러

C'est le printemps maintenant.
쎄 르 프랭떵 멩트넝

날씨가 따뜻합니다.

Spring is warm weather.

Весной теплая погода.
베스나- 쁘고다 찌쁠로-

El clima está templado.
엘 끌리마 에스따 뗌쁠라도

Havo iliq.
하워 일록

天气很暖和。
tiānqì hěn nuǎnhuo
티엔치 헌 누안하오

Le printemps est chaud.
르 프랭떵 에 쇼

봄이 왔습니다.

Spring is come.

Наступила весна.
나스뚜삘-라 베스나-

Весна пришла.
베스나- 쁘리쉴-라

Llegó la primavera.
예고 라 쁘리마베라

Bahor keldi.
바허르 캘뜨

春天来了。
Chūntiān láile
춘티엔 라이러

Le printemps est arrivé.
르 프랭떵 에 따리베

1년중 가장 좋은 계절은 무엇입니까?

What is the best season of the year?

Какое самое хорошо время года?
깍꼬-에 사-모에 하로-쉬 브레-먀 고-다

¿Cuál es la mejor estación del año?
꾸알 에스 라 메호르 에스따씨온 델 아뇨

Yilning qaysi fasli sizga eng ko'p yoqadi?
옐닝 카이스 파슬르 스즈갸 엥 쿞 여카뜨

一年中最好的季节是什么？
Yī nián zhōng zuì hǎo de jìjié shì shénme
이 니엔 쭝 쭈이 하오 더 지지에 쓰 션머

Quelle est la meilleure saison de l'année?
껠 레 라 메이외흐 쎄종 드 란네

05 계절

봄입니다.

It is spring.

Это весна.
에-따 베스나-

Es la primavera.
에스 라 쁘리마베라

Bahor.
바허르

春天了。
chūntiān le
춘 티안 러

C'est le printemps.
쎄 르 프랭떵

봄과 가을입니다.

They are spring and autumn.

Весна и осень.
베스나- 이 오-센

Son primavera y otoño.
손 쁘리마베라 이 오또뇨

Bahor va kuz.
바허르 와 쿠즈

春秋两季。
chūnqiūliǎngjì
춘치얼리안지

Ils sont le printemps et l'automne.
일 쏭 르 프랭떵 에 로똔

1년 중 가장 좋은 계절은 어느 것들입니까?

What are the best seasons of the year?

Какие самые хорошие времена
깍끼-에 사-므이에 하로-쉬에 브레메나-
года?
고-다

¿Cuáles son las mejores
꾸알레스 손 라스 메호레스
estaciones del año?
에스따씨오네스 델 아뇨

Yilning eng yaxshi fasli qaysi?
옐닝 앵 야흐시 파슬르 카이스

一年中最好的季节是哪一个?
yì nián zhōng zuì hǎo de jìjié shì nǎ yígè
이 니엔 쫑 쭈이 하오 더 지지에 쓰나 이꺼

Quelles sont les meilleures
껠 쏭 레 메이외흐
saisons de l'année?
쎄종 드 란네

당신은 4계절 중에 어느 계절을 가장 좋아 합니까?

Which do you like best of the four seasons?

Какое время года вы любите
깍-꼬에 브-레마 고-다 브이 류-비쩨
больше всего?
볼-쉐 프세보

¿Entre las cuatro estaciones del
엔뜨레 라스 꽈뜨로 에스따씨오네스 델
año, que estación le gusta más
아뇨, 께 에스따씨온 레 구스따 마스
a usted?
아 우스뗃

To'rt fasllardan qaysi biri sizga
토르트 파슬라르단 카이스 브르 스즈가
eng ko'p yoqadi?
앵 쿞 여카뜨

你最喜欢哪个季节?
nǐ zuì xǐhuan nǎgè jìjié
니 쭈이 씨후안 나깨 지지에

Quelles saison aimez-vous le plus?
껠 쎄종 에메-부 르 쁠뤼

물론, 봄을 가장 좋아합니다.

I like spring best, that goes without saying

Конечно, больше всего люблю
까녜-쉬노, 볼쉐 프세보 류블류
весну
베스누-

Por supuesto, la que me gusta
뽀르 수뿌에스또, 라 께 메 구스따
más es la primavera
마스 에스 라 쁘리마베라

Albatta, bahorni juda yaxshi
알바타, 바허르느 주다 야흐시
ko'raman.
코라만

当然,我最喜欢春天。
dāngrán, wǒ zuì xǐhuan chūntiān
땅런, 워쭈이 씨후안 춘티엔

Bien sûr, j'aime le printemps le plus.
비엥 쒸흐, 젬므 르 프랭떵, 르 쁠뤼

왜 당신은 봄을 좋아합니까?

Why do you like spring?

Почему вы любите весну?
빠체무- 브이 류비찌 베스누-

¿Por qué le gusta a usted la
뽀르 께 레 구스따 아 우스뗏 라
primavera?
쁘리마베라

Nima uchun bahorni yoqtirasiz?
느마 우춘 바허르느 엳트라스즈

你为什么喜欢春天?
Nǐ wèishéme xǐhuān chūntiān
니 웨이션머 씨환 춘티엔

Pourquoi aimez-vous le printemps?
뿌흐꾸와 에메-부 르 프랭떵

이 계절은 기후가 매우 좋기(온화하기) 때문입니다.

Because the climate is very good(very mild) in this season.

Потому что в это время
빠따무- 쉬또- 브 에-따 브레-먀
климат очень хороший(мягкий).
끌리-마트 오-친 하로-쉬이 먀흐-끼

Es debido a que en ésta estación
에스 데비도 아 께 엔 에스따 에스따씨온
el clima es bueno(apacible).
엘 끌리마 에스 부에노 아빠씨블레

Chunki bu mavsumda iqlim juda
춘키 뿌 마우숨다 익름 주다
yaxshi(juda yumshoq) bo'ladi.
야흐시 주다 윰셕 뽈라뜨

因为这个季节气候非常好
Yīnwèi zhège jìjié qìhòu fēicháng hǎo
인웨이 쩌거 지지에 치호우 페이창 하오
(非常温和)。
fēicháng wēnhé
페이창 원허

Parce que le climat est très bon
빠흐스끄 르 끌리마 에 트헤 봉
(très doux) en cette saison.
트헤 두 엉 쎄뜨 쎄종

05 계절

이 계절에는 만물이 오랜 잠에서 깨어나 소생하게 됩니다.

In this season, very thong awakens from its long sleep and looks very lively.

В это время всё просыпается
브 에-따 브레-먀 프쇼 쁘라스이빠-엣쨔
от долгого сна и оживляется.
앗트 돌-고보 스나- 이 아쥐블라-엣쨔

En ésta estación todas las
엔 에스따 에스따씨온 또다스 라스
cosas despiertan y reviven de
꼬사스 데스삐에르딴 이 레비벤 데
un sueño muy largo.
운 수에뇨 무이 라르고

Ushbu mavsumda uzoq uyqudan
우시뿌 마우쑴다 우적 우이쿠단
so'ng barcha narsalar uyg'onadi
송 바르카 나르쌀라르 우이거나드
va jonlanadi.
와 전라나뜨

这个季节万物从长眠中苏醒。
zhège jìjié wànwù cóng chángmián zhōng sūxǐng
쩌꺼 지지에 완우 총 창미엔 쫑 쑤씽

En cette saison, toutes les choses
앙 쎄뜨 쎄종, 뚜뜨 레 쇼즈
se réveillent de son long sommeil
쓰 레베이 드 쏭 롱 쏘메이
et s'animent.
에 싸님므

꽃들이 피고 새들이 노래합니다.

Flowers come in bloom and birds sing.

Расцветают цветы и поют
라스쯔베따-유트 쯔베뜨이 이 빠유-트
птицы.
쁘찌-쯔이

Las flores florecen y los pájaros
라스 플로레스 플로레쎈 이 로스 빠하로스
cantan.
깐딴

Gullar gullaydi, qushlar sayraydi.
굴라르 굴라이뜨, 쿠실라르 사이라이뜨

花儿开，鸟儿唱歌。
huāer kāi niǎo'er chànggē
후아얼 카이 니아오 얼 창꺼

Les fleurs s'épanouissent et les
레 플뢰흐 쎄빠뉘쓰 에 레
oiseaux chantent.
조와조 샹뜨

당신도 봄을 좋아합니까?

Do you like spring too?

Вы тоже любите весну?
브이 또-줴 류-비쩨 베스누-

¿A usted también le gusta la
아 우스뗏 땀비엔 레 구스따 라
primavera?
쁘리마베라

Siz ham bahorni yoqtirasizmi?
스즈 함 바허르느 역트라스즈므

你也喜欢春天吗?
Nǐ yě xǐhuān chūntiān ma
니 이에 씨환 춘티엔 마

Aimez-vous le printemps aussi?
에메-부 르 프랭떵 오씨

네, 봄을 좋아하지만, 여름도 좋아합니다.

Yes, I like it, but I like summer too.

Да, я люблю её,
다-, 야- 류블류- 예요-
но я также люблю лето.
노- 야- 따-그줴 류블류- 레-또

Sí me gusta la primavera pero el
시 메 구스따 라 쁘리마베라 뻬로 엘
verano también me gusta.
베라노 땀비엔 메 구스따

Ha, bahorni yaxshi ko'raman,
하, 바허르느 야흐시 코라만,
lekin yoz ham yoqadi.
레킨 여즈 함 여카뜨

是的,我喜欢春天,也喜欢夏天。
shì de, wǒ xǐhuan chūntiān, yě xǐhuan xiàtiān
쓰 더, 워 씨환 춘티엔, 이에 씨환 씨아티엔

Oui, j'aime bien, mais j'aime
위, 쥄므 비엥, 메 쥄므
aussi l'été.
오씨 레떼

왜 당신은 여름을 좋아합니까?

Why do you like summer?

Почему вы любите лето?
빠체-무 브이 류비쩨 레-또

¿Porqué a usted le gusta el verano?
뽀르께 아 우스뗃 레 구스따 엘 베라노

Nima uchun siz yozni yoqtirasiz?
느마 우춘 스즈 여즈느 엳트라스즈

你为什么喜欢夏天?
Nǐ wèishéme xǐhuān xiàtiān
니 웨이션머 씨환 씨아티엔

Pourquoi aimez-vous l'été?
뿌흐꾸와 에메-부 레떼

왜냐하면 수영과 등산하기에 좋은 계절이기 때문입니다.

Because it is the good season for mountain climbing and swimming.

Потому что это сезон купания
빠따무- 쉬또- 에-따 세존 꾸빠-니야
и прогулок по горам.
이 쁘라굴로크 빠 가람

Debido a que es buena estación
데비도 아 께 에스 부에나 에스따씨온
para nadar y subir a la montaña.
빠라 나다르 이 수비르 알 라 몬따냐

Chunki, yoz-suzish va toqqa
춘키, 여즈-수즈시 와 텁카
chiqsh uchun yaxshi mavsumdir.
츠크시 우춘 야흐시 마우쑴드르

因为这是登山和游泳的好季节。
Yīnwèi zhè shì dēngshān hé yóuyǒng de hǎo jìjié
인웨이 쩌 쓰 떵샨 허 요우용 더 하오 지지에

Parce que c'est une bonne saison
빠흐스 끄 쎄 뛴 본 쎄종
pour l'escalade et la natation.
뿌흐 레스깔라드 에 라 나따씨옹

여름은 독특한 매력을 가지고 있습니다.

Summer has a charm of its own.

Лето имеет своё очарование.
레-또 이메-에트 스바요- 아챠라바-니에

El verano tiene un encanto propio.
엘 베라노 띠에네 운 엔깐또 쁘로삐오

Yozning o'ziga xos jozibasi bor.
여즈닝 오즈가 허쓰 저즈바쓰 버르

夏天有着独特的魅力。
xiàtiān yǒuzhe dútè de mèilì
씨아티엔 요우쩌 뚜터 더 메이리

L'été a un charme unique.
레떼 아 엉 샤름 위니끄

05 계절

정말 그렇습니다.

So, it is.

Совершенно верно.
사베르쉔-노 베-르노

Verdaderamente así es.
베르다데라멘떼 아시 에스

Haqiqatdan ham shunday.
하키캍단 함 슌다이

真是如此。
zhēn shì rúcǐ
쩐 쓰 루시

Oui, c'est.
위, 쎄

한국에서는 장마철이 언제 시작됩니까?

When does the raining season set it Korea?

Когда в Корее наступает сезон
까그다- 프 까례-에 나스뚜빠-에트 세존
дождей?
다줴이

¿En Corea cuándo empieza la
엔 꼬레아 꽌도 엠삐에사 라
temporada de lluvias?
뗌뽀라다 데 주비아스

Koreyada yomg'irlar mavsumi
카레야다 염그를라르 마우쑤므
qachon boshlanadi?
카천 버실라나뜨

韩国雨季什么时候开始?
Hánguó yǔjì shénmeshíhòu kāishǐ
한꾸어 위지 션머쓰호우 카쓰

Quand la saison des pluies
깡 라 쎄종 데 쁠뤼
commence-t-elle en Corée?
꼬멍스-뗄 앙 꼬레

6월 11일경입니다.

It sets in toward the eleventh of June.

Он наступает приблизительно
온 나수뚜빠-에트 쁘리블리지-쩰노
одиннадцатого июня.
아진-나짜또보 이유-냐

Alrededor de el once de junio.
알레데도르 데 엘 온쎄 데 후니오

Taxminan iyun oyining o'n
타흐미난 이윤 어이닝 온
birinchi kuniga to'g'ri keladi.
브른츠 쿠느갸 토그르 켈라뜨

六月十一日左右。
liùyuè shíyīrì zuǒyòu
리우위에 쓰이르 쪼오요우

C'est autour du onze juin.
쎄 또뚜흐 뒤 옹즈 쥐엥

젊은 사람들은 여름을 대단히 좋아합니다

Young people like summer very much

Молодые люди очень любят лето.
말라드이 류-지 오-친 류-바트 례-뜨

A los jóvenes les gusta mucho el
아 로스 호베네스 레스 구스따 무초 엘
verano.
베라노

Yoshlar yozni juda yaxshi ko'radilar.
여실라르 여즈느 쥬다 야흐시 코라똘라르

年轻人非常喜欢夏天。
Niánqīng rén fēicháng xǐhuān xiàtiān
니엔칭 런 페이챵 씨환 씨아티엔

Les jeunes aiment beaucoup l'été.
레 쥔 엠므 보꾸 레떼

그런데, 당신은 여름에 어디로 갑니까?

By the way, do you go anywhere in summer?

Кстати, куда вы ездите летом?
끄스따-찌 꾸다- 브이 예-지찌 레똠

¿Entonces a dónde va usted en verano?
엔똔쎄스 아 돈데 바 우스뗏 엔 베라노

Aytgancha, siz yozda qayerga borasiz?
아이트간차, 스즈 여즈따 카예르가 버라스즈

可是,你夏天去哪里?
kěshi, nǐ xiàtiān qù Nǎlǐ
커쓰, 니 씨아티엔 취 나리

Mais, Où allez-vous en été?
메, 우 알레-부 저 네떼

나는 보통 바닷가로 갑니다.

I usually go to the seashore.

Обычно я езжу на берег моря.
아브이츠노 야 예쥬 나 베-레크 모-랴

Yo usualmente voy a la playa.
요 우수알멘떼 보이 알 라 쁠라야

Men odatda dengiz sohiliga boraman.
맨 어닫다 댄기즈 서홀르갸 버라만

我通常去海边。
wǒ tōngcháng qù Hǎibiān
워 통창 취 하이삐엔

Je vais habituellement à la plage.
주 베 아비뛰엘멍 알 라 쁠라주

해수욕을 합니까?

Do you bathe in sea?

Вы купаетесь в море?
브이 꾸빠-예쩨시 브 모-레

¿Se baña en el mar?
세 바냐 엔 엘 마르

Dengizda cho'milasizmi?
댄기즈다 초물라스즈므

洗海水浴吗?
xǐ hǎishuǐyù ma
씨 하이수이위 마

Vous baignez-vous? en mer?
부 베니에-부 어 메

네, 때때로.

Yes, sometimes.

Да, иногда
다, 이나그다

Sí, a veces.
시, 아 베쎄스

Ha, ba'zan.
하, 바잔

是的,有时。
Shì de, yǒushí
쓰 더, 요우 쓰

Oui, parfois.
위, 빠흐푸아

가을이 왔습니다.

Autumn is come.

Наступила осень.
나스뚜삘-라 오-센

Llegó el otoño.
예고 엘 오또뇨

Kuz keldi.
쿠즈 켈뜨

秋天到了。
qiūtiān dào le
치우티엔 따오 러

L'automne est arrivé.
오똔 에따리베

날씨가 꽤 서늘합니다.

It has become considerably cool.

Стало заметно прохладнее.
스딸-로 자메-뜨노 쁘라흘라-드네에

El clima está bastante fresco.
엘 끌리마 에스따 바스딴떼 프레스꼬

Havo juda salqinlashdi.
하워 주다 쌀큰라시뜨

天气很凉快。
tiānqì hěn liángkuai
티엔치 헨 리앙쿠아이

Le temps est assez cool.
르 떵 에 따쎄 꿀

가을에는 낮은 더욱 짧아지고 밤은 더욱 길어집니다.

In autumn, the days get shorter and the nights longer.

Осенью дни становятся короче
오-세니유 드니 스따노-빗쨔 까로-체
и ночи длиннее.
이 노-치 들린네-에

En otoño, los días se acortan más
엔 오또뇨, 로스 디아스 세 아꼬르딴 마스
aú y las noches se alargan más aún.
아운 이 라스 노체스 세 알라르간 마스 아운

Kuzda kunlar yanada qisqaradi,
쿠즈다 쿤을라르 야나따 크쓰카라뜨,
tunlar esa uzayadi.
툰라르 애싸 우자야뜨

秋天白天更短,夜晚更长。
qiūtiān báitiān gèng duǎn, yèwǎn gèngcháng
치우티엔 빠이티엔 껑 뚜안 이에완 껑창

En automne, le jour est plus
어 노똔, 르 주흐 에 쁠뤼
court et la nuit est plus longue.
꾸흐 에 라 뉘 에 쁠뤼 롱그

가을은 단풍의 계절입니다.

Autumn is the season of maples.

Осенью листья желтеют.
오세니유 리스찌야 젤쩨유트

El otoño es la estación de los
엘 오또뇨 에스 라 에스따씨온 데 로스
arces de las hojas coloradas.
아르쎄스 데 라스 오하스 꼴로라다스

Kuz xazonrezgilik faslidir.
쿠즈 하전레즈길릭 파슬르드르

秋天是枫树的季节。
Qiūtiān shì fēng shù de jìjié
치우티엔 쓰 펑 수 더 지지에

L'automne est la saison des érables.
로똔 에 라 쎄종 데 제라블

이 계절은 너무 덥지도 않고 너무 춥지도 않습니다.

In this season, it is neither too hot nor too cold.

Осенью не жарко и не холодно.
오세니유 네 자-르꼬 이 네홀-로드노

Esta estación tampoco es demasiado calurosa ni tampoco es demasiado fría.
에스따 에스따씨온 땀뽀꼬 에스 데마시아도 깔루로사 니 땀뽀꼬 에스 데마시아도 프리아

Kuzda havo issiq ham sovvuq ham bo'lmaydi.
쿠즈다 하버 있스크 함 소부크 함 불르마이드

这个季节不太热也不太冷。
zhège jìjié bú tài rè yě bú tài lěng
쩌꺼 지지에 뿌 타이 러 이예 타이 렁

En cette saison, il ne fait ni trop chaud ni trop froid.
앙 쎄뜨 쎄종, 알 느 페 니 트로 쇼 니 트로 푸르와

가을은 공부하기에 가장 좋은 계절입니다.

Autumn is the best season to study.

Осень – самое хорошее время для учёбы.
오-센 사-모어 하로-쉐에 브레먀 들랴- 우쵸-브이

El otoño es la mejor estación para estudiar.
엘 오또뇨 에스 라 메호르 에스따씨온 빠라 에스뚜디아르

Kuz - o'qish uchun eng yaxshi fasldir.
쿠즈 – 오크시 우춘 엥 야흐시 파슬드르

秋天是学习最好的季节。
qiūtiān shì xuéxí zuìhǎo de jìjié
치우티엔 쓰 쉬에씨 쭈이하오 더 지지에

L'automne est la meilleure saison pour étudier.
로똔 에 라 메이외흐 쎄종 뿌흐 에뛰디에

가을에는 공기가 매우 맑아지고 하늘은 매우 높아 보입니다.

In autumn, the air becomes very clear and the sky looks very high.

Осенью воздух становится очень чистым и небо кажется очень высоким.
오-세니유 보-즈두흐 스따노-빗짜 오-친 치-스뜨임 이 녜-보 까-젯짜 오-친 브이소-낌

En otoño el aire es muy puro y el cielo se ve muy alto.
엔 오또뇨 엘 아이레 에스 무이 뿌로 이 엘 씨엘로 세 베 무이 알또

Kuzda havo juda toza bo'lib, osmon juda baland ko'rinadi.
쿠즈따 하워 주다 터자 볼립, 어스먼 주다 바란드 코르나뜨.

秋天空气很清新, 天空看起来很高。
qiūtiān kōngqì hěn qīngxīn, tiānkōng kànqǐlái hěn gāo
치우티엔 콩치 헌 칭씬, 티엔콩 칸치라이 헌 까오

En automne, l'air est très clair et le ciel est très haut.
어 노똔, 레흐 에 트헤 끌레흐 에 르 씨엘 에 트헤 오

내장산은 단풍의 아름다운 것으로 유명합니다.

Nai-jang mountain is famous for the beauty of their maples.

Горы Нэжансан известны
고르 내-장 이즈베스느이
красотой золотистых листьев.
끄라사또-이 잘아찌-스뜨이흐 리-스찌예프

La montaña Nai-jang es famosa
라 몬따냐 내장 에스 파모사
por la hermosura de sus arces.
뽀르 라 에르모수라 데 수스 아르쎄스

Naejang tog’lari go’zal
내장 터클라르 고잘
xazonrezgiligi bilan mashhurdir.
하전레즈길리기 블란 마시후르드르

內藏山以其枫树的美丽而闻名。
Nai-jang shān yǐ qí fēng shù dì měilì ér wénmíng
나이-장 샨 이 치 펑 쑤이 띠 메이리 얼 원밍

La montagne Nai-jang est célèbre
라 몽따뉴 내장 에 쎌레브흐
pour la beauté des érables.
뿌흐 라 보떼 데 제라블

겨울이 가까워지고 있습니다.

Winter is near.

Наступает зима.
나스뚜빠에트 지마-

El invierno está cerca.
엘 인비에르노 에스따 쎄르까

Qish yaqinlashib kelmoqda.
크시 야큰라십 켈먹다

冬天越来越近了。
dōngtiān yuèláiyuè jìn le
똥티엔 위에라이위에 찐 러

L’hiver est proche.
리베흐 에 프호슈

겨울이 왔습니다.

Winter has come.

Наступила зима.
나스뚜삘-라 지마-

Llegó el invierno.
예고 엘 인비에르노

Qish keldi.
크시 켈뜨

冬天来了。
dōngtiān lái le
똥티엔 라이 러

L’hiver est arrivé.
리베흐 에 따리베

당신은 겨울을 좋아합니까?

Do you like the winter?

Вы любите зиму?
브이 류비쩨 지무

¿A usted le gusta el invierno?
아 우스뗃 레 구스따 엘 인비에르노

Siz qishni yoqtirasizmi?
스즈 크시느 염트라스즈므

你喜欢冬天吗?
Nǐ xǐhuān dōngtiān ma
니 씨환 똥티엔 마

Aimez-vous l’hiver?
에메-부 리베흐

아니요, 겨울에 나는 항상 감기에 걸립니다.

No, I always have the flu in the winter.

Нет, зимой у меня всегда грипп.
니에트, 지모이 우 미냐 프시그다 그립쁘

No, siempre tengo gripe en el invierno.
노, 시엠쁘레 땡고 그리뻬 엔 엘 인비에르노

Yo'q, men har doim qishda shamollayman.
욕, 맨 하르 떠임 크시따 샤멀라이만

不,冬天我总是感冒。
bù, dōngtiān wǒ zǒngshì gǎnmào
뿌, 똥티엔 워 쫑씨 깐마오

Non, je prends toujours un rhume en hiver.
농, 주 프항 뚜주흐 엉 휨 어 니베흐

추위가 뼛속까지 스며듭니다.

It is biting cold.

Холод пронизывает до костей.
흘-로트 쁘라니-즈이바에트 다 가스쩨-이

El frío penetra hasta el interior del hueso.
엘 프리오 뻬네뜨라 아스따 엘 인떼리오르 델 우에소

Sovuq suyaklargacha singib ketayapdi.
서욱 수약라르가차 신깁 케타얍트

寒冷透骨。
hánlěng tòugǔ
한-렁 투-꾸-

Il fait très froid.
일 페 트헤 프루아

대지는 눈으로 덮었습니다.

The ground is covered with snow.

Земля покрывается снегом.
제믈라- 빠끄르이비엣짜 스녜-곰

La nieve cubre el suelo.
라 니에베 꾸브레 엘 수엘로

Yer qor bilan qoplanadi.
예르 커르 블란 컾을라나뜨

大地被雪覆盖了。
dàdì bèi xuě fùgàile
따띠 뻬이 쉬에 푸까이러

Le sol est couvert de neige.
르 쏠 에 꾸베흐 드 네쥬

우리는 스키를 탈 수 있습니다.

We can ski.

Можно кататься на лыжах.
모-즈노 까땃-짜 나 르이자흐

Podemos esquiar.
뽀데모스 에스끼아르

Biz chang'ida ucha olamiz.
브즈 찬그따 우차 얼라므즈

我们可以滑雪。
Wǒmen kěyǐ huáxuě
워먼 커이 후아쉬에

Nous pouvons skier.
누 뿌봉 스키에

호수와 연못이 얼어붙었습니다.

Lakes and ponds are frozen.

Озёра и пруды замерзают.
아죠-라 이 쁘루드이 자메르자-유트

Los lagos y estanques se congelaron.
로스 라고스 이 에스딴께스 세 꼰헬라론

Ko'llar va hovuzlar muzladi.
콜라르 와 허우즐라르 무즐라뜨

湖水和莲花池冻结了。
húshuǐ hé Liánhuāchí dòngjiéle
후쉬 허 리안후아치 똥지에러

Les lacs et les étangs sont gelés.
르 라끄 에 레 제땅 쏭 즐레

우리는 스케이트를 탈 수 있습니다.

We can skate.

Можно кататься на коньках.
모-즈노 까-땃쨔 나 깐까-흐

Podemos patinar.
뽀데모스 빠띠나르

Biz konki uchishimiz mumkin bo'ladi.
브즈 캰키 우츠시므즈 뭄킨 뽈라뜨

我们可以滑冰。
Wǒmen kěyǐ huábīng
워먼 커이 후아삥

Nous pouvons patiner.
누 뿌봉 빠띠네

그런데, 당신은 스케이트를 탈 수 있습니까?

By the way, can you skate?

Кстати, вы умеете кататься на коньках?
끄스따-찌, 브이 우메-에쩨 까땃-쨔 나 깐까-흐

¿A propósito usted puede patinar?
아 쁘로뽀시또 우스뗃 뿌에데 빠띠나르

Aytmoqchi, konki ucha olasizmi?
아이틈먹츠, 캰키 우차 얼라스즈므

可是, 你能滑冰吗?
kěshì, nǐ néng huábīng ma
커이쓰, 니 넝 후아삥 마

Mais pouvez-vous skater?
오 페, 뿨-뛰 스까떼

아니요, 스케이트는 탈 줄 모릅니다만, 스키는 탈 수 있습니다.

No, I cannot, but I can ski.

Нет, не умею, но я умею кататься на лыжах.
니에-트, 녜 우메- 유, 노- 야 우메-유 까땃-쨔 나 르이자흐

No, no sé patinar, pero puedo esquiar.
노, 노 세 빠띠나르, 뻬로 뿌에도 에스끼아르

Yo'q, men konki ucha olmayman, ammo chang'i ucha olaman.
욕, 맨 캰키 우차 얼마이만, 암머 찬크 우차 얼라만

不会滑冰, 但会滑雪。
bú huì huábīng, dàn huì huáxuě
뿌 후이 후아삥, 딴 후이 후아쉬에

Non, je ne peux pas, mais je peux skier.
농, 주 느 뾔 빠, 메 주 뾔 스끼에

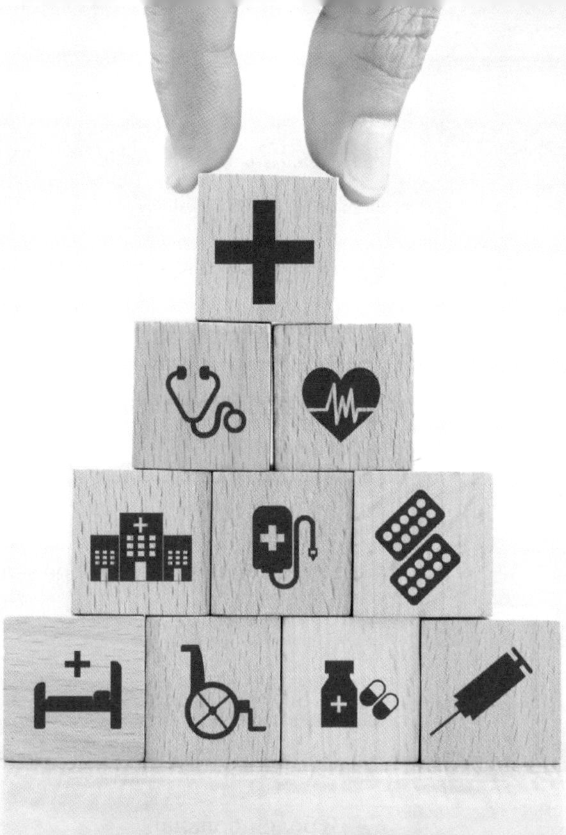

06 건강과 병

- health and Sickness
- Здоровье и болезнь
- salud y enfermedad
- sog'liq va kasallik
- 健康与疾病
- santé et maladie

당신의 건강은 어떠하신지요?

How is your health?

Как ваше здоровье?
깍-크 바쉐 즈다로-비에

¿Cómo está su salud?
꼬모 에스따 수 살룻

¿Cómo ha estado de salud?
꼬모 아 에스따도 데 살룻

Sog'lig'ingiz qanday?
서클리긴기즈 칸다이

您身體怎么样?
Nín shēntǐ zěnmeyàng
니 션티 젠미양

Comment va votre santé?
꼬멍 바 보트흐 쌍떼

네, 건강이 좋습니다.

Yes, I am in good health.

Благодарю вас, хорошо.
블라가다류- 바스, 하라쇼-

Sí, estoy bien de salud.
시, 에스또이 비엔 데 살룻

Sog'lig'im yaxshi.
서클르금 야흐시

是的,我身體很好。
Shì de, wǒ shēntǐ hěnhǎo
쓰 더, 워 션티 헌하오

Oui, je suis en bonne santé.
위, 주 쒸 장 본 쌍떼

건강이 좋지 못합니다.

No, I am not in good health.

Благодарю вас, не очень хорошо.
블라가다류- 바스, 녜 오첸- 하라쇼-

Tu salud no es buena.
투 살룻 노 에즈 비엔나

Sog'ilig'im yaxshi emas.
서클르금 야흐시 애마스

不, 我身體不太好。
Bù, wǒ shēntǐ bùtáihǎo
뿌, 워 션티 뿌타이하오

Non, je ne suis pas en bonne santé.
농, 주 느 쒸 빠 장 본 쌍떼

나는 아픕니다.

I am sick.

Я болен(больна).
야 볼-렌 발나-

Estoy enfermo.
에스또이 엔페르모

Men kasalman.
맨 카살만

我病了。
Wǒ bìngle
워 삥러

Je suis malade.
주 쒸 말라드

나는 오늘 머리가 아픕니다.

I have a headache today.

Сегодня у меня болит голова.
시보-드냐 우미냐- 발리-트 갈라바-

Tengo un dolor de cabeza hoy.
땡고 돌로르 데 까베사 오이

Bugun boshim og'riyapti.
부꾼 버심 어크리얍트

我今天頭疼。
Wǒ jīntiān touting
워 찐티엔 토우텅

J'ai mal à la tête aujourd'hui.
줴 말 알라 떼뜨 오주흐드위

이가 아픕니다.

I have a toothache.

У меня болит зуб.
우 미냐- 발리-트 주쁘

Tengo dolor de muela.
땡고 돌로르 데 디엔떼스

Mening tishim og'riyapti.
매닝 트심 어크리얍트

我牙疼。
Wǒ yá téng
워 야 텅

J'ai mal aux dents.
줴 말 오 덩

배가 아픕니다.

I have a stomach-ache.

У меня болит желудок.
우 미냐- 발리-트 젤루-도크

Me duele la barriga.
메두엘레 라 바리가

Qornim og'riyapti.
커르놈 어크리얍트

我肚子疼。
Wǒ dùzi téng
워 뚜-즈 텅

J'ai mal au ventre.
줴 말 오 벙트흐

목이 아픕니다.

I have a sore throat.

У меня болит горло.
우 미냐- 발리-트 고-를로

Tengo un dolor de garganta.
땡고 운 돌로르 데 가르간따

Tengo dolor de garganta.
땡고 돌로르 데 가르간따

Tomog'im o'griyapti.
터머큼 어크리얍트

我嗓子疼。
Wǒ sǎngzi téng
워 상쯔텅

J'ai mal à la gorge.
줴 말 알라 고흐주

나는 감기에 걸렸습니다.

I have a cold.

Я простудился(простудилась.).
야 쁘라스뚜질-샤 쁘라스뚜질-라시

Tengo un resfriado. Estoy resfriado.
땡고 운 레스프리아도 에스또이 레스프리아도
Estoy agripado.
에스또이 아그리빠도

Shamollab qoldim.
샤멀랍 컬뜸

我感冒了。
Wǒ gǎnmàole
워 깐마오러

J'ai un rhume.
줴 엉 륌

나는 기침을 조금 합니다.

I cough a little. I suffer from a slight cough.

Я немножко кашляю.
야 님노-쉬꼬 까-쉴랴유

Toso un poco.
또소 운 뽀꼬
Sufro de una ligera tos.
수프로 데 우나 리헤라 또스
Tengo un poco de tos.
땡고 운 뽀꼬 데 또스

Men ozgina yo'talayapman.
맨 어즈기나 요탈얍만

我有点咳嗽。
wǒ yǒu diǎn késòu
워 요우 띠안 커어서

Je tousse un peu.
주 뚜스 엉 쁘
Je souffre d'une légère toux.
제 소페 듄 리제르 뚜

나는 미열이 있습니다.

I have a fever. I have a slight temperature.

У меня небольшая температура.
우 미냐- 네발샤-야 찜뻬라뚜-라

Tengo una ligera temperatura.
땡고 우나 리헤라 뗌뻬라뚜라
Tengo fiebre.
땡고 피에브레

Mening ozgina isitmam bor.
매닝 어즈기나 이슽맘 버르

我有低烧。
Wǒ yǒu dīshāo
워 요우 띠샤오

J'ai de la fièvre.
줴 들 라 피에브흐
J'ai une légère température.
줴 우네 리제르 떵뻬하뛰흐

체온을 재어 보셨습니까?

Have you checked your body temperature?

Вы смерили температуру?
브이 스메-릴리 찜뻬라뚜-루

¿Has comprobado la temperatura de tu cuerpo?
아스 꼼쁘로바도 라 뗌뻬라뚜라 데 뚜 꾸에르뽀
¿Se tomó la temperatura?
세 또모 라 뗌뻬라뚜라
¿Comprobó la temperatura de su cuerpo?
꼼쁘로보 라 뗌뻬라뚜라 데 수 꾸에르뽀

Tana haroratini tekshirdingizmi?
타나 하러라트느 텍실딘기즈므

你量过体温吗?
nǐ liàng guò tǐwēn ma
니 리앙 꿔 티원 마

Avez-vous vérifié la température
아베-부 베히피에 라 떵뻬하뛰흐
de votre corps?
드 보트흐 꼬흐

네, 오늘 아침에 쟀습니다.

Yes, I took it this morning.

Да, я смерил(смерла)
다, 야 스몌-릴 스·몌 릴라
температуру сегодня утром.
쪰뻬라뚜-루 시보드냐 우-뜨롬

Sí, lo tomé esta mañana.
시, 로 또메 에스따 마냐나
Si, la tomé esta mañana.
시, 라 또메 에스따 마냐나

Ha, ertalab o'lchadim.
하, 애르탈랍 올차딤

是, 今早量过了。
Shì, jīnzǎo liáng guòle
쓰 , 찐짜오 리양 꾸오러

Oui, je l'ai pris ce matin.
위, 주 레 프리 쓰 마땡

몇 도였습니까?

How much was it?

Какая у вас температуру?
깍까-야 우 바스 쪰뻬라뚜-라

¿Cuánto era? ¿Cuánto tenía?
꾸안또 에라 꾸안또 떼니아

Necha daraja edi?
네차 따라자 애드

是几度?
shì jǐdù
쓰 지두

C'était combien?
쎄떼 꽁비엥

37도 5부였습니다.

It was 37.5 degrees.
(It was thity-seven point five degrees.)

37,5(Тридцать семь и пять.)
뜨리-짜지 셈 이 빠찌

Era de 37.5 grados.
에라 데 37.5 그라도스
(era treinta y siete puntos cinco
에라 뜨레인따 이 시에떼 뿐또스 씽꼬
grados.)
그라도스

37.5 (o'ttiz yarim) daraja edi.
오트즈 야름 따라자 애드

是37.5度。(它是七點五度.)
Shì 375 Dù(Tā shì qī diǎn wǔ dù)
쓰 375뚜 타 쓰 치 띠엔 우 뚜

Il faisait 37.5 degrés.(C'était
일 프제 37.5 드그헤 쎄떼
trente-sept virgule cinq degrés.)
트항뜨-쎄뜨 비흐귈 쌩끄 드그헤

건강을 조심하십시오.

Be careful of your health.

Берегите здоровье.
베레기-쪠 즈다로비에

Ten cuidado con tu salud.
뗀 꾸이다도 꼰 뚜 살룻
Cuide su salud.
꾸이데 수 살룻

Sog'ligingizga ehtiyot bo'ling.
서글리긴기즈가 애흐티여트 볼링

请住意身体。
Qǐng zhùyì shēntǐ
칭 쭈이 선티

Faites attention à votre santé.
페뜨 아떵씨옹 아 보트르 쌍떼

집에 있는 게 좋겠습니다.

You'd better stay at home.

Вам лучше сидеть дома.
밤 루-치쉐 시제-찌 도-마

Será mejor que te quedes en casa.
세라 메호르 께 떼 께데스 엔 까사
Será mejor que se quede en casa.
세라 메호르 께 세 께데 엔 까사

Uyda qolganingiz yaxshiroq.
우이따 컬갸닌기즈 야흐시럭

最好多待家。
Zuìhǎo duō dài jiā
쭈이하오 뚜어 따이 지아

Tu feras mieux de rester à la maison.
뛰 프하 미외 드 헤스떼 알 라 메종

속이 더부룩합니다.

I feel heavy in the stomach.

Я чувствую тяжесть в желудке.
야 춥-스뜨부유 쨔-제스찌 브 젤루-뜨께

Me siento pesado en el estomago.
메 시엔또 빼사도 엔 엘 에스또마고
Siento pesado el estómago.
시엔또 빼사도 엘 에스또마고

Oshqozonimda og'irlik his qilyapman.
어시커저늠따 어크를릭 흐스 클랴만

肚子胀。
dùzi zhàng
뚜-즈 짱

Je me sens ballonné.
주 므 썽 발로네

나는 위가 좀 정상이 아닙니다.

I have a something wrong with my stomach.

У меня желудок не в порядке.
우 미냐- 젤루-도크 네 프 빠랴-끄께

Tengo algo mal con mi estomago.
땡고 알고 말 꼰 미 에스또마고
Mi estómago está un poco mal.
미 에스또마고 에스따 운 뽀꼬 말

Oshqozonim yaxshi emas.
오시커저늠 야흐시 애마스

我胃有点不正常。
wǒ wèi yǒudiǎn bú zhèngcháng
워 웨이 요우띠안 뿌 쩡창

J'ai un problème d'estomac.
줴 엉 프호블렘 데스또마

나는 식욕이 없습니다.

I have no appetite.

У меня нет аппетита.
우 미냐- 니에-트 아빼찌-따

No tengo apetito.
노 땡고 아뻬띠또

Ishtaham yo'q.
이시타함 욕

我沒胃口。
Wǒ méi wèikǒu
워 메이 웨이-커우

Je n'ai pas d'appétit.
주 네 빠 다뻬띠

안색이 좋지 않군요. 무슨 일입니까?

You look pale. What is the matter with you?

Вы выглядите бледным
브이 브이-글랴지쩨 블례-드느임
(бледной). Что с вами?
블례-드노이 쉬또 스 바-미

Te ves pálido.
떼 베스 빨리도
¿Qué es lo que te pasa?
께 에스 로 께 떼 빠사
Se ve pálido. ¿Le pasa algo?
세 베 빨리도 레 빠사 알고

Ko'rinishingiz yaxshi emas.
코르느신기즈 야흐시 애마스
Sizga nima bo'ldi?
스즈갸 놈마 볼뜨

你脸色不好。什么事?
nǐ liǎnsè bù hǎo shénme shì
니 리엔서 뿌 하오 션머 쓰

Vous avez l'air pâle.
부 자베 레흐 빨
Quoi de problème?
꾸아 드 프호블렘

나는 현기증이 납니다.

I feel dizzy. I am dizzy.

У меня кружится голова.
우 미냐- 끄루-짓짜 갈라바-

Me siento mareado.
메 시엔또 마레아도
Estoy mareado.
에스또이 마레아도

Boshim aylanyapti.
버심 아일란얍트

我头晕。
wǒ tóuyūn
워 토우윈

Je suis étourdi. Je suis sonné.
주 쒸 에뚜흐디 제 수스 소네

의사에게 가봤나요?

Have you seen a doctor?

Вы обращались к врачу?
브이 아브라샬-리시 끄 브라추-

¿Has visto a un doctor?
아스 비스또 아 운 독또르

Shifokorga uchrashdingizmi?
시퍼커르갸 우츠라시띤기즈므

你看過醫生了嗎?
Nǐ kànguò yīshēngle ma
니 칸꾸오 이셩러 마

Avez-vous vu un médecin?
아베-부 뷔 엉 메드쌩

아직 안 갔습니다.

Not yet.

Нет, ещё нет.
니에-트, 잇쇼- 니에-트

Todavía no.
또다비아 노

Yo'q hali.
욕 할리

还沒有。
Hái méiyǒu
하이 메이

Pas encore.
빠 장꼬흐

06 건강과 병

나는 오늘 몸시 상태 좋습니다.

I am in great condition today.

Сегодня я чувствую себя хорошо.
시보-드냐 야 춥-스뜨부유 시뱌- 하라쇼-

Estoy en gran condición hoy.
에스또이 엔 그란 꼰디씨온 오이

Estoy en muy buena condición hoy.
에스또이 엔 무이 부에나 꼰디씨온 오이

Men bugun o'zimni yaxshi his qilyapman.
맨 부군 오즘느 야흐시 흐스 클랴만

我今天心情很好。
Wǒ jīntiān xīnqíng hěn hǎo
워 찐티엔 씬칭 헌 하오

Je me sens très bien aujourd'hui.
주 므 썽 트헤 비엥 오주흐드위

나는 오늘 몸이 몹시 좋지 않습니다.

I am not feeling very well today.

Сегодня я чувствую себя плохо.
시보-드냐 야 춥-스뜨부유 시뱌- 뿔로-호

No me siento muy bien hoy.
노 메 시엔또 무이 비엔 오이

Men bugun o'zimni yomon his qilyapman.
맨 부군 오즘느 여먼 흐스 클랴만

我今天心情很不好。
Wǒ jīntiān xīnqíng hěn bù hǎo
워 찐티엔 씬칭 헌 뿌하오

Je ne me sens pas très bien aujourd'hui
주 느 므 썽 빠 트헤 비엥 오주흐드위

나는 소화가 잘 안 됩니다.

I suffer from an indigestion.

У меня несварение желудка.
우 미냐- 네스바례-니에 쥘루-뜨까

Sufro de una indigestión.
수프로 데 우나 인디헤스띠온

No estoy bien de la digestión.
노 에스또이 비엔 데 라 디헤스띠온

Menda ovqat hazm bo'lishi yaxshi emas
맨따 어브카트 하즘 볼르시 야흐시 애마스

我消化不好。
wǒ xiāohuà bù hǎo
워 씨야오후아 뿌 하오

Je ne peux pas bien digérer.
주 느 뾔 빠 비엥 디제레

과식한 것이 아닙니까?

Perhaps you eat too much, don't you?

Может быть, вы слишком много съели?
모-쉐트 브이찌 브이 슬리-쉬꼼 므노-고 스옐-리

Tal vez comes demasiado, ¿no es así?
딸 베스 꼬메스 데마시아도, 노 에스 아시

Tal vez come demasiado, ¿no es así?
딸 베스 꼬메 데마시아도, 노 에스아시

Ehtimol siz juda ko'p ovqat yegandirsiz?
애흐트멀 스즈 주다 콥 어브캍 예갼드르스즈

是不是吃得太多了?
shì bū shì chī dé tài duō le
쓰 뿌 쓰 츠 더 타이 뚜오러

Est-ce que vous mangez trop,
에-스 끄 부 멍제 트호,
n'est-ce pas?
네스빠

그런지도 모르겠습니다.

May be so.

Может быть.
모-줴트 브이찌

Tal vez es así. No lo sé.
딸 베스 에스 아시 노 로 세

Shunday bo'lishi ham mumkin.
순다이 볼르시 함 뭄킨

可能是吧。
Kěnéng shì ba
커넝 쓰 빠

Peut-être.
쁘-떼트흐

과식하지 말고 적당한 운동하십시오. 그러면 곧 나을 것입니다.

Try not eat too much and take proper exercise Then you will soon be all right.

Постарайтесь есть не так много
빠스따-이쩨시 예스찌 녜 딱-크 므노-고
и делайте гимнастические
이 젤-라이쩨 김나스찌-체스끼에
упражнения,
우쁘라즈녜-니야,
Тогда вы скоро выздоровеете.
따그다- 브이 스꼬-로 브이-즈다라베에쩨

Trate de no comer demasiado y
뜨라떼 데 노 꼬메르 데마시아도 이
hacer ejercicio adecuado.
아쎄르 에헤르씨씨오 아데꾸아도
Entonces pronto estarás bien.
엔똔쎄스 쁘론또 에스따라스 비엔
Trate de no comer demasiado y
뜨라떼 데 노 꼬메르 데마시아도 이
haga ejercicio apropiado.
아가 에헤르씨씨오 아쁘로삐아도
Entonces estará bien.
엔똔쎄스 에스따라 비엔

Ovqat ko'p emasdan yengil
어브캍 콥 예마스단 옌길
mashqlarni bajaring.
마시클라르느 바자링
Shunda tez orada tuzalib qolasiz.
슌다 테즈 어라다 투잘립 컬라스즈

不要暴饮暴食, 要适当运动。
búyào bàoyǐn bàoshí, yào shìdàng yùndòng
뿌야오 바오인 바오쓰, 야오 쓰당 윈똥
那么很快就会好。
nàme hěnkuài jiù huì hǎo
나머 헌콰이 지우 후이 하오

Essayez de ne pas trop manger
에쎄이에 드 느 빠 트호 멍제
et de faire de l'exercice.
에 드 페흐 으 레그제흐시스
Ensuite, tout ira bien. pour vous.
앙씌뜨, 뚜 띠하 비엥 프 부우스

충고 고맙습니다.

Thanks for your advice.

Благодарю Вас за совет.
블라가다류- 바스 자 사볘-트

Gracias por su consejo.
그라씨아스 뽀르 수 꼰세호

Maslahatingiz uchun rahmat.
마슬라하틴기즈 우춘 라흐맡

謝謝你的建議。
Xièxiè nǐ de jiànyì
씨에씨에 니 더 지엔위

Merci pour vos conseils.
메흐씨 뿌흐 보 꽁쎄이

아버님 건강은 어떻습니까?

How is your father's health?

Как здоровье Вашего отца?
깍크 즈다로비예 바쉐보 앗짜

¿Cómo está su padre de la salud?
꼬모 에스따 수 빠드레 데 라 살룯
¿Cómo está de salud su padre?
꼬모 에스따 데 살룯 수 빠드레

Otangizning so'g'liqlari qanday?
어탄기즈닝 서글르글라르 칸따이

你父親的健康狀況如何?
Nǐ fùqīn de jiànkāng zhuàngkuàng rúhé
니 푸친 더 찌엔캉 쭈앙-꾸앙 루흐어

Comment va votre père?
꼬멍 바 보트흐 뻬흐

07 병원에서

- At the doctor's
- В больнице
- En el doctor
- Shifoxonada
- 在医院
- Chez le médecin

의사 선생님 계십니까?

Is the doctor in?

Доктор принимает?
독또르 쁘리니마-에트

¿Está el médico?
에스따 엘 메디꼬
¿Está el doctor adentro?
에스따 엘 독또르 아덴뜨로

Doktor bormilar?
독또르 벌믈라르

医生在吗?
Yīshēng zài ma
이셩 짜이 마

Le docteur est-il dedans?
르 독뙤흐 에-띨 드덩

네, 계십니다.

Yes, sir.

Да, он принимает.
다, 온 쁘리니마-에트

Sí señor. Sí, está.
시, 세뇨르 시, 에스따

Ha janob, borlar.
하 짜넙, 버를라르

是的, 在先生。
Shì de, zài xiānshēng
쓰 더 짜이 씨엔셩

Oui monsieur.
위 므씨외

들어오십시오.

Please come in.

Войдите, пожалуйста.
바이지-쩨 빨-루이스따

Por favor entra. Por favor entre.
뽀르 파보르 엔뜨라, 뽀르 파보르 엔뜨레

Marhamat, kiring.
마르하맏 크링

请进来.
Qǐng jìnlái
칭 찐라이

S'il vous plaît entrer.
씰 부 쁠레 앙트헤

선생님, 안녕하십니까?

Good morning, doctor?

Доброе утро, доктор.
도-브로에 우-뜨르 독또르

¿Buenos días doctor?
부에노스디아스 독또르

Xayrli tong, doctor.
하이를리 텅 독또르

医生,早上好吗?
Yīshēng, zǎoshang hǎo ma
이셩, 자오샹 하오 마

Bonjour Docteur?
봉주흐, 독뙤흐

무슨 일입니까?

What is the matter with you?

Что с вами?
쉬또- 스 바-미

¿Qué es lo que te pasa?
께 에스 로께 떼 빠사

¿Qué le pasa?
께 레 빠사

Sizga nima bo'ldi?
스쯔가 느마 볼뜨

什么事?
shénme shì
션머 쓰

Quel est le problème?
껠 레 르 프호블렘

요즘 몸 상태가 좋지 않습니다.

I don't feel very well in the these days.

В последнее время
프 빠슬레-드네에 브레-마

я чувствую себя плохо.
야 춥-스뜨부유 시바- 쁠로-호

No me siento muy bien en estos
노 메 시엔또 무이 비엔 엔 에스또스

días. En estos días no me
디아스 엔 에스또스 디아스 노 메

siento bien.
시엔또 비엔

Bu kunlarda men o'zimni yaxshi
부 꾸눌라르따 맨 오즘느 야흐시

his qilmayapman.
흐스 클마얍만

这些天身体不太好。
Zhèxiē tiān shēntǐ bù tài hǎo
쩌씨에 티엔 션티 뿌 타이 하오

Je ne me sens pas très bien ces
주 느 므 쌍 빠 트헤 비엥 쎄

jours-ci.
주흐-씨

식욕은 있습니까?

Do you have any appetite?

У вас есть аппетит?
우 바스 예스찌 아뻬-찌트

¿Tienes algún apetito?
띠에네스 알군 아뻬띠또

¿Tiene apetito?
띠에네 아뻬띠또

Ishthangiz yaxshimi?
이시타한기즈 야흐시므

你有胃口吗?
Nǐ yǒu wèikǒu ma
니 요우 웨이-코우 마

Avez-vous de l'appétit?
아베-부 드 라뻬띠

아니요, 식욕이 없습니다.

No, I have no appetite.

Нет у маня нет аппетита.
니에-트 우 미나- 니에-트 아뻬찌-따

No, no tengo apetito.
노, 노 뗑고 아뻬띠또

Yo'q, ishtaham yo'q.
욕, 이시타함 욕

不,我没胃口。
Bù, wǒ méi wèikǒu
뿌, 워 메이 웨이-코우

Non, je n'ai pas d'appétit.
농 주 네 빠 다뻬띠

혀를 보여주십시오.

Please show me your tongue.

Покажите, пожалуйста, язык.
빠까쥐-쩨 빠잘-루이스따 이즈이크

Por favor, muéstrame tu lengua.
뽀르 파보르, 무에스뜨라메 뚜 렝구아
Por favor muéstreme su lengua.
뽀르 빠보르 무에스뜨레메 수 렝구아

Qani, tilingizni ko'rsating.
카느, 틀린기즈느 코르사팅

给我看看舌头。
gěi wǒ kànkan shétou
께 워 칸칸 씌어-투우

S'il vous plaît, Montrez-moi votre langue.
씰 부 쁠래 몽트헤-무아 보트흐 랑그

입을 벌리고 '아' 해보세요.

Open your mouth, and say "Ah."

Откройте рот и скажите а-а
아뜨그로-이쩨 로-트 이 스까쥐-쩨 «아-아»

Abre la boca y diga "Ah".
아브레 라 보까 이 디가 "아"
Abra la boca y diga "Ah".
아브라 라 보까 이 디가 "아"

Og'zingizni ochib, "A" deb ayting-chi.
어크진기즈느 어츱 "아" 댑 아이팅츠

张开嘴，说"啊"。
Zhāng kāi zuǐ, shuō "a"
짱 카이 쭈이, 쑤어 "아"

Ouvrez votre bouche et dites "Ah".
우브헤 보트흐 부슈 에 디뜨 "아"

그러면 맥을 짚어 보지요.

Now, let me feel your pulse.

Так, я пощупаю ваш пульс.
딱-크 야 빠슈-빠유 바쉬 뿔-스

Ahora, déjame sentir tu pulso.
아오라, 데하메 센띠르 뚜 뿔소
Entonces, déjame sentir tu pulso.
엔똔쎄스, 데하메 센띠르 뚜 뿔소

Endi sizning yurak urishingizni tekshirib ko'ray-chi.
앤뜨 스즈닝 유락 우르신기즈느 텍시릅 코라이츠

现在,让我感受你的脉搏。
Xiànzài, ràng wǒ gǎnshòu nǐ de màibó
씨엔짜이, 랑 워 깐쏘우 니 더 마이뽀어

Maintenant, laissez-moi sentir votre pouls.
멩뜨넝, 레쎄-무아 쌍띠흐 보트흐 뿌

맥박은 정상입니다.

Your pulse is regular.

У вас нормальный пуьс.
우 바스 나르말느이 뿔-스

Tu pulso es regular.
뚜 뿔소 에스 레굴라르

Yurak urishingiz muntazam.
유락 우르신기즈 문타잠

你的脉搏是正常的。
Nǐ de màibó shì zhèngcháng de
니 더 마이뽀어쓰 쩡치앙 더

Votre pouls est régulier.
보트흐 뿌 에 헤귈리에

체온도 정상인 것 같습니다.

I think your temperature is normal.

Кажется, у вас нормальная
까젯짜 우 바스 나르말-나야
температура.
쩸뻬라뚜-라

Creo que tu temperatura es normal.
끄레오 께 뚜 뗌뻬라뚜라 에스 노르말
Su temperatura es normal.
수 뗌뻬라뚜라 에스 노르말

Menimcha, haroratingiz ham
매늠차 하러라틴기즈 함
normal holatda.
너르말 헐랕따

体温也正常。
Tǐwēn yě zhèngcháng
티원 예 쩡치앙

La température est normale.
라 떵뻬하뛰흐 에 노흐말

맥박이 빠릅니다.

Your pulse is quick.

У вас пульс учащённый.
우 바스 뿔-스 우차숀느이

Su pulso es rápido.
수 뿔소 에스 라삐도

Yurak urishingiz tez.
유랔 우르신기즈 테즈

脉搏有点快。
Màibó yǒudiǎn kuài
마이쁘어 요우디엔 쿠아이

Votre pouls est rapide.
보트흐 뿌 에 하삐드

조금 열이 있습니다.

You have a temperature.

У вас небольшая температура.
우 바스 네발사-야 쩸뻬라뚜-라

Tienes una temperatura.
띠에네스 우나 뗌뻬라뚜라
Tiene un poco de temperatura.
띠에네 운 뽀꼬 데 뗌뻬라뚜라

Ozgina haroratingiz bor.
어즈끼나 하러라틴기즈 뻐르

有点发烧。
yǒudiǎn fāshāo
요우디엔 빠샤오

Vous avez de la fièvre.
부 자베 들 라 피에브흐

피로해 보입니다.

You look tired.

У вас усталый вид.
우 바스 우스딸-르이 비트

Se ve cansado.
세 베 깐사도

Charchagan ko'rinasiz.
차르차간 코르나스즈

你看起来很累。
Nǐ kàn qǐlái hěn lèi
니 칸 치라이 헌 레이

Tu as l'air fatigué.
뛰 아 레흐 파띠게

그러면 진찰을 해 보아야겠습니다.

Next I want to sound you.

Сейчас я послушаю вас.
시차-스 야 빠슬루-사유 바스

Entonces le voy a examinar.
엔똔쎄스 레 보이 아 엑사미나르
Entonces le voy a revisar.
엔똔쎄스 레 보이 아 레비사르

Endi sizni eshitib ko'rishim kerak.
앤뜨 스즈느 애시톱 코르시므즈 케락

那就该看病了。
nà jiù gāi kànbìng le
나 쭈 카이 칸삥 러

Ensuite, je veux vous faire entendre.
엉쒸뜨, 주 부 페흐 앙땅드흐

숨을 깊게 쉬십시오.

Take a deep breath, please.

Дышите глубже.
드이쉬-쩨 글루-브제

Respira hondo, por favor.
레스삐라 온도, 뽀르 파보르
Respire hondo, por favor.
레스삐레 온도, 뽀르 파보르

Chuqur nafas oling.
추쿠르 나파스 얼링

请深呼吸一下。
Qǐng shēnhūxī yīxià
칭 션후씨 이씨아

Prenez une profonde respiration,
프흐네 위느프호퐁드 헤스삐라씨옹,
s'il vous plaît.
씰 부 쁠래

가슴에 이상이 없습니다.

Your breast does not present any abnormal symptoms.

У вас в груди всё нормально.
우 바스 브 그루지- 프쇼 나르말노

Su(mama NO) pecho no presenta
수 뻬초 노 쁘레센따
ningún síntoma anormal.
닝군 신또마 아노르말
No presenta síntomas de
노 쁘레센따 신또마스 데
anormalidad en el pecho.
아노르말리다드 엔 엘 뻬초
Su corazón no presenta ningún
수 꼬라손 노 쁘레센따 닝군
síntoma anormal.
신또마 아노르말

Ko'krak qafasida g'ayritabiiy
곡락 카파스따 카이르타비이이
belgilar mavjud emas.
벨길라르 마브주뜨 애마스

胸口无异常。
xiōngkǒu wú yìcháng
씽-커우 위- 이창-

Votre coeur n'a rien de mal.
보트흐 꾀흐 나 리엥 드 말

속이 더부룩하지 않습니까?

Do you feel heavy in the stomach?

Вы чувствуете тяжесть
브이 춥-스뜨부에쩨 쨔-제스찌
в желудке?
브 젤루-뜨께

¿Te sientes pesado en el estómago?
떼 시엔떼스 뻬사도 엔 엘 에스또마고
¿No siente incómodo el estómago?
노 시엔떼 인꼬모도 엘 에스또마고

Oshqozonda og'irlik xis
어시커전따 어크를릭 히쓰
qilyapsizmi?
크랍스즈므

胃张不张，胃不张吗?
wèi zhāng bù zhāng, wèi bù zhang ma
웨이 짱 뿌 짱 웨이 뿌 짱 마

Êtes-vous ballonné dans votre
에뜨-부 발로네 덩 보트흐
estomac?
에스또마

배가 아픕니까?

Haven't you a pain in the bowel?

У вас болит желудок?
우 바스 발리-트 젤루-도크

¿No tienes dolor en el estómago?
노 띠에네스 돌로르 엔 엘 에스또마고
¿Le duele el estómago?
레 두엘레 엘 에스또마고

Qorningiz og'riyaptimi?
커르닌기즈 어크랍트므

肚子疼吗?
Dùzi téng ma
뚜즈 텅 마

Vous n'avez pas mal au ventre?
부 나베 빠 말 오 정 벙트흐

가끔 아픕니다.

Yes, Sometime.

Да, иногда болит.
다, 이나그다 발리-트

Si, alguna vez.
시, 알구나 베스
Me duele a veces.
메 두엘레 아베쎄스

Ha, ba'zan.
하, 바짠

有时候疼。
Yǒu shíhòu téng
요우 씨-호우 텅

Oui parfois.
위 빠흐푸아

나는 때때로 등이 아픕니다.

Sometime, I have a pain in the back.

Иногда у меня болит спина.
이나그다 우 미냐- 발리-트 스삐나-

De vez en cuando, me duele
데 베스 엔 꾸안도, 메 두엘레
la espalda.
라 에스빨다
A veces me duele la espalda
아 베쎄스 메 두엘레 라 에스빨다

Ba'zan belimda og'riq bor.
바짠 벨름따 어크르 뻐르

我有时背疼。
Wǒ yǒushí bèi téng。
워 요우쓰 뻬이 텅

Parfois, j'ai mal au dos.
빠흐푸아, 줴 말 오 도

걱정하지 마십시오.

Never fear. (Don't fear.)

Не беспокойтесь.
네 베스빠꼬-이쩨시

No se preocupe.
노 세 쁘레오꾸뻬

Havotir olmang.
하뻐트르 얼망

别担心。
bié dānxīn
삐에 딴씬

Ne vous inquiétez pas.
느 부 쟁끼에뜨 빠

당신의 병은 심하지 않습니다.

Your illness is not serious.

У вас нет ничего особенного.
우 바스 니에-트 니체보- 아소-벤노보

Tu enfermedad no es grave.
뚜 엔페르메닷 노 에스 그라베

Su enfermedad no es grave.
수 엔페르메닷 노 에스 그라베

La enfermedad de usted no es grave.
라 엔페르메닷 데 우스뗏 노 에스 그라베

Jiddiy kasalligingiz yo'q.
짇디이 카살리긴기즈 욕

你的病情不太严重。
Nǐ de bìngqíng bù tài yánzhòng
니 더 삥칭 뿌 타이 옌쫑

Votre maladie n'est pas grave.
보트흐 말라디 네 빠 그하브

처방을 해 주시겠습니까?

Will you give me a prescription?

Дайте мне, пожалуйста, рецепт.
다이쩨 므녜, 빠잘-루이스따 레쩹-트

¿Me darás una receta?
메 다라스 우나 레쎄따

¿Podría darme una receta?
뽀드리아 다르메 우나 레쎄따

Menga ko'rsatma berasizmi?
맨갸 콜샅마 베라스즈므

你能开个处方药吗?
Nǐ néng kāi gè chǔfāngyào ma
니 넝 카이 꺼 추빵야오 마

Voulez-vous me prescrire?
불레-부 므 프레스크리흐

좋습니다.

All right.

Хорошо.
하라쇼-

Está bien.
에스따 비엔

Yaxshi.
야흐시

好的。可以。
Háode。kéyǐ
하오더 커이

D'accord.
다꼬흐

약 처방을 해 드리겠습니다.

I will write you a prescription.

Я вам дам(пропишу, выпишу)
야 밤 담 쁘라삐슈 브이삐슈
рецепт.
레쩹-트

Te escribiré una receta.
떼 에스끄리비레 우나 레쎄따
Le daré u a receta.
레 다레 우 아 레쎄따

Sizga dorilar ko'rsatmasini yozib
스즈갸 떠릴라르 쿨살마스느 여즙
beraman.
베라만

我会给你开一张处方药。
Wǒ huì gěi nǐ kāi yī zhāng chǔfāngyào
워 후이 께이 니 카이 이 짱 추빵야오

Je vais vous prescrire.
주 베 부 프레스크리흐

이 약을 드시면, 1주일 후에 나을 것입니다.

If you take that medicine, you will get well in a week.

Если вы будете принимать это
예슬리 브이 부-제쩨 쁘리니마-찌 에-따
лекарство,
레까-르스뜨보,
то поправитесь через неделю.
또 빠쁘라-비쩨시 체-레즈 네젤-류

Si toma ese medicamento,
시 또마 에세 메디까멘또,
se recuperará en una semana.
세 레꾸뻬라라 엔 우나 세마나

Bu dorilarni qabul qilsangiz,
뿌 떠릴라르느 카불 클산기즈,
bir haftadan keyin tuzalib ketasiz.
브르 핪타딴 케인 투잘릅 케타스즈

如果您服用该药，
Rúguǒ nín fúyòng gāi yào,
루꾸오 닌 푸용 까이 야오,
您将在一周内 康复。
nín jiàng zài yīzhōu nèi kāngfù
닌 지양 짜이 이쪼우 네이 깡푸

Si vous prenez ce médicament,
씨 부 프흐네 쓰 메디까망,
vous irez bien en une semaine.
부 지레 비엥 어 뉜 쓰멘느

의사 선생님 감사합니다. 진료비는 얼마입니까?

Thank you doctor. How much do I owe you?

Спасибо, доктор.
스빠시-보, 독또르
Сколько я должен(должна) вам
스꼴-꼬 야 돌-젠 달즈나- 밤
за приём?
자 쁘리욤

Gracias Doctor. ¿Cuánto le debo?
그라시아스 독또르 꾸안또 레 데보
¿Cuánto cuesta la consulta
꾸안또 꾸에스따 라 꼰술따
médica?
메디까

Doktor rahmat sizga.
떡터르 라흐맡 스즈갸
Qabul uchun qancha to'lashim
카불 우춘 칸차 톨라심
kerak?
케랔

谢谢医生。 诊疗费是多少?
Xièxiè yīshēng zhěnliáofèi shì duōshǎo
씨에씨에 이성 쩐랴오페이 쓰 뚜오사오

Merci docteur. Combien je te dois?
메흐씨, 독뙤흐 꽁비엥 주 뜨 두아

진료비는 20달러입니다.

That'll be twenty dollar.

Двадцать долларов.
드바짜찌 돌-라로브

El costo de la consulta médica
엘 꼬스또 데 라 꼰술따 메디까
son $20.00 dólares.
손 베인떼 돌라레스
Por la consulta médica
뽀르 라 꼰술따 메디까
son $20.00 dólares.
손 베인떼 돌라레스

Yigirma dollar bo'ladi.
이길마 돌라르 볼라뜨

诊疗费是20美元。
zhěnliáofèi shì èrshí měiyuán
쩐랴오페이 쓰 얼쓰 메이위엔

Ce sera vingt dollars.
쓰 쓰라 뱅 달러

08 시간

- Hour
- Время
- Hora
- Vaqt
- 时间
- Heure

지금 몇 시입니까?

What time is it now?

Сколько времени?
스꼴-꼬 브레-메니

¿Qué hora es ahora?
께 오라 에스 아오라

Hozir soat nechi?
허즈르 서앝 내츠

现在几点了?
Xiànzài jǐ diǎnle
씨엔짜이 지 디엔러

Quelle heure est-il maintenant?
껠 뢰흐 에-띨 멩뜨넝

당신 시계로는 몇 시입니까?

What time is it by your watch?

Который час на ваших часах?
까또-로이 차스 나 바-쉬흐 치사흐

¿Qué hora es en tu reloj?
께 오라 에스 엔 뚜 렐로호

Soatingiz bo'yicha nechi bo'ldi?
서아틴기즈 뽀이차 내츠 뽈뜨

按你的表几点?
àn nǐ de biǎo jǐ-diǎn
안 니 더 삐아오 지-띠엔

Quelle heure est-il à votre montre?
껠 뢰흐 에-띨 아 보트흐 몽트흐

내 시계로는 정각 한 시입니다.

My watch, it is just one.

На моих часах ровно час.
나 마이-흐 치사-흐 로-브노 차스

Mi reloj, es sólo uno.
미 렐로호, 에스 솔로 우노

Mening soatimda roppa-rosa bir bo'ldi.
매닝 서아톰따 렆파-러싸 브르 뽈뜨

我的表是正1点。
wǒ de biǎo shì zhèng 1 diǎn
워 더 삐아오 쓰 쩐 이 띠안

Il est une heure sur ma montre.
일 레 윈 뇌흐 쒸흐 마 몽트흐

정각 두 시입니다.

By my watch, it is just two.

Ровно два часа.
로-브노 드바 치사-

Por mi reloj, son sólo dos.
뽀르 미 렐로호, 손 솔로 도스

Roppa-rosa soat ikki.
렆파-러싸 서앝 이키

两点整。
liǎng diǎn zhěng
리양 띠안 쩡

Il est deux heures.
일 두 죄흐

내 시계는 5분 빠릅니다.

My watch is five minutes fast.

Мои часы спешат на пять минут.
마이- 치스이- 스뻬샤-트 나 빠-찌 미누-트

Mi reloj es de cinco minutos rápido.
미 렐로호 에스 데 씽꼬 미누또스 라피도

Mening soatim besh daqiqa oldinda.
매닝 서아틈 베시 따키카 얼든따

我的表快五分钟。
Wǒ de biǎo kuài wǔ fēnzhōng
워 더 삐야오 콰이 우 펀쫑

Ma montre a cinq minutes d'avance.
마 몽트흐 아 쌩 미뉘뜨 다벙스

내 시계는 3분 느립니다.

My watch is three minutes slow.

Мои часы отстают на три минуты.
마이- 치스이- 앗스따유-트 나 뜨리 미누-뜨이

Mi reloj es de tres minutos lento.
미 렐로호 에스 데 뜨레스 미누또스 렌또

Mening soatim uch daqiqa orqada.
매닝 서아틈 우츠 따키카 어르카따

我的表慢三分钟。
Wǒ de biǎo màn sān fēnzhōng
워 더 삐야오 만 싼 펀쫑

Ma montre est lente trois minutes.
마 몽트흐 에 랑뜨 투아 미뉘뜨

3시 5분입니다.

It is five past three. (five minutes past three.)

Пять минут четвёртого.
빠찌 미누-트 체뜨뵤르또보
(Три часа пять минут.)
뜨리 치사- 빠찌 미누-트

Son las tres y cinco.
손 라스 뜨레스 이 싱꼬
(cinco minutos después de las tres.)
씽꼬 미누또스 데스뿌에스 데 라스 뜨레스

Uchdan besh daqiqa o'tdi.
우츠딴 베시 따크카 욑뜨

三点五分。
sān diǎn wǔ fēn
싼 디엔 우 펀
(三点五分钟)
(Sān diǎn wǔ fēnzhōng)
싼 디엔 우 펀쫑

Il est trois heures cinq.
일 레 투아 죄흐 쌩끄
(Trois heures cinq minutes.)
투아 죄흐 쌩끄 미뉘뜨

3시 15분입니다.

It is a quarter past three.

Четверть четвёртого.
체-뜨베르찌 체뜨뵤-르또보

Son las tres y cuarto.
손 라스 뜨레스 꾸아르또

Uchdan o'n besh daqiqa o'tdi.
우츠딴 온 베시 따크카 욑뜨

现在3点15分钟。
Xiànzài shì sān diǎn yī kè
씨엔짜이 쓰 싼 디엔 이 크어

Il est trois heures et quart.
일 레 투아 죄흐 에 꺄흐

08 시간

4시 10분입니다.

It is ten past four.

Десять минут пятого.
제-샤찌 미누-트 빠-또보

Son las cuatro y diez.
손 라스 꾸아뜨로 이 디에스

To'rtdan o'n daqiqa o'tdi.
토르트딴 온 따크카 옽뜨

4点10分。
sì diǎn shí fēn
쓰 디엔 스 펀

Il est quatre heures dix.
일 레 꺄트흐 외흐 디스

6시 15분 전입니다.

It is a quarter to six.

Без четверти шесть.
베스 체-뜨베르찌 쉐스찌

Son las seis menos cuarto.
손 라스 세이스 메노스 꾸아르또

O'n beshtakam olti bo'ldi.
온 베시타캄 얼트 뽈뜨

6点15分之前。
liù diǎn shíwǔ fēn zhīqián
리우 디엔 시우 펀 쯔치안

Il est six heures moins le quart.
일 레 씨 죄흐 무윙 르 꺄흐

5시 반입니다.

It is half past five.

Половина шестого.
빨라비-나 쉐스또-보

Son las cinco y media.
손 라스 씽꼬 이 메디아

Besh yarim bo'ldi.
베시 야름 뽈뜨

现在是五点半。
Xiànzài shì wǔ diǎn bàn
씨엔짜이 쓰 우 디엔 빤

Il est cinq heures et demie.
일 레 쌩 꾀흐 에 드미

6시 12분 전입니다.

It is twelve to six.

Без двенадцати шесть.
베스 드베나-짜찌 쉐-스찌

Son las doce hasta las seis.
손 라스 도쎄 아스따 라스 세이스

O'n ikkitakam olti.
온 이키타캄 얼트

这是十二点到六点。
Zhè shì shí'èr diǎn dào liù diǎn
쩌 쓰 쓰얼 디엔 따오 리우 디엔

Il est six heures moins six.
일 레 씨 죄흐 무윙 씨스

7시쯤 됩니다.

It is about seven.

Почти семь часов.
빠츠시- 셈 치습-

Son las siete.
손 라스 시에떼

Soat taxminan yetti bo’ldi.
서앝 타흐미난 옡트 뾸뜨

6点12分之前。
liù diǎn shí'èr fēn zhīqián
리우 디엔 쓰얼 펀 쩌치안

Il est environ sept heures.
일 레 엉비홍 쎄 뙤흐

8시 30분입니다.

It is thirty minutes past eight.

Пол девятого.(Восемь тридцать.)
뽈 제바-또보 보셈 뜨리짜지

Son las trece minutos pasadas las ocho.
손 라스 뜨레쎄 미누또스 빠사다스 라스 오초

Sakkizdan o’ttiz daqiqa o’tdi (Sakkiz yarim bo’ldi).
삭키즈딴 옽트즈 따크카 옽뜨 삭키즈 야름 뾸뜨

现在是八点三十分钟。
Xiànzài shì bā diǎn sānshí fēnzhōng
씨엔짜이 쓰 빠 디엔 싼스 펀쫑

Il est huit heures trente minutes.
일 레 위 뙤흐 트항뜨 미뉘뜨

9시 15분 전입니다.

It is fifteen minutes to nine.

Без пятнадцати(четверти) девять.
베스 삐뜨나-짜찌 체뜨베르찌 제-바찌

Son las dieciocho minutos para las nueve.
손 라스 디에씨오초 미누또스 빠라 라스 누에베

O’n beshtakam to’qqiz bo’ldi.
온 베시타캄 톡크즈 뾸뜨

差十五分九点。
Chà shíwǔ fēn jiǔ diǎn
차 쓰우 펀 지우 디엔

Il est neuf heures moins dix.
일 레 뇌 뵈흐 무욍 디스

아직 10시가 안 되었습니다.

It is not ten o’clock yet.

Ещё нет десяти часов.
잇쇼- 니에트 제샤찌- 치숍-

Aún no son las diez.
아운 노 손 라스 디에스

Hali soat o’n bo’lmadi.
할르 서앝 온 뾸마뜨

现在还不到十点。
Xiànzài hái bù dào shí diǎn
씨엔짜이 하이 뿌 따오 쓰 디엔

Il n’est pas encore dix heures.
일 네 빠 장꼬흐 디 죄흐

11시 29분입니다.

It is twenty-nine past eleven.

Двадцать девять минут
드바-짜찌 제-뱌찌 미누-트
двенадцатого.
드베나-짜또보

Son las once y veintinueve.
손 라스 온쎄 이 베인띠누에베

O'n birdan yigirma to'qqiz
온 브르딴 이길마 톡크즈
daqiqa o'tdi.
다키카 옽뜨

现在是十一点二十九分。
Xiànzài shì shíyī diǎn èrshíjiǔ fēn
씨엔짜이 쓰 쓰이 디엔 얼스지우 펀

Il est onze heures vingt-neuf.
일 레 옹 죄흐 뱅-뇌프

곧 정오(자정)가 됩니다.

It will be noon (midnight) in a little while.

Скоро будет полдень(полночь).
스꼬-로 부-제트 뽈-젠 뽈-노치

Será mediodía (medianoche)
세라 메디오디아 메디아노체
en poco tiempo.
엔 뽀꼬 띠엠뽀

Tez orada yarim kecha bo'ladi.
테즈 어라따 야름 케차 볼라뜨

快到正午了(午夜)。
Kuài dào zhèngwǔ le (wǔyè)
쿠아이 따오 쩡우 러 우위에

Il sera bientôt midi(minuit).
일 쓰라 비엥또 미디 미뉘

12시가 곧 되려고 합니다.

It will be twelve in a moment.

Скоро будет двенадцать часов.
스꼬로 부-제트 드베나-짜찌 치솝-

Serán doce en un momento.
세란 도쎄 엔 운 모멘또

Tez orada soat 12 bo'ladi.
테즈 어라따 서앝 온 이키 볼라뜨

快十二点了。
Kuài shí'èr diǎn le
쿠아이 스얼 디엔 러

Il sera bientôt 12(douze) heures.
일 쓰라 비엥또 두 죄흐

12시 입니다.

It has just struck twelve.

Только что пробило двенадцать.
똘-꼬 쉬또 쁘라빌-로 드베나-짜찌

Acaba de llegar a las doce.
아까바 데 예가르 알 라스 도쎄

Hozirgina soat o'n ikkini urdi.
허즈르기나 서앝 온 이키느 우르뜨

现在是12点。
xiànzài shi shí'èr diǎn
씨엔짜이 시 스얼 디엔

Il était 12(douze) heures il y a
일 레떼 두 죄흐 일 리 아
quelque temps.
껠끄 떵

지금 한시를 막 쳤습니다.

It has just struck one.

Пробил час.
쁘라빌 차스

Acaba de golpear a uno.
아까바 데 골뻬아르 아 우노

Hozir soat birni urdi.
허즈르 서앝 브르느 우르뜨

刚刚打了一点钟。
gānggāng dǎle yìdiǎn zhōng
깡깡 따러 이디엔 쫑

Il était 1(une) heures il y a quelque temps.
일 레떼 윈 뇌흐 일 리 아 껠끄 떵

당신은 몇 시에 일어납니까?

What time do you get up?

Когда(В котором часу) вы встаёте?
까그다 프 까또-롬 치수- 브이 프스따요쩨

¿a qué hora te levantas?
아 께 오라 떼 레반따스

Siz soat nechida uyg'onasiz?
스즈 서앝 네츠따 우이거나스즈

你几点起床?
Nǐ jǐ diǎn qǐchuáng
니 지 디엔 치추앙

À quelle heure vous levez-vous?
아 껠 뢰흐 부 르베-부

나는 6시 반에 일어납니다.

I get up at half past six.

Я встаю в половине седьмого.
야 프스따유- 프 빨라비-녜 세지모-보

Me levanto a las seis y media.
메 레반또 알 라스 세이스 이 메디아

Olti yarimda turaman.
얼트 야름따 투라만

我六点半起床。
Wǒ liù diǎn bàn qǐchuáng
워 리우 디엔 빤 치추앙

Je me lève à six heures et demie.
주 므 레브 아 씨 죄흐 에 드미

당신은 몇 시에 잠자리에 듭니까?

What time do you go to bed?

Когда вы ложитесь спать?
까그다- 브이 라지-쩨시 스빠찌

¿A qué hora vas a la cama?
아 께 오라 바스 알 라 까마

Siz nechida uxlashga yotasiz?
스즈 네츠따 우흘라시가 여타스즈

你几点睡觉?
Nǐ jǐdiǎn shuìjiào
니 지디엔 쑤이지아오

À quelle heure vous couchez-vous?
아 껠 뢰흐 부 꾸쉐-부

나는 10시에 잡니다.

I go to bed at ten.

Я ложусь спать в десять часов.
야 라주-시 스빠-찌 브 제-샤찌 치숍-

yo voy a la cama a las diez en punto.
요 보이 알 라 까마 알 라스 디에스 엔 뿐또

Men soat o'nda uxlashga yotaman.
맨 서앝 옛트따 우흘라시갸 여타만

我十点睡觉。
Wǒ shí diǎn shuìjiàole
워 스 디엔 쑤이지아오

Je me couche à dix heures.
주 므 꾸슈 아 죄흐

나는 3시경에 당신에게 가지요.

I will call on you toward three o'clock.

Я приеду к вам к трём часам.
야 쁘리예-두 끄 밤 끄 뜨룜 치삼-

Te llamaré hacia las tres en punto.
떼 야마레 아씨아 라스 뜨레스 엔 뿐또

Men siznikiga soat uchga boraman.
맨 스즈느키갸 서앝 우츠따 뻐라만

我三点钟去你那儿。
wǒ sān diǎn zhōng qùnǐ nàér
워 싼 디엔 쫑 츤 나-

Je vais vous voir vers 3(trois) heure.
주 베 부 부아흐 베흐 투아 죄흐

나는 6시까지 그 일을 끝낼 것입니다.

I shall have finished this work by six.

Я закончу эту работу к шести.
야 자꼰-추 에뚜 라보-뚜 끄 쉐스찌-

Habré terminado este trabajo a las seis.
아브레 떼르미나도 에스떼 뜨라바호
알 라스 세이스

Men bu ishni soat oltigacha tugataman.
맨 뿌 이시느 서앝 얼트갸차
투갸타만

我将完成这项工作六点。
Wǒ jiāng wánchéng zhè xiàng gōngzuò liù diǎn
워 지앙 완청 쩌 씨앙 꽁쭈어 리우 디엔

Je vais finir ce travail à six heures.
주 베 피니흐 쓰 트하바이 아 씨 죄흐

나는 6시 시보에 시계를 맞추었습니다.

At six o'clock in morning, I set my watch by the announcement of time.

В шесть часов утра я поставил часы по радио.
프 쉐스찌 치숍- 우뜨라- 야 빠스따-빌
치스이 빠 라-지오

A las seis de la mañana, puse mi reloj en el anuncio de la hora.
알 라스 세이스 데 라 마냐나, 뿌세
미 렐로호 엔 엘 아눈씨오 데 라 오라

Ertalab soat oltidagi radio e'loni bo'yicha soatni to'g'irladim.
애르탈랖 서앝 얼트따기 라띠오 앨러느
뽀이차 서앝느 토그를라뜸

早上六点钟,
Zǎoshang liù diǎn zhōng,
짜오샹 리우 디엔 쫑
我按时间公布了表。
wǒ àn shíjiān gōngbùle biǎo
워 안 스지옌 꽁뿌러 삐야오

À six heures du matin, j'ai réglé l'alarme de ma montre.
아 씨 죄흐 뒤 마땡 줴 헤글레
랄라흠므 드 마 몽트흐

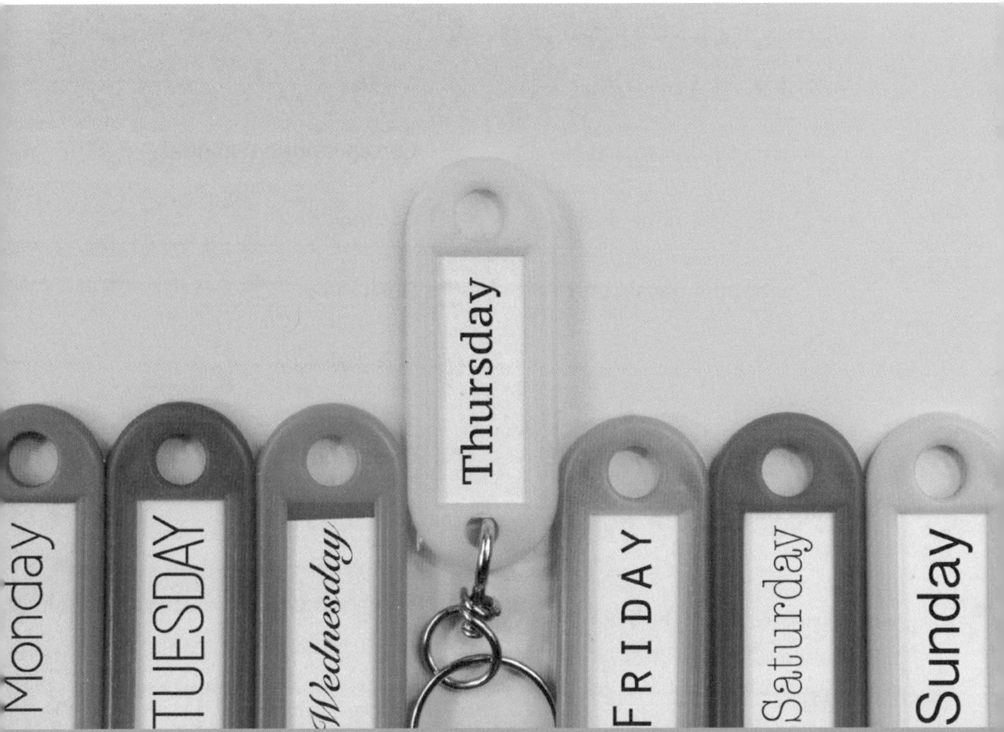

09 요일

The names of the days of the week

Название дней недели

Los nombres de los días de la semana

Hafta kunlari

一周中的日期名称

Les noms des jours de la semaine.

오늘은 무슨 요일입니까?

what day of the week is it today?

Какой день сегодня?
깍꼬-이 젠- 시보-드냐

¿Qué día de la semana es hoy?
께 디아 데 라 세마나 에스 오이

Bugun haftaning qaysi kuni?
뿌꾼 하프타닝 카이쓰 쿠느

今天是星期几?
Jīntiān shì xīngqí jǐ
찐티엔 쓰 셩치 지

Quel jour de la semaine est-ce aujourd'hui?
껠 주흐 들 라 쓰멘 에-스 오주흐드위

오늘은 일요일입니다.

It is Sunday.

Сегодня воскресенье.
시보-드냐 바스끄레세-니에

Es domingo.
에스 도밍고

Bugun yakshanba.
뿌꾼 약샨빠

今天是星期天。
Jīntiān shì xīngqítiān
찐티엔 쓰 씽치티엔

Aujourd'hui, c'est dimanche.
오주흐드위, 쎄 디멍슈

월요일입니다.

It is Monday.

Сегодня понедельник.
시보-드냐 빠네젤-니크

Es lunes.
에스 루네스

Dushanba.
뚜샨빠

今天星期一。
Jīntiān xīngqí yī
찐티엔 쓰 씽치 이

C'est lundi.
쎄 렁디

오늘은 화요일입니다.

Today is Tuesday.

Сегодня вторник.
시보-드냐 프또-르니크

Hoy es martes.
오이 에스 마르떼스

Bugun seshanba.
뿌군 세샨빠

今天是星期二。
Jīntiān shì xīngqí'èr
찐티엔 쓰 씽치'얼

Aujourd'hui, c'est mardi.
오주흐드위, 쎄 마흐디

내일은 수요일입니다.

Tomorrow, it will be Wednesday.

Завтра будет среда.
자-프뜨라 부제-트 스레다-

Mañana será miércoles.
마냐나 세라 미에르꼴레스

Ertaga chorshanba.
애르타가 처르샨빠

明天, 将是星期三。
Míngtiān, jiāng shì xīngqísān
밍티엔, 찌앙 쓰 씽치싼

Demain, c’est mercredi.
드맹, 쎄 메흐크흐디

어제는 월요일이었습니다.

Yesterday, it was Monday.

Вчера был понедельник.
프체라- 브일- 빠네젤-니크

Ayer fue lunes.
아이에르 푸에 루네스

Kecha dushanba edi.
케차 두샨빠 애뜨

昨天是星期一。
Zuótiān shì xīngqí yī
쭈오티엔 쓰 씽치 이

Hier, c’était lundi.
이에흐, 쎄떼 렁디

모레는 목요일입니다.

The day after tomorrow, it will be Thursday.

Послезавтра будет четверг.
뽀슬레-자프뜨라 부제-트 체뜨베-르크

Pasado mañana, será jueves.
빠사도 마냐나, 세라 후에베스

Indinga payshanba bo’ladi.
인딘꺄 파이샨빠 뽈라뜨

后天,将是星期四。
Hòutiān, jiāng shì xīngqísì
호우티엔, 찌앙 쓰 씽치쓰

Après-demain, c’est jeudi.
아프헤-드맹, 쎄 죄디

그저께는 일요일이었습니다.

The day before yesterday, it was Sunday.

Позавчера было воскресенье.
빠자프체라- 브일-로 바스끄레세-니에

Anteayer, era domingo.
안떼 아이에르, 에라 도밍고

O’tgan kuni yakshanba edi.
올간 꾸느 약샨빠 애뜨

前天是星期天。
Qiántiān shì xīngqítiān
치엔티엔 쓰 씽치티엔

Avant-hier, c’était dimanche.
아방-띠에흐, 쎄떼 디멍슈

1주일은 며칠입니까?

How many days are there in a week?

Сколько дней в неделе?
스꼴-끄 드녜이 브 네젤-레

¿Cuantos días hay en una semana?
꾸안또스 디아스 아이 엔 우나 세마나

Bir hafta ichida necha kun bor?
쁘르 핲타 이츠따 네츠 쿤 버르

一周有多少天?
Yīzhōu yǒu duōshǎo tiān
이쪼우 요우 뚜오샤오 티엔

Combien de jours y a-t-il dans une semaine?
꽁비엥 드 주흐 이 아-띨 덩 쥔 쓰멘

1주일은 7일입니다.

There are seven.

В неделе семь дней.
브 네젤-레 셈 드녜이

Hay siete.
아이 시에떼

Bir haftada yetti kun bor.
쁘르 핲타따 옡트 꾼 버르

一周是七天。
yízhōu shì qī tiān
이쪼우 쓰 치 티엔

Ils sont sept.
일 종 쎄뜨

일주일의 첫 번째 날은 무슨 요일입니까?

What is the first day of the week?

Какой день первый день недели?
깍꼬-이 젠 뻬-르브이 젠 네젤-리

¿Cuál es el primer día de la semana es el lunes?
꾸알 에스 엘 쁘리메르 디아 데 라 세마나 에스 엘 루네스

Haftaning birinchi kuni qaysi kun?
핲타닝 쁘른치 쿠느 카이쓰 쿤

一周的第一日是星期几?
yì zhōu de dìyí rì shì xīngqī jǐ
이-쪼우 더 띠이리 쓰 씽치 즈

Quel est le premier jour de la semaine?
껠 레 르 프흐미에 주흐 드 라 쓰멘

첫 번째 날은 월요일입니다.

The first day of the week is Monday.

Первый день недели - понедельник.
뻬-르브이 젠 네젤-리 빠네젤-니크

El primer día de la semana es el lunes.
엘 쁘리메르 디아 데 라 세마나 에스 엘 루네스

Haftaning birinchi kuni - dushanba.
핲타닝 쁘른치 쿠느 뚜샨빠

第一天是星期一。
Dì yī tiān shì xīngqí yī
띠 이 티엔 쓰 씽치 이

Le premier jour de la semaine est le lundi.
르 프흐미에 주흐 들 라 쓰멘 에 르 렁디

일주일의 두 번째 날은 무슨 요일입니까?

What is the second day of the week?

Какой второй день недели?
깍꼬-이 프따로-이 젠 네젤-리

¿Cual es el segundo día de la semana?
꾸알 에스 엘 세군도 디아 데 라 세마나

Haftaning ikkinchi kuni qaysi kun?
핣디닝 이낀츠 쿠느 카이쓰 쿤

一周的第二天是星期几?
Yīzhōu de dì èr tiān shì xīngqí jǐ
이쪼우 더 띠 얼 티엔 쓰 씽치 지

Quel est le deuxième jour de la semaine?
껠 레 르 두지엠므 주흐 들 라 쓰멘

수요일은 세 번째 날입니까?

Is Wednesday the third day?

Среда третий день недели?
스례다- 뜨레-찌 젠 네젤-리

¿El miércoles es el tercer día?
엘 미에르꼴레스 에스 엘 떼르쎄르 디아

Uchinchi kun chorshanbami?
우츤츠 쿠느 처르샨빠므

周三是第三天吗?
Zhōusān shì dì sān tiān ma
쪼우싼 쓰 띠 싼 티엔 마

Mercredi est le troisième jour?
메흐크르디 에 르 투아지엠므 주흐

네 번째 날은 무슨 요일입니까?

What is the fourth day?

Какой четвертый день?
깍꼬-이 젠 체뜨뵤-르뜨이

¿Cuál es el cuarto día?
꾸알 에스 엘 꾸아르또 디아

To'rtinchi kun qaysi kun?
토르튼츠 쿤 카이쓰 쿤

第四天是星期几?
Dì sì tiān shì xīngqí jǐ
띠 스 티엔 쓰 씽치 지

Quel est le quatrième jour?
껠 레 르 꺄트리엠므 주흐

목요일입니다.

Thursday is.

Четверг.
체뜨베-르크

El jueves es.
엘 후에베스 에스

Payshanba.
파이샨빠

星期四。
Xīngqísì
씽치스

C'est Jeudi.
쎄 죄디

당신은 나머지 3일의 이름을 말할 수 있습니까?

Can you tell me the name of the three other day?

Вы можете назвать остальные (другие) три дня?
브이 모-줴쩨 나즈바-찌 아스딸느이에 드루기-에 뜨리 드냐

¿Puedes decirme el nombre del otro día?
뿌에데스 데씨르메 엘 놈브레 델 오뜨로 디아

Qolgan uch kunning nomini ayta olasizmi?
컬간 우츠 쿤닝 너므느 아이타 얼라스즈므

你能说另外三天的星期吗?
Nǐ néng shuō lìngwài sān tiān de xīngqí ma
니 넝 슈오 링와이 싼티엔 씽치 마

Pouvez-vous me dire le nom des trois autres jours?
뿌베-부 므 디흐 르 농 데 투아 오트흐 주흐

금요일, 토요일, 그리고 일요일입니다.

They are Friday, Saturday, and Sunday.

Это пятница, суббота и воскресенье.
에-따 뺘-뜨니짜, 수보-따 이 바스끄레쉐-니에

Son viernes, sábado y domingo.
손 비에르네스, 사바도 이 도밍고

Juma, shanba va yakshanba kunlaridir.
주마, 샨빠 와 약샨빠 쿤라리디라

是 星期五，星期六，星期日。
Tāmen shì zhōu wǔ, zhōu liù hé zhōu rì
타먼 쓰 쪼우 우, 쪼우 리우 흐어 쪼우 르

Ils sont vendredi, samedi et dimanche.
일 쏭 방드흐디 싸므디 에 디멍슈

일주일의 이름을 한 번 더 말해 주십시오.

Will you tell me once more the names of the seven days of the week?

Вы еще раз скажите,
잇쇼- 라스 스까쥐-쩨
пожалуйста, названия дней
빠잘-루이스따 나즈바-니야 드네이
недели?
네젤-리

¿Me dirás una vez más los nombres
메 디라스 우나 베스 마스 로스 놈브레스
de los siete días de la semana?
데 로스 시에떼 디아스 데 라 세마나

Hafta kunlarining nomini yana bir
핤타 쿤라르닝 너므느 야나 브르
bor aytib bering.
버르 아이톱 배링

你再说一遍一个星期的名字。
Nǐ zàishuō yíbiàn yígè xīngqī de míngzì。
니 짜이 슈오 이삐엔 이꺼 씽치 더 밍즈

S'il vous plaît, dites-moi le nom
씰 부 쁠레, 디뜨-무아 르 농
de la semaine une fois de plus.
들 라 쓰멘 윈 푸아 드 쁠뤼

일주일의 7일은, 월요일, 화요일, 수요일, 목요일, 금요일, 토요일, 그리고 일요일입니다.

The seven days of the week are Monday, Tuesday, Wednesday, Thursday, Friday, Saturday and Sunday.

Семь дней недели:
셈 드네이 네젤-리:
понедельник, вторник, среда,
빠네젤-니크, 프또-르니크, 스레다-,
четверг, пятница, суббота и
체뜨베-르크, 뻐-뜨니짜, 수보-따 이
воскресенье.
바스끄레쉐-니예

Los siete días de la semana son
로스 시에떼 디아스 데 라 세마나 손
lunes, martes, miércoles, jueves,
루네스, 마르떼스 미에르꼴레스, 후에베스
viernes, sábado y domingo.
비에르네스, 사바도 이 도밍고

Hafta kunlari:
하프타 쿤라르:
dushanba, seshanba, chorshanba,
뚜샨빠, 세샨빠, 처르샨빠,
payshanba, juma,
파이샨빠, 주마,
shanba va yakshanba kunlaridir.
샨빠 와 약샨빠 쿤라르뜨르

一周中的七天是: 周一，周二，
Yīzhōu zhōng de qītiān shì zhōuyī, zhōu'èr,
이쪼우 쭝 더 치티엔 쓰: 쪼우이, 쪼우얼,
周三， 周四， 周五， 周六和周日。
zhōusān, zhōu sì, zhōu wǔ, zhōu liù hé zhōu rì
쪼우싼, 쪼우쓰, 쪼우우, 쪼우리우 흐어 쪼우르

Les sept jours de la semaine sont
레 쎄뜨 주흐 들 라 쓰멘 쏭
les lundi, mardi, mercredi, jeudi,
렁디, 마흐디, 메흐크르디, 죄디,
vendredi, samedi et dimanche.
방드흐디, 싸므디, 에 디멍슈

당신은 토요일에 무엇을 하십니까?

What do you do on Saturday?

Что вы делаете в субботу?
쒸또 브이 젤라에쩨 프 수보뚜

¿Qué haces el sábado?
께 아쎄스 엘 사바도

Shanba kuni nima qilasiz?
샨빠 쿠느 늠마 클라스즈

你周六做什么?
Nǐ zhōu liù zuò shénme
니 쪼우 리우 쭈어 션머

Que faites-vous samedi?
끄 페뜨-부 싸므디

당신은 무슨 요일에 수업이 있습니까?

On which day do you have a lesson?

В какой день у вас урок?
프 깍꼬이 젠 우 바스 우로크

¿En qué día tienes una lección?
엔 께 디아 띠에네스 우나 렉씨온

Qaysi kuni darsingiz bor?
카이쓰 쿠느 따르쓴기즈 뻐르

你哪个星期有课?
Nǐ nǎ gè xīngqī yǒu kè
니 나꺼 씽치 요우 커

Quel jour as-tu une leçon?
껠 주흐 아-뛰 윈 르쏭

나는 토요일에 극장에 갑니다.

On Saturday I am going to go to the theater.

В субботу я пойду в театр.
프 수보뚜 야 빠이두 르 찌아뜨르

El sábado voy a ir al teatro.
엘 사바도 보이 아 이르 알 떼아뜨로

Shanba kuni teatrga boraman.
샨빠 쿠느 태아트르갸 뻐라만

星期六我要去剧院。
Xīngqíliù wǒ yào qù jùyuàn
씽치리우 워 야오 취 쥐위엔

Samedi je vais aller au théâtre.
싸므디, 주 베 잘레 오 떼아뜨흐

월요일과 화요일에 수업이 있습니다.

I have a lesson on Monday and Tuesday.

У меня урок в понедельник
우 미냐 우로크 프 빠네젤니크
и вторник.
이 바 프또르니크

Tengo una lección los lunes
땡고 우나 렉씨온 로스 루네스
y martes.
이 마르떼스

Dushanba va seshanba kunlari
뚜샨빠 와 세샨빠 쿤라르
darsim bor.
따르씀 뻐르

星期一，星期二，有课。
xīngqīyī, xīngqī’èr yǒukè
씽치이, 씽치얼, 요우커

J’ai des cours lundi et mardi.
줴 데 꾸흐 렁디 에 마흐디

매주 토요일마다 부모님 댁을 방문합니다.

On Saturday we visit our parents.

По субботам мы навещаем моих родителей.
빠 수보땀 므이 나베시엠 마이흐 라지쩰레이

El sábado visitamos a nuestros padres.
엘 사바도 비사따모스 아 누에스뜨로스 빠드레스

Shanba kuni biz ota-onamiznikiga boramiz.
샨빠 쿠느 쁘즈 어타-어나뭊즈키가 뻐라므즈

每周星期六，去访问父母。
Měizhōu xīngqīliù, Qù fāngwèn fùmǔ。
메이쪼우 씽치리우, 취 팡원 푸무

Nous allons chez mes parents tous les samedis.
누 잘롱 쉐 메 빠항 뚜 레 싸므디

우리는 매주 일요일마다 극장이나 음악회에 갑니다.

On Sundays we go to theatre or concert.

По воскресеньям мы ходим в театр или на концерт.
빠 바스끄레세니얌 므이 호짐 브 찌아뜨르 일리 나 깐쩨르트

Los domingos vamos al teatro o al concierto.
로스 도밍고스 빠모스 알 떼아뜨로 오 알 꼰씨에르또

Biz har yakshanba kuni teatrga yoki konsertga boramiz.
브즈 하르 약샨빠 쿠느 테아트르가 여키 콘체르트샤 뻐라므즈

我们每周日去剧场或音乐会。
Wǒmen měizhōurì qù jùchǎng yīnyuèhuì。
워먼 메이쪼우르 취 쥐창 후어 윈위에후이

Le dimanche, nous allons au théâtre ou au concert.
르 디멍슈, 누 잘롱 오 떼아뜨흐 우 오 꽁쎄흐

10 날짜

- Date
- Даты
- Fecha
- Sana
- 年月日
- Rendez-vous amoureux

지금은 몇 월입니까?

What month is it now?

Какой месяц сейчас?
깍꼬-이 메-샤쯔 시차스

¿En que mes estamos?
엔 께 메스 에스따모스

Hozir qaysi oy?
허즈르 카이쓰 어이

现在是几月了?
Xiànzài shì jǐ yuè le
씨엔짜이쓰 지 위에러

Quel mois est-ce maintenant?
겔 무아 에-스 멩뜨넝

2월입니다.

February.

Февраль.
폐브랄

Febrero.
페브레로

Fevral.
페브랄

是二月。
Shì èr yuè
얼 위에

Février.
페브리에

1월입니다.

It is January.

Январь.
안바-랴

Es enero.
에스 에네로

Yanvar.
안바르

是一月。
Shì yī yuè
쓰 이 위에

Nous sommes en janvier
누 쏨므 장 장비에

1년 열두 달의 명칭을 말해 보십시오.

Please say me the name of the twelve months of the year.

Назовите, пожалуйста двенадцать
나자비-쩨 바잘-루이스따 드베 나-짜찌
месяцев года.
몌-샤쩨프 고-다

Por favor, dime el nombre de los
뽀르 파보르, 디메 엘 놈브레 데 로스
doce meses del año.
도쎄 메세스 델 아뇨

Menga yilning o'n-ikki oyi
맨가 일닝 온 익키 어이느
nomini aytib bering.
노미니 아이트브 배링

请说一下十二个月的名字。
Qǐng shuō yíxià shí'èrgè yuè de míngzi
칭 슈오 이시아 쓰얼꺼 위에 더 밍즈

S'il vous plaît dites-moi le nom
씰 부 쁠래 디뜨-무아 르 농
des douze mois de l'année.
데 두즈 무아 드 란네

그것은 1월, 2월, 3월, 4월, 5월, 6월, 7월, 8월, 9월 10월, 11월 그리고 12월입니다.

It is January, February, March, April, May, June, July, August, September October, November and December.

Это- январь, февраль, март,
에-따 얀-바리, 페브랄-, 마-르트,
апрель, май, июнь, июль,
아쁘렐-, 마이, 이윤, 이율,
август, сентябрь, октябрь,
아브구스트, 센쨔-브리, 악쨔-브리,
ноябрь, и декабрь.
냐-브리, 이 제까-브리

Es enero, febrero, marzo, abril,
에스 에네로, 페브레로, 마르소, 아브릴,
mayo, junio, julio, agosto,
마요, 후니오, 훌리오, 아고스또,
septiembre, octubre, noviembre
셉띠엠브레, 옥뚜브레, 노비엠브레
y diciembre.
이 디씨엠브레

Bular yanvar, fevral, mart, aprel,
뿌 얀바르, 페브랄, 마르트, 아쁘렐,
may, iyun, iyul, avgust, sentyabr,
마이, 이윤, 이율, 아브구스트, 센쨔브리,
oktyabr, noyabr va dekabr oylaridir.
옥쨔브리, 나야브르, 데까브르 어일라르뜨르

这是 1月，2月，3月，4月，5月，
Zhè shì 1 yuè, 2 yuè, 3 yuè, 4 yuè, 5 yuè,
쩌 쓰 이위에, 얼위에, 싼위에, 쓰위에, 우위에,
6月，7月，8月，9月, 10月，
6 yuè, 7 yuè, 8 yuè, 9 yuè, 10 yuè,
리루위에, 치위에, 빠위에, 지우위에, 스위에,
11月和 12月。
11 yuè hé 12 yuè
스이위에 흐어 스얼위에

C'est Janvier, Février, Mars,
쎄 장비에, 페브히에, 마흐스,
Avril, Mai, Juin, Juillet, Août,
아브힐, 메, 쥐엥, 쥐이에, 우
Septembre Octobre, Novembre
쎄땅브흐, 옥또브흐, 노방브흐,
et Décembre.
에 데쌍브흐

오늘은 며칠입니까?

What days of the month is it today?

Какое сегодня число?
깍-꼬-에 시보-드냐 치슬로

¿Qué días del mes es hoy?
께 디아스 델 메스 에스 오이

Bugun nechinchi sana?
뿌꾼 네츤츠 사나

今天是几日?
Jīntiān shì jǐ rì
찐티엔 쓰 지 르

C'est le combien, aujourd'hui?
쎄 르 꽁비엥, 오주흐드위

오늘은 4월 1일입니다.

It is the 1st of April.

Сегодня первое апреля.
시보-드냐 삐-르브이 아쁘렐-랴

Es 1 de abril.
에스 쁘리메로 데 아브릴

Bugun birinchi aprel.
뿌꾼 브른츠 앞렐

今天是4月1日。
Jīntiān shì 4 yuè 1 rì
찐티엔 쓰 쓰 위에 이 르

C'est le 1er avril.
쎄 르 프르미에 아브힐

5월 2일입니다.

It is the 2nd of May.

Второе мая.
프따로-에 마-야

Es 2 de mayo.
에스 도스 데 마요

Ikkinchi may.
익킨츠 마이

五月二日。
Wǔ yuè èr rì
우 위에 얼 르

C'est le 2 mai.
쎄 르 두 메

6월 3일입니다.

It is the third of June.

Третье июня.
뜨-레찌에 이유-나

Es 3 de junio.
에스 뜨레스 데 후니오

Uchinchi iyun.
우츤츠 이윤

六月三日。
Liù yuè sān rì
리우 위에 싼 르

C'est le trois juin.
쎄 르 투아 쥐엥

오늘은 7월 21일(22일)입니다.

It is the twenty first(the twenty-second) of July.

Сегодня двадцать первое
시보드냐 드바-짜찌 뻬-르보에
(двадцать второе) июня.
드바-짜지 프따로-에 이율-라

Es el vigésimo primero(veintidós)
에스 엘 비헤시모 쁘리메로 베인띠도스
de julio.
데 훌리오

Bugun yigirma birinchi
뿌꾼 이기름마 브른츠
(yigirma ikkinchi) iyul.
이기르마 익킨츠 이율

今天是七月二十一日 (二十二日)。
Jīntiān shì qī yuè èrshíyī rì èrshí'èr rì
찐티엔 쓰 띠 위에 얼쓰이르 얼쓰얼 르

C'est le vingt et un(le vingt-deux)
쎄 르 뱅 떼 엉 르 뱅-두
juillet.
쥐이에

오늘은 12월 31일입니다.

It is the thirty-first of December.

Сегодня тридцать первое декабря.
시보-드냐 뜨리짜지 빼-르보에 제까브랴-

Es treinta y uno de diciembre.
에스 뜨레인따 이 우노 데 디씨엠브레

Bugun o'ttiz birinchi dekabr.
뿌꾼 오트즈 브른츠 떼까브르

今天是十二月三十一日。
Jīntiān shì shí'èr yuè sānshíyī rì
찐티엔 쓰 스얼 위에 싼스이 르

Nous sommes le trente et un
누 쏨므 르 트항 떼 엉
décembre.
데쌍브흐

당신은 몇 년에 태어났습니까?

What year were you born?

В каком году Вы родились?
프 깍꼼- 가두- 브이 라질-리시

¿En qué año naciste?
엔 께 아뇨 나씨스떼

Nechanchi yili tug'ilgansiz?
네찬츠 일르 투글갼스즈

你是哪年出生的?
Nǐ shì nǎnián chūshēng de
니 쓰 나 니엔 츄셩 더

En quelle année êtes-vous né?
앙 껠 란네 에뜨-부 네

나는 1978년에 태어났습니다.

I was born in the year 1978.

Я родился(родилась) в 1978 году
야 라질-샤 라질라-시 프 1978 가두

Nací en el año 1978.
나씨 엔 엘 아뇨 1978

Men 1978(bir ming to'qqiz yuz
맨 브르 밍 톸크즈 유즈
yetmish sakkizinchi) yilda
예툼므시 삭키즌츠 옐르따
tug'ilganman.
투글갼만

我是1978年生。
Wǒ shì 1978 niánshēng
워 쓰 1978 니엔셩

Je suis né en 1978.
주 쒸 네 앙 1978(밀 뇌프 썽 쑤아썽트 디즈 위뜨)

나의 생일은 8월 5일입니다.

My birthday is August 5.

Мой день рождения - пятое
모이 젠 라즈제-니야 삐야또에
августа.
아-브구스따

Mi cumpleaños es el 5 de agosto.
미 꿈쁠레아뇨스 에스 엘 씽꼬 데 아고스또

Mening tug'ilgan kunim beshinchi
매닝 투글갼 쿠늠 배신츠
avgust.
아브구스트

我的生日是8月5日。
Wǒ de shēngrì shì 8 yuè 5 rì
워 더 셩르 쓰 빠위에 우르

Mon anniversaire est le 5 août.
모 나니베흐쎄흐 에 르 5(쌩끄) 우뜨

8월 5일이 나의 생일입니다.

August 5 is my birthday.

Пятое августа-мой день
삐야-또에 아-브구스따 모이 젠
рождения.
라즈제-니야

El 5 de agosto es mi
엘 씽꼬 데 아곳또 에스 미
cumpleaños.
꿈쁠레아뇨스

Beshinchi avgust – mening
베신츠 아브구스트 매닝
tug'ilgan kunim.
투글갼 쿠늠

8月5日是我的生日。
8 Yuè 5 rì shì wǒ de shēngrì
빠위에 우르 쓰 워 더 셩르

Le 5 août est mon anniversaire.
르 5(쌩끄) 우 떼 모 나니베흐쎄흐

11 나이

- Age
- Возраст
- Años
- Yosh
- 年龄
- Âge

당신은 몇 살입니까?

How old are you?

Сколько вам лет?
스꼴-꼬 밤 레트

¿Cuantos años tienes?
꽌또스 아뇨스 띠에네스

¿Cuántos años tiene?
꽌또스 아뇨스 띠에네

¿Cuántos años tiene usted?
꽌또스 아뇨스 띠에네 우스뗏

Yoshingiz nechida?
여신기즈 네치다

你几岁?
Nǐ jǐ suì
니 지 쑤이

Quel âge avez-vous?
껠 라주 아베-부

그러면 나와 동갑이군요.

Then, you are of my own age.

Мне с вами ровесники.
므녜 스 바-미 라베-스니끼

Entonces, tienes la misma edad que yo.
엔똔쎄스 띠에네스 라 미스마 에닷 께 요

Unda yoshimiz teng ekan.
운다 여시미즈 탱 애칸

那么你和我同岁。
nàme nǐ hé wǒ tóngsuì
나머 니 허 워 통쑤이

Alors, vous avez le même âge que moi.
알로흐, 부자베 르 멤므 아쥬 끄 무아

나는 25세입니다.

I am twenty-five years old.

Мне двадцать пять лет.
므녜 드바-짜지 빠찌 레트

Tengo veinticinco años.
땡고 베인띠씽꼬 아뇨스

Men yigirma besh yoshdaman.
맨 이기르마 베시 여시다만

我二十五岁。
Wǒ èrshíwǔ suìle
워 얼쓰우 쑤이

J'ai vingt cinq ans.
줴 뱅 쌩 껑

나는 3월 3일에 20세가 됩니다.

I was twenty years old in March 3.

Третьего марта мне исполнилось двадцать лет.
뜨례-찌에보 마-르따 므녜 이스뽈닐로시 드바-짜찌 레트

El 3 de marzo cumpliré20 años.
엘 뜨레스 데 마르소 꿈쁠리레 베인떼 아뇨스

Cumplíré veinte años el 3 de marzo.
꿈쁠리레 베인떼 아뇨스 엘 뜨레스 데 마르소

Men uchinchi mart oyida yigirma yoshga to'laman.
맨 우친치 마르트 어이따 이끼르마 여시갸 톨라만

我三月三号就二十岁了。
wǒ sān yuè sānhào jiù èrshísuì le
워 싼 우에 싼하오 지우 얼쓰쑤이러

J'aurai vingt ans le 3 mars.
조레 뺑 떵 르 투아 마흐스

나는 7월 11일에 28세가 됩니다.

I shall be twenty-eight in July 11.

Одиннадцатого июля мне будет
아진-나찌또보 이율-랴 므녜 부-제트
двадцать восемь.
다바-짜찌 보셈 레트

El 11 de julio cumpliré veinte y
엘 온세 데 훌리오 꿈쁠리레 베인떼 이
ocho veintiocho años
우초 베이띠오초 아뇨스
Cumpliré 28 años el 11 de julio.
꿈쁠리레 베인띠오초 아뇨스 엘 온세 데 훌리오

Men o'n birinchi iyulda yigirma
맨 온 쁘른치 이율따 이기르마
sakkiz yoshga to'laman.
사키즈 여시가 톨라만

到7月11日我二十八岁了。
Dào 7 yuè 11 rì wǒ èrshíbā suìle
워 지양 짜이 치 위에 쓰이 르 얼스빠 쑤이

J'aurai vingt-huit ans le 11 juillet.
조레 뱅-뛰 떵 르 11(옹즈) 쥐이에

당신 동생은 몇 살입니까?

How old is your younger brother?

Сколько лет вашему младшему
스꼴-꼬 레트 바-쉐무 믈랏-쉐무
брату?
부라-뚜

¿Cuántos años tiene su
꽌또스 아뇨스 띠에네 수
hermano(a) menor?
에르마노나 메노르

Kichik ukangiz nechi yoshda?
키칙 우칸끼즈 네치 여시다

你弟弟几岁了?
nǐ dìdi jǐsuì le
니 띠디 지수이러

Quel âge a votre jeune frère?
껠 라주 아 보트흐 죈느 프레흐

그는 곧 20세가 될 것입니다.

He will soon be twenty in near future.

Ему скоро будет двадцать лет.
이무- 스꼬-로 부-제트 드바-짜찌 레트

Él pronto cumplirá veinte años.
엘 쁘론또 꿈쁠리라 베인떼 아뇨스

U yaqinda yigirma yoshga to'ladi.
우 야큰따 이기르마 여시가 톨라뜨

他快要二十岁了。
Tā kuài yào èrshí suìle
타 쿠아이 야오 얼쑤 쑤이러

Il a bientôt vingt ans.
일 라 비엥또 뱅 떵

그는 아직 성년이 아닙니다.

He is under age.

Он ещё несовершеннолетний.
온 잇쇼 네사베르센-노 레뜨니

Él no es mayor de edad.
엘 노 에스 마요르 데 에닷
Él no es adulto.
엘 노 에스 아둘또

U hali balog'at yoshiga yetmagan.
우 할리 빨러같 여시가 예트마갼

他还不是成年。
Tā hái bù shì chéngnián
타 하이 뿌 쓰 청니엔

Il est mineur.
일 레 미뇌흐

11 나이

그는 20세를 넘었습니다.

He was over twenty.

Ему больше двадцати лет.
이무- 볼-쉐 드바-짜지 레트

Tenía más de veinte años.
떼니아 마스 데 베인떼 아뇨스

Él pasó de los veinte años.
엘 빠소 데 로스 베인떼 아뇨스

U yigirma yoshdan oshdi.
우 이끼르마 여시딴 어시뜨

他已经二十多岁了。
Tā yǐjīng èrshí duō suìle
타 이징 얼쓰 뚜오 쑤이러

Il a plus de vingt ans.
일 라 쁠뤼 드 뱅 떵

그는 성인입니다.

He is an adult.

Он взрослый.
온 브즈로-슬르이

Él es adulto.
엘 에스 아둘또

U balog'at yoshida.
우 빠러가트 여시다

他是成年人。
Tā shì chéngnián rén
타 쓰 이꺼 청니엔 런

C'est un adulte.
쎄 떠 나뒬뜨

당신 여동생은 몇 살입니까?

How old is your sister?

Сколько лет вашей младшей сестре?
스꼴-꼬 레트 바-쉐이 믈랏-쉐이 시스뜨레

¿Cuántos años tiene su hermana menor?
꽌또스 아뇨스 띠에네 수 에르마나 메노르

Sizning singlingiz necha yoshda?
스즈닝 신글린기즈 네치 여시다

你妹妹几岁了?
nǐ mèimei jǐsuì le
니 매이매 지쑤이 러

Quel âge a votre soeur?
껠 라주 아 보트흐 쐬흐

그 여자는 17세입니다.

She is seventeen years old.

Ей семнадцать лет.
예이 셈나-짜찌 레트

Ella tiene diecisiete años.
에야 띠에네 디에씨시에떼 아뇨스

U o'n yetti yoshda.
우 온 옛트 여시다

她今年十七岁。
Tā jīnnián shíqī suì
타 찐니엔 스치 쑤이

Elle a dix-sept ans.
엘 라 디-쎄 떵

그 여자는 만 17세입니다.

She is full seventeen years old.

Ей исполнилось семнадцать лет.
예이 이스뽈-날로시 셈나-짜찌 레트

Tiene diecisiete años cumplidos.
띠에네 디에씨시에떼 아뇨스 꿈쁠리도스
Ella tan tiene diecisiete años
에야 딴 띠에네 디에씨시에떼 아뇨스

U o'n yetti yoshda.
우 온 옛트 여시다

她十七周岁。
Tā shíqī zhōusuì
타 쓰치 쪼우쑤이

Elle a dix-sept ans.
엘 라 디-쎄 떵

나의 아버지(어머니)는 연로하였습니다.

My father(mother) grew old.

Мой отец постарел
모이 아쩨-쯔 빠스따렐-
(Моя мать постарела).
마야- 마찌 빠스딸렐-라

Mi padre (madre) es anciano(a).
미 빠드레 마드레 에스 안씨아노 나

Otam (onam) qarib qoldilar.
어탐 어남 카립 컬드라르

我的父亲(母亲)年迈了。
wǒ de fùqīn(mǔqīn) niánmài le
워 더 푸친 무친 니안마이러

Mon père (mère) a vieilli.
몽 뻬흐 메흐 아 비에이

당신 아버님(어머님)은 연세가 어떻게 되십니까?

How old is your father(mother)?

Сколько лет вашему отцу
스꼴-꼬 레트 바-쉐무 앗쭈-
(вашей матери)?
바-쉐이 마-쩨리

¿Qué edad tiene su padre(madre)?
께 에닷 띠에네 수 빠드레 마드레
¿Cuántos años tiene su padre
꽌또스 아뇨스 띠에네 수 빠드레
(madre)?
마드레

Sizning otangiz necha yoshdalar?
스즈닝 어탄기즈 네치 여시달라르

您父亲(母亲)多大数?
Nín fúqīn mǔqīn duō dàshù
닌 푸친 무친 뚜오 따슈

Quel âge a votre père(mère)?
껠 라주 아 보트흐 뻬흐 메흐

그(그녀)는 60세를 넘었습니다.

He(she) is on the wrong side of sixty.

Ему(Ей) больше шестидесяти лет.
이무 예이 볼-쉐 쉐스찌제샤찌- 레트

Él(ella) pasó de los sesenta años.
엘 에야 빠소 데 로스 세센따 아뇨스

Ular oltmish yoshdan oshganlar.
울라르 얼틈므시 여시딴 어시가늘라르

他(她)已经60多岁了。
tā(tā) yǐjīng liùshí duōsuì le
타 타 이징 리우쓰 뚜오쑤이러

Il(Elle) a plus de soixante ans.
일 엘라 쁠뤼 드 쑤아쌍뜨 엉

그는 나이보다 젊게 보입니다.

He looks(is) already over sixty.

Он выглядит моложе своих лет.
온 브이-글라지트 말로-제 스바이-흐 레트

Él se ve más joven de lo que es.
엘 세 베 마스 호벤 데 로 께 에스

Él se ve más joven que de su edad.
엘 세 베 마스 호벤 께 데 수 에닷

U yoshiga qaraganda yoshroq ko'rinadi.
우 여시갸 카라갼따 여시럭 코르나뜨

他看起来比实际年龄年轻。
tā kàn qǐlái bǐ shíji niánlíng niánqīng
타 칸 치라이 삐 쑤이지 니엔링 니엔칭

Il a l'air plus jeune que son âge.
일 라 레흐 쁠뤼 죈 끄 쏘 나주

그 여자는 나이 보다 젊게 보입니다.

She looks(is) younger than his age.

Она выглядит моложе своих лет.
아나 브이-글라지트 말로-제 스바이-흐 레트

Ella se ve más joven que su edad.
에야 세 베 마스 호벤 께 수 에닷

Ella se ve más joven de lo que es.
에야 세 베 마스 호벤 데 로 께 에스

U ayol yoshiga qaraganda yoshroq ko'rinadi.
우 아열 여시갸 카라갼따 여시럭 코르나뜨

她看起来比岁数年轻。
Tā kàn qǐlái bǐ suì shū niánqīng
타 칸 치라이 삐 쑤이 슈 니엔칭

Elle a l'air plus jeune que son âge.
엘 라 레흐 쁠뤼 죈 끄 쏘 나주

그는 나이보다 늙게 보입니다.

He looks(is) older than his age.

Он выглядит старше своих лет.
온 브이-글라지트 스따-르쉐 스바이-흐 레트

Él se ve mayor de lo que es.
엘 세 베 마요르 데 로 께 에스

Él se ve mayor que de su edad.
엘 세 베 마요르 께 데 수 에닷

U o'z yoshidan katta ko'rinadi.
우 오즈 여시딴 �院타 코르나뜨

他看起来比实际年龄老。
tā kàn qǐlái bǐ shíjì niánlíng lǎo
타 칸 치라이 삐 쓰지 니엔링 라오

Il a l'air (est) plus vieux que son âge.
일 라 레흐 쁠뤼 비외 끄 쏘 나주

그 여자는 나이 보다 늙게 보입니다.

She looks(is) older than her age.

Она выглядит старше своих лет.
아나 브이-글라지트 스따-르쉐 스바이-흐 레트

Ella se ve mayor de lo que es.
에야 세 베 마요르 데 로 께 에스

Ella se ve mayor que su edad.
에야 세 베 마요르 께 수 에닷

U o'z yoshidan katta ko'rinadi.
우 오즈 여시딴 캿타 코르나뜨

那个女的看起来比实际年龄老。
nàge nǔ de kànqǐlái bǐ shíjì niánlíng lǎo
나꺼 누 더 칸치라이 삐 쓰지 니엔링 라오

Elle a l'air plus âgée que son âge.
엘 라 레흐 쁠뤼 아줴 끄 쏘 나주

그는 나이대로 보입니다.

He looks his age(years).

Ему можно дать его годы.
이무- 모-즈노 다찌 예-보 고-드이

Él se ve de su edad.
엘 세 베 데 수 에닷

Él se ve de la edad que tiene.
엘 세 베 데 라 에닷 께 띠에네

U o'zining yoshiga yarasha ko'rinadi.
우 오즈닝 여시가 야라샤 코르나뜨

他看起来像他的年龄。
Tā kàn qǐlái xiàng tā de niánlíng
타 칸 치라이 시양 타 더 니엔링

Il a l'air de son âge. (années).
일 라 레흐 드 쏘 나주 아니

그녀는 나이대로 보입니다.

She looks her age(her years).

Ей можно дать её годы.
예이 모-즈노 다찌 이요 고-드이

Ella se ve de su edad.
에야 세 베 데 수 에닷

Ella se ve de la edad que tiene.
에야 세 베 델 라 에닷 께 띠에네

U o'zining yoshiga yarasha ko'rinadi.
우 오즈닝 여시가 야라샤 코르나뜨

她看起来是她的年龄。
tā kàn qǐlái shì tā de niánlíng
타 칸 치라이 쓰 타 더 니엔링

Elle a l'air de son âge.(années).
엘 라 레흐 드 쏘 나주 아니

나의 아버지는 나이대로 보이지 않습니다

My father does not looks his age.

Мой отец выглядит моложе
모이 아쩨쯔 브이글랴지트 말로제
своих лет.
스바이-흐 레트

Mi padre no se ve de la edad
미 빠드레 노 세 베 델 라 에닷
que tiene.
께 띠에네

Otam yosh ko'rinadilar.
어탐 여시 코르나들라르

我父亲看起来不像年纪那么老。
Wǒ fùqīn kàn qǐlái bu xiàng niánjì nàmelǎo。
워 푸친 칸 치라이 뿌샹 니엔지 나머라오

Mon père ne ressemble pas à
몽 뻬흐 느 흐쌍블 빠 아
son âge.
쏘 나주

그는 나이에 비해 활동적입니다.

He is active for his age.

Он достаточно бодрый для
온 다스따-또츠노 보-드르이 들랴
своего возраста.
스바예보 보-즈라스따

Él es activo para su edad.
엘 에스 악띠보 빠라 수 에닷

U yoshiga nisbatan harakatchan.
우 여시가 느스빠탄 하라캇찬

他比实际年龄活跃。
tā bǐ shíjì niánlíng huóyuè
타 삐 쓰지 니엔링 후어위에

Il est actif pour son âge.
일 레 악티프 뿌흐 쏘 나주

나의 할머니는 나이가 많으십니다

My grandmother is much advanced in years

Моя бабушка в преклонном
마야 바-부쉬까 프 쁘레끌론-놈
возрасте.
보-즈라스쩨

Mi abuela tiene muchos años.
미 아부엘라 띠에네 무초스 아뇨스

Buvimning yoshlari ancha katta.
뿌붐닝 여실라르 안차 캇타

我的奶奶年纪大了。
wǒ dí nǎinai niánjì dà le
워 더 나이나이 니엔찌 다 러

Ma grand-mère est vieille.
마 그항-메흐 에 비에이유

그녀는 아직 건강하고 정정합니다.

She is yet hale and hearty.

Она ещё крепкая и бодрая.
아나 잇쇼- 끄례-쁘까야 이 보-드라야

Ella todavía está sana y fuerte.
에야 또다비아 에스따 사나 이 푸에르떼

Ular hali sog'lom va tetiklar.
울라르 할르 섞럼 와 테티글라르

她还很健康，很硬朗。
tā hái hěn jiànkāng, hěn yìnglang
타 하이 헌 지엔캉 헌 잉-랑

Elle est encore saine et vigoureuse.
엘 레 떵꼬흐 쎈느 에 비구뢰즈

저 부인은 자기의 나이를 감추고 있습니다

That women cache her age.

Та женщина скрывает свой
따 젠-쉬나 스끄르이바-에트 스보이
возраст.
보-즈라스트

Aquella señora está escondiendo
아께야 세뇨라 에스따 에스꼰디엔도
su edad.
수 에닷

U ayol o'z yoshini yashiryapti.
우 아열 오즈 여시느 야시르얖트

那夫人，隐藏自己的年纪。
Nà fūrén, yǐncáng zìjǐ de niánjì。
나푸런, 윈창 쯔지 더 니엔지

Cette femme cache son âge.
쎄뜨 팜므 까슈 쏘 나주

그녀는 몇 살쯤 되었다고 생각하십니까?

How about her age?

Угадайте, сколько ей лет?
우가다-이쩨 스꼴-꼬 예이 레트

¿Alrededor de cuantos años
알레데도르 데 꽌또스 아뇨스
piensas que ella dijo que tiene?
삐엔사스 께 에야 디호 께 띠에네

Uning yoshi taxminan nechida
우닝 여시 타흐미난 네치따
deb o'ylaysiz?
뎊 오일라이스즈

你看她多大?
Nǐ kàn tā duōdà
니 칸 타 뚜오따

Quel âge penses-tu qu'elle a?
껠 라쥬 뻥스-뛰 껠 라

그녀는 30세쯤 되었다고 생각합니다.

I suppose she is thirty.

По-моему, ей приблизительно
빠 모예무- 예이 쁘리블리지-쩰노
тридцать(около тридцать) года.
뜨리-짜찌 오-꼴로 뜨리-짜찌 례트

Pienso que ella dijo que tiene
삐엔소 께 에야 디호 께 띠에네
alrededor de treinta años.
알레데도르 데 뜨레인따 아뇨스

O’ttiz yoshlar atrofida deb
오트즈 여실라르 알러프따 댑
o’ylayman.
오일라이만

我认为她大约30岁。
Wǒ rènwéi tā dàyuē 30 suì
워 런웨이 타 다이유 싼스 쑤이

Je pense qu’elle a trente ans.
주 뻥스 껠 라 트항트 엉

그는 당신보다 5살 더 많습니다.

He is five years older than you.

Он старше вас на пять лет.
온 스따르쉐 바스 나 삐야찌 례트

Él tiene cinco años más que usted.
엘 띠에네 씽꼬 아뇨스 마스 께 우스뗏
Él es cinco años mayor que usted.
엘 에스 씽꼬 아뇨스 마요르 께 우스뗏

U sizdan besh yosh katta.
우 스즈딴 베시 여시 캇타

他比你大五岁。
Tā bǐ nǐ dà wǔ suì
타 삐 니 따 우 쑤이

Il a cinq ans de plus que toi.
일 라 쌩 껑 드 쁠뤼 끄 뚜아

그녀는 나보다 4살 어립니다.

She is four years younger than me.

Она моложе меня на четыре года.
아나 말로줴 미냐 나 체뜨이레 고다

Ella es cuatro años más joven que yo.
에야 에스 꽈뜨로 아뇨스 마스 호벤 께 요

U mendan to’rt yoshga kichkina.
우 맨딴 토르트 여시가 키치키나

她比我小四岁。
Tā bǐ wǒ xiǎo sì suì
타 삐 워 샤오 쓰 쑤이

Elle a quatre ans de moins que moi.
엘 라 까트흐 엉 드 무윙 끄 무아

12 거리에서

In the street

На улице

En la calle

Ko'chada

在街上

Dans la rue

실례합니다. N역으로 어떻게 가는지 가르쳐 주십시오.

Excuse me. Please tell me how to go to N station.

Извините, скажите, пожалуйста,
이즈비니-쩨, 스까쥐-쩨 바잘-루이스따,
как пройтй к вокзалу Н?
깍크 쁘라이찌- 끄 바그잘-루 엔

Perdóneme. Por favor, dime cómo
뻬르도네메 뽀르파보르, 디메 꼬모
ir a la estación N.
이르 알 라 에스따씨온 N
Disculpe. Por favor enseñeme
디스꿀뻬 뽀르 파보르 엔세네메
como ir a la estación N.
꼬모 이르 알 라 에스따씨온 N

Kechirasiz. Iltimos, N bekatiga
케치라스즈 일트머스, N 베캬트갸
qanday borishni aytib yuboring.
칸다이 뻐르시느 아이틉 유버링

劳驾。请告诉我怎么去N站。
Láojià Qǐng gàosù wǒ zěnme qù N zhàn
라오지아, 칭 까오쑤 워 쩐머 취 N 짠

Excusez-moi.
엑스뀌제-무와
S'il vous plaît, dites-moi
씰 부 쁠래, 디뜨-무아
comment se rendre à la gare de N.
꼬멍 쓰 항드흐알 라 갸흐 드 N

이 길로 가면 N역으로 갈 수 있습니까?

Is this the way, to N station?

По этой улице(дороге) можно
빠 에-또이 울-리쩨 다로-게 모-즈노
пройти к вокзалу Н?
쁘라이찌-끄 바그잘-루 엔

¿Si voy por esta calle puedo
시 보이 뽀르 에스따 까예 뿌에도
llegar a la estación N?
예가르 알 라 에스따씨온 N

Bu yo'ldan borsam N bekatiga
부 욜딴 뻐르쌈N 베캬트갸
bora olamanmi?
뻐라 얼라만므

走这条路能到N站吗?
zǒu zhè tiáo lù néng dào N zhàn ma
쪼 쩌 티아 루 넝 따오 엔 짠 마

Est-ce le chemin à la gare de N?
에-스 르 슈멩 알 라 갸흐 드 N

이 길로 가면 M역으로 갈 수 있습니까?

Does this way lead to M station?

Эта улица (дорога) ведёт на
에따 울-리쨔 다로-가 베죠-트 나
вокзал М?
바그잘- 엠

¿Si voy por esta calle puedo
시 보이 뽀르 에스따 까예 뿌에도
llegar a la estación M?
예가르 알 라 에스따씨온M

Bu yo'ldan borsam M bekatiga
뿌 욜딴 뻘쌈M 베캬트갸
bora olamanmi?
뻐라 얼라만므

走这条路能到M站吗?
zǒu zhè tiáo lù néng dào M zhàn ma
쪼 쩌 티아 루 넝 따오 엠 짠 마

Si je vais par là, puis-je se rendre à
씨 주 베 빠흐 라, 쀠-주 쓰 항드르 알
la gare de M?
라 갸흐 드 M

버스로 갑니까, 그렇지 않으면 걸어서 갑니까?

Are you going there by bus or on foot?

Вы поедете туда автобусом или
브이 빠예-제쩨 뚜다- 아프또-부솜 일-리
пойдёте пешком?
빠이죠-쩨 뻬쉬-꼼

¿Vas allí en autobús o a pie?
바스 아지 엔 아우또부스 오 아 삐에
¿Va en bus, si no es así va a pie?
바 엔 부스, 시 노 에스 아시 바 삐에

Avtobusda borasizmi, yoki piyoda
아프도뿌쓰따 뻐라스즈므, 여키 피여따
borasizmi?
버라스즈므

你是坐公共汽车去还是走着去
Nǐ shì zuò gōnggòngqìchē qù háishi zǒuzhe qù
니 쓰 쭈오 꽁꽁치처 취 하이쓰 쪼우저 취
ma
마

Vous y allez en bus ou à pied?
부 지 알레 앙 뷔스 우 아 삐에

걸어서 갑니다.

I am going on foot.

Я пойду пешком.
야 빠이두- 뻬쉬꼼-

Voy a pie.
보이 아 삐에

Piyoda ketaman.
피여다 케타만

是走着去。
Shì zǒuzhe qù。
쓰 쪼우저 취

Je vais à pied.
주 베 아 삐에

이 길을 똑바로 가다가 두 번째 사거리에서 우측으로 돌아 끝까지 가십시오. 그리고 다시 우측으로 돌아서 가면 좌측의 N역을 발견할 것입니다.

Go on straight on this way and to the right at the second crossroads and go on to the end. Then, turn again to the right. You will find N station on the left.

Идите прямо по этой улице,
이지-쩨 쁘랴-모 에-또이 울-리쩨,
на втором перекрёстке поверните
나 프따롬- 삐리끄료-스뜨께 빠베르니-쩨
напрово и дойдите до конца улицы.
나쁘라-보 이 다이지-쩨 다 깐짜- 울-리쯔이
Там опять поверните направо,
땀 아빠-찌 빠베르니-쩨 나쁘라-보
вокзал Н. Будет слева.
바그잘- 엔 부제트 슬레-바

Siga recto por este camino y gire
시가 렉또 뽀르 에스떼 까미노 이 히레
a la derecha en el segundo cruce
알 라 데레차 엔 엘 세군도 끄루쎄
y continúe hasta el final. Luego,
이 꼰띠누에 아스따 엘 피날 루에고,
gire de nuevo a la derecha.
히레 데 누에보 알 라 데레차
Encontrará la estación N a la
엔꼰뜨라라 라 에스따씨온 N 알 라
izquierda.
이스끼에르다

Bu ko'chadan to'g'ri borib,
뿌 코차딴 토크르 뻐륩,
ikkinchi chorrahada o'ngga burilib
이킨츠 처라하따 온가 뿌를릅
oxirgacha boring.
어흐르갸차 뻐링
U yerdan yana o'ng tomonga
우 예르딴 야나 옹 터먼갸
yursangiz chap tomonda N bekati
유르산기즈 찹 터먼따 N 베캬트
bo'ladi.
뽈라뜨

继续沿着这条路走到第二个
Jìxù yánzhe zhè tiáo lù zǒu dào dì èr gè
지쒸 옌- 저 쩌 티아오 루 쪼우 따오 띠 얼 꺼
十字路口的右边, 继续走到尽头。
shízìlù kǒu de yòubiān, jìxù zǒu dào
스지아루 커우 더 요우삐엔, 지쒸 쪼우 따오
然后,再次向右转。
jìntóu Ránhòu, zàicì xiàng yòu zhuǎn
찐토우 란호우, 짜이쓰 시앙 요우 추안
你会在左边找到 N 站。
Nǐ huì zài zuǒbiān zhǎodào N zhàn
니 후이 짜이 쭈어삐엔 자오따오 N 짠

Allez tout droit, tournez à droite
알레 뚜 드루아, 뚜흐네 아 드루아뜨
au deuxième carrefour et
오 두지엠므 꺄흐푸흐 에
continuez tout droit. Ensuite,
꽁띠뉘에 뚜 드루아 엉쒸뜨,
tournez encore à droite.
뚜흐네 엉꼬흐 아드루아뜨
Vous trouverez la gare N sur la gauche.
부 트후브헤 라 갸흐 N 쒸흐 라 고슈

여기서 몇 분 걸립니까?

How long will it take from here?

Сколько минут ходьбы отсюда?
스꼴꼬 미누-트 하지브이- 앗슈다-

¿Cuántos minutos tomarán desde
꽌또스 미누또스 또마란 데스데
aquí?
아끼

Bu yerdan qancha vaqt oladi?
뿌 예르딴 칸차 바큳 얼라뜨

从这里需要多长时间?
Cóng zhèlǐ xūyào duō cháng shíjiān
총 쩌리 쉬야오 뚜오 창 스지엔

Combien de temps faut-il d'ici?
꽁비엥 드떵 포-띨 디씨

약 15분 걸립니다.

About fifteen minutes.

Приблизтельно пятнадцать минут.
쁘리블리지쩰-노 삐뜨나-짜지 미누-트

Tomará aproximadamente quince
또마라 어쁘록시마다멘떼 낀쎄
minutos.
미누또스

Taxminan o'n besh daqiqa.
타흐미난 온 베시 따키카

大约十五分钟。
Dàyuē shíwǔ fēnzhōng
따위에 스우 펀쫑

Environ quinze minutes.
엉비홍 깽즈 미뉘뜨

그것이 제일 빠른 길입니까?

Is that the shortest way to get there.

Это самый короткий путь?
에따 사므이 까로뜨기 뿌찌

¿Ese es el camino más rápido?
에세 에스 엘 까미노 마스 라삐도

U erga boradigan eng qisqa yo'l
우 예르가 뻐라드갼 앵 크스카 욜
shumi?
슈므

这是到达那里的最短途径?
Zhè shì dàodá nàlǐ de zuìduǎn tújìng
쩌 쓰 따오따 나리 더 쭈이뚜안 투징

Est-ce le moyen le plus court
에-쓰 르 므와이엥 르 쁠뤼 꾸흐
pour y arriver?
뿌흐 이 아리베

천만에요.

It's nothing.

Не стоит.
네 스토이-이트

No es nada. Por nada.
노 에스 나다 뽀르 나다

Arzimaydi.
아르지마이뜨

不客气。
Búkèqi
뿌커치

De rien.
드 리엥

네, 하나 있습니다.

Yes, there is one.

Да, есть один.
다, 예스찌 아진

Sí hay uno.
시 아이 우노

Ha, bitta bor.
하, 빝타 뻐르

是的，有一个。
Shì de, yǒu yīgè
쓰 더 요우 이꺼

Oui il y en a un.
위 일 리 어 나 엉

이 근처에 극장이 있습니까?

Are there any movie theaters in this neighborhood?

По близости есть кино тевтр?
빠 블리-조스찌 예스찌 끼노- 찌아뜨르

¿Hay cines aquí cerca?
아이 씨네스 아끼 쎄르까

Bu yaqin orada kino teatr bormi?
뿌 야큰 어라따 키노 태아트르 뻐르므

这附近有电影院吗?
Zhè fùjìn yǒu diànyǐngyuàn ma
쩌 푸진 요우 띠엔잉위엔 마

Y a-t-il un théâtre dans ce quartier?
이 아-띨 엉 떼아트흐 덩 쓰 꺄흐띠에

여기서 가까운 곳에 있습니까?

Is it near from here.

Оно(находится) недалеко отсюда.
아노- 나호-짓짜 네달레꼬- 앗슈-다

¿Está cerca de aquí?
에스따 쎄르까 데 아끼

Bu yerdan yaqinmi?
뿌 예르딴 야큰므

离这里近吗。
Lí zhèli jìn ma
리 쩌리 찐 마

Est-ce proche d'ici?
에-쓰 프호슈 디씨

여기서 멉니까?

Is it far from here?

Оно (находится) далеко отсюда?
아노- 나호-짓짜 달레꼬- 앗슈-다

¿Está lejos de aquí?
에스따 레호스 데 아끼

Bu yerdan ancha uzoqmi?
뿌 예르딴 안차 우작므

离这里远吗?
lí zhèli yuǎn ma
리 쩌리 위엔 마

Est-ce loin d'ici?
에-쓰 르왱 디씨

여기서 가깝습니다.

It is near from here.

Оно близко отсюда.
아노- 블리-스꼬 앗슈-다

Está cerca de aquí.
에스따 쎄르까 데 아끼

Bu yerdan yaqin.
뿌 예르딴 야큰

离这儿近。
Lí zhè'er jìn
리 쩌얼 찐

C'est proche d'ici.
쎄 프호슈 디씨

아니요, 그렇게 멀지는 않습니다.

No, it is not very far.

Нет(оно находится)не так далеко.
니에트 아노-나호-짓짜 네 딱크 달레꼬-

No, no está muy lejos.
노 노 에스따 무이 레호스

Yo'q, uncha uzoq emas.
욕 운차 우저크 애마스

不,不太远。
Bù, bùtài yuǎn
뿌 뿌타이 위엔

Non, ce n'est pas si loin.
농 쓰 네 빠 씨 르왱

이 길로 똑바로 가서 끝에서 좌측으로 가십시오.

Go straight along this street, and turn to the left at the end of the street.

Идите прямо по этой улице и
이지-쩨 쁘랴-모 에-또이 울-리쩨 이
в конце улицы поверните налево.
프 깐쩨- 울-리쯔이 빠베르니-쩨 날레-보

Siga recto por esta calle y gire a
시가 렉또 뽀르 에스따 까예 이 히레 알
la izquierda al final de la calle.
라 이스끼에르다 알 피날 데 라 까예
Vaya recto por esta calle y gire a
바야 렉또 뽀르 에스따 까예 이 히레 알
la izauierda al final de la calle.
라 아스끼에르다 알 피날 데 라 까예

Bu ko'chadan to'g'ri yurib,
뿌 코차단 토그르 유릅,
ko'cha oxirida chapga buriling.
코차 어흐르따 참갸 뿌를링

沿着这条路直走,
yánzhe zhè tiáo lù zhí zǒu,
옌쩌 쩌 티아오 루 쯔 쪼우,
从尽头往左走。
cóng jìntóu wǎng zuǒ zǒu
콩 진토우 왕 쭈오 쭈

Allez tout droit sur cette rue et
알레 뚜 드루아 쒸흐 쎄뜨 휘 에
tournez à gauche au bout de la rue.
뚜흐네 아 고슈 오 부 들 라 뤼

당신은 지나쳐 왔습니다.

You have come too far.

Вы уже прошли.
브이 우제 쁘라쉴리-

Has llegado demasiado lejos.
아스 예가도 데마시아도 레호스
Usted se pasó.
우스뗏 세 빠소

Usted vino muy lejos.
우스뗏 비노 무이 레호스
Siz o'tib ketdingiz.
스즈 오틉 켇띤기즈

你过了。
Nǐ guòle
니 꾸오-러

Vous êtes allé trop loin.
부 제뜨 잘레 트호 르왱

뒤로 돌아서 우측으로 돌아가야만 합니다.

You must retrace your steps and turn to the right.

Вам надо вернуться назад и
밤 나-도 베르누쨔 나자-트 이
повернуть направо.
빠베르누-찌 나쁘라-보

Tiene que volver girando
띠에네 께 볼베르 히란도
completamente a la derecha.
꼼쁠레따멘떼 알 라 데레차

Orqaga qaytib, o'ng tomonga
어르카갸 카이틉, 옹 터먼갸
burilishingiz kerak.
뿌를르신기즈 케랔

得向后转,向右转。
dé xiàng hòu zhuǎn, xiàng yòu zhuǎn
더 씨양 하우 주안, 씨양 요우 주안

Vous devez retourner et aller à
부 드베 흐뚜흐네 에 알레 아
droite.
드루아뜨

이 길은 서울 거리로 가는 길입니다.

This road is the road to Seoul street.

Эта улица ведйт к улице Сеул.
에-따 울-리짜 베죠-트 끄 울-리쩨 세울레

Esta calle es el camino que va a
에스따 까예 에스 엘 까미노 께 바 알
la calle Seúl.
라 까예 서울

Bu yo'l Seul ko'chasiga boradigan
뿌 욜 세울 코차스갸 뻐라뜨갼
yo'l.
욜

这条路是通往首尔街的路。
Zhè tiáo lù shì tōng wǎng shǒu'ěr jiē de lù
쩌 티아오 루 쓰 통 왕 쇼우얼 지에 더 루

C'est le chemin de la rue de Séoul.
쎄르 슈멩 들 라 휘 드 쎄울

죄송합니다. 이 길은 어디로 가는 길이지요?

Pardon me, but where does this street lead to?

Извините, пожалуйста,
이즈비니쩨, 빠잘-루이스따,
куда ведёт эта улица?
꾸다- 베죠-트 에-따 울-리짜

¿Perdóneme, a dónde conduce
뻬르도네메, 아 돈데 꼰두쎄
esta calle? Disculpe.
에스따 까예 디스꿀뻬
¿A dónde conduce esta calle?
아 돈데 꼰두쎄 에스따 까예

Uzr. Bu yo'l qayerga olib boradi?
우주르 뿌 욜 카예르갸 얼립 뻐라뜨

请原谅我，但这条街在哪里?
Qǐng yuánliàng wǒ, dàn zhè tiáo jiē zài nǎlǐ
칭 위엔리양 워, 딴 쩌 티아오 지에 자이 날리

S'il vous plaît, où va cette route?
씰 부 쁠래, 우 바 쎄뜨 후뜨

유감이지만, 모르겠는데요. 저기 지구대에 가서 물어보는 것이 좋을 것입니다.

I am sorry I don't, You'd better ask at the police office over there.

К сожалентю, не знею.
끄 사잘-레니유, 네 즈나-유
Вы бы лучше спросили
브이 브이 루-치쉐 스쁘라실-리
у милиционера.
우 밀리찌아녜-라

Es lamentable pero no lo sé,
에스 라멘따블레 뻬로 노 로 세,
es mejor que vaya y pregunte en
에스 메호르 께 바야 이 쁘레군떼 엔
la oficina de la policía.
라 오피씨나 데 라 뽈리씨아

Kechirasiz, ammo men bilmayman.
케치라스즈, 암머 멘 블마이만
Ana u yerda miltisiya idorasidan
아나 우 예르따 밀리즈야 이떠라스딴
so'raganingiz ma'qul.
소라갸닌기즈 마쿨

很遗憾,我不知道,
hěn yíhàn, wǒ bù zhīdào,
헌 이한, 워 뿌 지따오,
还是去派出所打听一下好。
hái shì qù pàichūsuǒ dǎtīng yíxià hǎo
하이 쓰 추 파이추서 따이팅 이씨아 하오

Je suis désolé, mais je ne sais pas.
주 쒸 데졸레, 주 느 쎄 빠
vous feriez mieux de demander
부 프리에 미외 드 드멍데
au bureau de police là-bas.
오 뷔로 드 뽈리스 라바

나는 이 도시 사람이 아닙니다.

I am not native of this city.

Я не здешний(здешняя).
야 녜 즈제-쉬니 즈제-쉬냐야

No soy de esta ciudad.
노 소이 데 에스따 씨우닷

Men bu yerlik emasman.
맨 뿌 예를릭 애마스만

我不是这个城市的人。
Wǒ bùshi zhège chéngshì de rén
워 뿌쓰 쩌거 청스 더 런

Je ne suis pas de cette ville.
주 느 쒸 빠 드 쎄뜨 빌

나는 이 도시를 전혀 모릅니다.

I am quite a stranger in this city.

Я совсем не знаю этого города.
야 샤프셈- 녜 즈나-유 에-또보 고-로다

Yo no conozco totalmente esta
요 노 꼬노스꼬 또딸멘떼 에스따
ciudad.
씨우닷

Men bu shaharni umuman
맨 뿌 샤하르느 우무만
bilmayman.
빌마이만

我在这个城市很陌生。
Wǒ zài zhège chéngshì hěn mòshēng
워 짜이 쩌거 청스 헌 모어셩

Je ne connais pas bien cette ville.
주 느 꼬네 빠 비엥 쎄뜨 빌

버스는 어디에서 탈 수 있나요?

Where can I get bus?

Где можно сесть на автобус?
그제 모-즈노 세스찌 나 아프또-부스

¿En dónde puedo tomar el bus?
엔 돈데 뿌에도 또마르 엘 부스

Avtobusga qayerdan o'tirsam bo'ladi?
아프토뿌쓰갸 카예르단 오틀삼 볼라뜨

在哪儿能坐公交车?
zài nǎér néng zuò gōngjiāo chē
짜이 나어 넝 쭈오 공지아 처

Où puis-je trouver un bus?
우 쀠-주 트후베 엉 뷔스

버스 정류소는 어디 있습니까?

Where is the nearest bus-stop.

Где остановка автобуса?
그제 아스따노-프까 아프또-부사

¿Dónde está la parada del bus?
돈데 에스따 라 빠라다 델 부스

Avtobus bekati qayerda bor?
아프토뿌쓰 베캬트 카예르따 뻐르

公共汽车站在哪里?
Gōnggòngqìchēzhàn zài nǎlǐ
꽁공치처짠 짜이 나리

Où est l'arrêt de bus le plus proche?
우 에 라레 드 뷔스

버스는 담뱃가게 앞에 섭니다.

The bus stops in front of the tobacconist's over there.

Автобус останавливается там,
아프또-부스 아스따나-블리바옛짜 땀
перед табачное лавкой.
뻬-레트 따바-츠노이 라-프꼬이

El bus para en frente de la
엘 부스 빠라 엔 프렌떼 데 라
tienda de cigarrillos.
띠엔다 데 씨가리요스

Avtobus sigaret shahobchasi old
아프토뿌쓰 시가렡 사헙차쓰 얼드
tarafida to'xtaydi.
타라프다 토흐타이뜨

公交车停在香烟店前面。
Gōngjiāochē tíng zài xiāngyān diàn qiánmiàn
꽁지아오처 팅 짜이 씨양위엔 띠엔 치엔 미엔

Le bus s'arrête devant le tabac.
르 뷔스 싸헤뜨 드벙 르 따바

나는 길을 잃었습니다.

I am lost.

Я заблудился(заблудилась).
야 자불루질-샤 자물루질-라시

Me perdí del camino.
메 뻬르디 델 까미노

Men adashib qoldim.
맨 아따싶 컬뜸

我迷路了。
Wǒ mílùle
워 미뤼러

Je suis perdu.
주 쒸 뻬흐뒤

이 길은 서울 거리입니다.

This is Seoul Street.

Это улица Сеула.
에-따 울-리짜 세울라

Esta es la calle Seúl.
에스따 에스 라 까예 세울

Bu Seul ko'chasi.
뿌 세울 코차쓰

这是首尔街。
Zhè shì shǒu'ěr jiē
쩌 쓰 쇼우얼 지에

C'est la rue de Séoul.
쎄 라 휘 드 쎄울

이 길은 무슨 길입니까?

What street is this?

Как называтеся эта улица?
깍크 나즈이바-엣짜 에-따 울-리짜

¿Qué calle es esta?
께 까예 에스 에스따

Bu qanday ko'cha?
뿌 칸다이 코차

这是什么街?
Zhè shì shénme jiē
쩌 쓰 선-머 지에

Quelle rue est-ce?
껠 뤼 에-쓰

이 길은 박물관(동물원)으로 가는 길입니까?

Is this the right way to the museum(zoo)?

Эта улица ведёт к музею
에따 울-리짜 베죠-트 끄 무-제유
(зоопарку)?
자아빠-르꾸

¿Es esta la calle que va al
에스 에스따 라 까예 께 바 알
museo (zoológico)?
무세오 수로히꼬

Bu yo'l muzey (hayvonot bog'i)
뿌 욜 무제이 하이버넡 버크
ga boradigan yo'lmi?
갸 빠라드갼 욜므

这条路是去博物馆(动物园)的吗?
zhè tiáo lù shì qù bówùguǎn(dòngwùyuán) de
쩌 티아오 루 쓰 추 뽀우꾸안 똥우위에 더
ma
마

Est-ce le chemin du musée(zoo)?
에-쓰 르 슈멩 뒤 뮈제 주

이 길을 따라 똑바로 가십시오.

Just go along this street.

Идите прямо по этой улице.
이지-쩨 쁘랴-모 빠 에-또이 울-리쩨

Por favor sólo vaya recto por esta calle.
뽀르 파보르 솔로 바야 렉또 뽀르 에스따 까예

Shu yo'ldan to'g'ri boring.
슈 욜단 토그르 뻐링

沿着这条路直走。
Yánzhe zhè tiáo lù zhí zǒu
옌저 쩌 티아오 루 쯔 쪼우

Allez tout droit sur cette rue.
알레 뚜 드루아 쒸흐 쎄뜨 휘

약 1km 됩니다.

About one kilometer.

Приблизительно километр.
쁘리블리지-쩰노 낄라메-뜨르

Está a aproximadamente un kilómetro.
에스따 아 어쁘록시마다멘떼 운 낄로메뜨로

Taxminan bir kilometr.
타흐미난 브르 킬로메트르

大约有一公里。
Dàyuē yǒu yī gōnglǐ
따위에 요우 이 꽁리

Environ un kilomètre.
엉비홍 엉 낄로메트흐

여기서 박물관까지는 멉니까?

What is the distance from here to the museum?

Далеко ли отсюда до музея?
달례꼬- 리 앗슈-다 다 무제-야

¿Desde aquí hasta el museo está lejos?
데스데 아끼 아스따 엘 무세오 에스따 레호스

Bu yerdan muzeygacha uzoqmi?
뿌 예르딴 무제이갸차 우젹므

从这里到博物馆远吗?
Cóng zhèlǐ dào bówùguǎn yuǎn ma
총 쩌리 따오 뽀우꽌 위엔 마

Est-ce que le musée est loin d'ici?
에-스 끄 르 뮈제 에 루왕 디씨

13 차내에서

- In a car
- В машине
- En un auto
- Mashinada
- 在车内
- Dans une voiture

곧 떠나지요.

Let us start at once.

Давайте поедем сейчас(Поехали).
다바이쩨 빠에젬 시차스 빠에할리

Partiremos en seguida.
빠르띠레모스 엔 세귀다
Partiremos de inmediato
빠르띠레모스 데 인메디아또

Xoziroq jo'naylik.
허즈렄 조나일릭

马上就离开。
mǎshàng jiù líkāi
마상 씨우 리카이

Partons bientôt.
빠흐똥 비엥또

자동차를 빌릴 수 있나요?

Can we hire an automobile?

Можно нанять машину.
모즈노 나냐-찌 마쉬누

¿Podemos alquilar un automóvil?
뽀데모스 알낄라르 운 아우또모빌

Mashinani ijaraga olsa bo'ladimi?
마시나느 이자라가 얼싸 뾜라뜨므

能借到汽车吗?
néng jiè dào qìchē ma
넝 지에 따오 치처 마

Pouvons-nous louer une voiture?
뿌봉-누 루에 윈 부아뛰흐

자동차를 불러 주십시오.

Please hire a car.

Пожалуйста, вызовите машину.
빨잘-루이스따 브이자비쩨 마쉬-누

Por favor alquile un coche.
뽀르 파보르 알낄레 운 꼬체

Iltimos, mashina cha qirib bering.
일트머스, 마시나 차크륩 베링

请叫汽车来。
qǐng jiào qìchē lái
칭 짜- 치처 라이

S'il vous plaît, louer une voiture.
씰 부 쁠래, 루에 윈 부아뛰흐

네, 곧 부르지요.

All right. I am going to hire it.

Хорошо, сейчас вызову.
하라쇼- 시차-스 브이자부

Sí, enseguida lo alquilo.
시, 엔세귀다 로 알낄로
Sí, de inmediato lo alquilo
시, 데 인메디아또 로 알낄로

Ho'p bo'ladi, hozir chaqiraman.
헙 뽈라뜨, 허즈르 차크라만

是的, 马上叫我。
shì de, mǎshàng jiào wǒ
쓰 더, 마샹 짜오 워

D'accord. Je vais vous prêter.
다꼬흐, 주 베 부 프레떼

요금은 시간당 내겠습니까, 아니면 거리당 지급하겠습니까?

Will you pay by the hour or by the mileage?

Платить за машину надо
빨라지찌 자 마쉬-누 나도
по времени или по расстоянию?
빠 브레메-니 일리 빠 라스따야-니유

¿Quiere pagar la tarifa por hora
끼에레 빠가르 라 따리파 뽀르 오라
o por kilometraje?
오 뽀르 낄로메뜨라헤

Vaqt bo'yicha to'lanadimi,
바크트 뽀이차 톨나뜨므,
masofa bo'yichami?
마서파 뽀이차므

是按小时收费，还是按距离收费?
shì àn xiǎoshí shōufèi, hái shì àn jùlí shōufèi
쓰 안 샤오쓰 쇼-페이, 하이 쓰 안 쮸리 쇼-페이

Payerez-vous à l'heure ou par
뻬이에-부 아 뢰흐 우 빠흐
kilomètre?
낄로메트흐

시간당 지급하겠습니다.

I will pay by the hour.

Я заплачу по времени.
야 자쁠라추- 빠 브레메-니

Pagaré por hora.
빠가레 뽀르 오라

Men vaqt bo'yicha to'layman.
맨 바큳 뽀이차 톨라이만

我会按小时付款。
Wǒ huì àn xiǎoshí fùkuǎn
워 후이 안 샤오쓰 푸-꾸안

Je paierai à l'heure.
주 뻬이에헤 아 뢰흐

도시 관광을 위해 차를 빌릴 수 있나요?

Can I hire a car to see the sights of the town?

Можно нанять машину для
모즈-노 나냐-지 마쉬-누 들랴
экскурсии по горуду?
엑스꾸르시 빠 고로두

¿Puedo alquilar un coche para
뿌에도 알낄라르 운 꼬체 빠라
hacer turismo en la ciudad?
아쎄르 뚜리스모 엔 라 씨우닷

Shaharning diqqatga sazovor
샤하르닝 뜩칻가 사저버르
joylarini ko'rish uchun mashinani
저일라르느 코로르시 우춘 마시나느
ijaraga olsam bo'ladimi?
이지라가 얼쌈 뽈라뜨므

能为城市旅游租车吗?
néng wèi chéngshì lǚyóu zūchē ma
넝 웨이 청쓰- 류요우 쭈처- 마

Puis-je louer une voiture pour
쀠-주 루에 윈 부아뛰흐 뿌흐
visiter la ville?
비지떼 라 빌

가능하다고 생각합니다.

I thank you can.

По-моему, можно.
빠- 모-예무 모-즈노

Creo que es posible.
끄레오 께 에스 뽀시블레

Meninmcha mumkin.
매늠차 뭄킨

我人为可以。
Wǒ rēnwéi kěyǐ
워 런웨이 커이

Je crois que c'est possible.
주 크후아 끄 쎄 뽀씨블

기사님, 우리는 도시를 관광하고 싶습니다.

Chauffeur, we want to see the sights of this town.

Шофер, мы хотим посмотреть
샤뾰르, 므이 하찜- 빠스마뜨레-찌
этот город.
에또보 고-르트

Señor chofer queremos ver los
세뇨르 초페르 께레모스 베르 로스
lugares turísticos de la ciudad.
루가레스 뚜리스띠꼬스 데 라 씨우닷

Amaki(haydovchi amaki), biz
아마키 하이덥츠 아마키, 브즈
ushbu shaharning diqqatga
우시뿌 샤하르닝 뜨칼갸
sazovor joylarini ko'rmoqchimiz.
사저버르 저일라르느 코르먹츠므즈

司机,我们想看看这个小镇的景点.
Sījī, wǒmen xiǎng kàn kàn zhège xiǎo zhèn de
쓰지, 워먼 씨양 칸칸 쩌거 씨야오 쩐 더
jǐngdiǎn
징띠엔

Monsieur, nous voulons visiter
쇼퓌흐, 누 불롱 비지떼
la ville.
라 빌

어떤 곳들을 구경하고 싶습니까?

What pleas do you want to see?

Что вы хотите посмотреть?
쉬또 브이 하찌-쩨 빠스마뜨레-찌

¿Qué lugares quisieran mirar?
께 루가레스 끼시에란 미라르

Qayday joylarni ko'rmoqchisiz?
칸다이 저일라르느 코르먹츠스즈

想看哪些地方?
xiǎng kàn nǎxiē dìfang
샹 칸 나씨에 띠팡

Que voudriez-vous voir?
끄 부드히에-부 부아흐

가장 유명한 곳으로 안내해 주십시오.

Take us to the most noted place.

Отвезите нас в самое
아뜨베지-쩨 나스 프 사모에
интересное место.
인쩨레-스노에 메-스또

Por favor llévenos al lugar más
뽀르 파보르 제베노스 알 루가르 마스
famoso.
파모소

Eng mashhur joyga olib boring.
앵 마시후르 저이가 얼륩 버링

带我们去最着名的地方。
Dài wǒmen qù zuìzhe míng dì dìfāng
따이 워먼 취 쭈이처 밍 띠 띠팡

Guidez-nous à l'endroit le plus onnu.
기데-누 아 랑드루아 르 쁠뤼 꼬뉘

이것은 도시 안내서입니다.

This is a guide books of the town.

Это путеводитель по городу.
에따 뿌쩨바지-쩰 빠 고-루두

Este es un libro de guía de la ciudad.
에스떼 에스 운 리브로 데 기아 데 라 씨우닷
Está es una guía de la ciudad.
에스따 에스 우나 기아 데 라 씨우닷

Bu shaharning yo'riqnomalari.
뿌 사하르닝 요릑너말라르

这是城市指南。
zhè shì chéngshì zhǐnán
쩌 쓰 청쓰 쯔난

C'est un guide de la ville.
쎄에 엉 기드 들 라 빌

당신이 보고 싶은 장소를 택하여 주십시오.

Please choose the places you want to see.

Пожалуйста, выберите места,
빠잘-루이스따, 브이베리쩨 메-스또,
которые вы хотите увидеть.
까또-로예 브이 하찌-쩨 우비제-찌

Por favor, elija los lugares que
뽀르 파보르, 엘리하 로스 루가레스 께
desea ver.
데세아 베르

Marhmat qilib, ko'rmoqchi bo'lgan
마르하맡 클륲, 콜먹츠 뽈간
joylarni tanlang.
저일라르느 탄랑

请选择您要查看的地点。
Qǐng xuǎnzé nín yào chákàn dì dìdiǎn
칭 쒸엔쩌 닌 야오 차칸 띠 띠디엔

Choisissez les endroits que vous
슈아지쎄 레 장드루아 끄 부
voulez visiter, s'il vous plaît.
불레 비지떼, 씰 부 쁠래

무엇을 보기를 원합니까?

What do you want to see?

Что вы хотите посмотрь?
쉬또 브이 하찌-쩨 빠스마뜨레-찌

¿Qué quieres ver?
께 끼에레스 베르

Por ejemplo que quiere ver?
뽀르 에헴쁠로 께 끼에레스 베르
Nimalarni ko'rmoqchisiz?
늠마라르느 콜먹츠스즈

想要看什么?
Xiǎng yào kàn shénme
씨앙 야오 칸 션머

Qu'est-ce que vous visiter?
께 스 끄 부 불레 비지떼

우리는 박물관, 미술관, 기념관, 궁궐(전)을 보고 싶습니다

We want to visit the Museum, Gallery, the royal palace.

Мы хотим посетить музей,
므이 하찜- 빠세찌지 무제이,
галерею, королевский дворец.
갈레레-유, 까랄레브스-끼 드바레-쯔

Queremos visitar el museo,
께레모스 비시따르 엘 무세오,
la galería de bellas artes,
라 갈레리아 데 베야스 아르떼스,
la sala memorial,
라 살라 메모리알,
el palacio real(todos).
엘 빨라씨오 레알 또도스

Biz muzey, san'at muzeyi,
부즈 무제이, 산앝 무제이,
yodgorlik muzeyi, shoh saroyiga
염거롤릭 무제이, 셔호 사이리가
borishni istaymiz.
버르시느 이스타이므즈

我们想看看博物馆, 美术馆,
wǒmen xiǎng kànkan bówùguǎn, měishùguǎn,
워먼 샹 칸칸 뽀우꾸안, 매이쑤꾸안,
纪念馆, 宫殿。
jìniànguǎn, gōngdiàn
지니엔꾸안 공띠안

Nous voulons visiter le musée,
누 불롱 비지떼 르 뮈제,
la galerie, le palais royal.
라 갈르리, 르 빨레 루아얄

13 사찰에서

그렇게 하지요.

All right(Very well).

Хорошо(очень хорошо).
하라쇼- 오-친 하라쇼-

De acuerdo (muy bien).
데 아꾸에르도 무이 비엔
Hagámoslo así.
아가모스로 아시

Yaxshi (juda yaxshi).
야흐시 쭈다 야흐시

这样做。
zhèyàng zuò
쩌양 쭈오

Très bien (Bien).
트헤 비엥 비엥

어디로 가시길 원합니까?

Where do you want to go?

Куда вы хотите поехать?
꾸다- 브이 하찌-제 빠예-하찌

¿A donde quieres ir?
아 돈데 끼에레스 이르
¿A dønde quiere ir?
아 돈데 끼에레 이르

Qayerga bormoqchisiz?
카예르가 버르먹츠스즈

想要去哪里?
xiǎng yào qù nǎlǐ
니 샹 취 나리

Où voulez-vous aller?
우 불레-부 알레

기사님 차를 타도됩니까?

Chauffeur, are you free?

Водитель, можно садиться?
바지쩰 모-즈노 사짓-쨔

Señor chofer, ¿puedo subir al coche?
세뇨르 초페르, 뿌에도 수비르 알 꼬체

Haydovchi amaki, bo'shmisiz?
하이덥츠 아마키, 보시므스즈

司机可以坐车吗?
sījī kěyǐ zuò chē ma
쓰지 커이 쪼 처 마

Monsieur, êtes-vous libre?
므씨유, 에뜨-부 리브흐

M 거리에 가기를 원합니다.

I want to go the M Street.

Я хочу поехать на М-улицу.
야 하추- 빠예-하찌 나 M 울-리쭈

Quiero ir a la calle M.
끼에로 이르 알 라 까예 에메

M ko'chasiga bormoqchiman.
M 코차스가 버르먹츠만

想要去M街。
xiǎng yào qù M jiē
씨양 요 취 M 지에

Je veux aller dans la rue M.
주 뵈 잘레 덩 라 휘 M

M 거리 5번가에 데려다주십시오.

Please take me to No 5, M Street.

Отвезите меня на М-улицу,
아뜨베지-쩨 미냐 나 M 울-리쭈,
дом номер пять.
돔 노-메르 빠찌

Por favor, lléveme al N° 5
뽀르 파보르, 예베메 알 N°(에네) 씽꼬
de la calle M.
데 라 까예 에메

Iltimos, meni 5-M ko’chasiga
일트머스, 메느 베신츠 M 코차스가
olib boring.
얼릅 버링

请带我到M街5号。
Qǐng dài wǒ dào M jiē 5 hào
칭 따이 워 따오 M 지에 우 하오

S’il vous plaît, amène-moi au
씰 부 쁠래, 아므네-무아 오
numéro 5, rue M.
뉘메호 쌩끄, 휘 M

이 거리는 무슨 거리입니까?

What street is this?

Как называется эта улица?
깍끄 나즈이바-엣짜 에-따 울-리짜

¿Qué calle es esta?
께 까예 에스 에스따

Bu qanday ko’cha?
뿌 칸다이 코차

这条街是什么街道?
Zhè tiáo shì shénme jiēdào
쩌 티아오 쓰 선머 지에따오

Quelle rue est-ce?
껠 휘 에-쓰

세워주십시오! 세워주세요! 지났는데요.

Stop! Stop! You have carried too far.

Постойте! Постойте!
빠스또-이쩨 빠스또-이쩨
Мы проехали.
므이 쁘라예-할리

¡Pare! ¡Pare!
빠레 빠레
(¡Deténgase! ¡Deténgase!) Se pasó.
데땡가세 데땡가세 세 빠소

To’xtatib yuboring! To’xtatib
토흐타틉 유버링 토흐타틉
yuboring! O’tib ketdingiz
유버링 오틉 케딘기즈

请立! 请立! 过去了。
qǐnglì qǐnglì guòqù le
칭지 칭지 꿔오추 러

Arrêtez! Arrêtez! C’est trop loin.
아헤떼 아헤떼 쎄 트호 르왱

조금 되돌아 가주시지요.

Please go back a little.

Вернитесь немножко назад.
베르니-쩨시 넴노-쉬끄 나자-드

Por favor regrese un poco.
뽀르 파보르 레그레세 운 뽀꼬

Iltimos, biroz orqaga qayting.
일트머스, 버르즈 얼카가 카이팅

请稍返回走。
Qǐng shāo fǎnhuí zǒu
칭 쌰오 판후웨이 쪼오우

S’il vous plaît, revenez un peu
씰 부 쁠래, 흐브네 엉 쁘
en arrière
어 나히에흐

뭐요? 당신은 25번지에 가기를 원하지 않았습니까?

What! You want to go No. 25, don't you?

Что? Ведь вы хотели проехать
쉬또 베찌 브이 하-쩰리 쁘라예-하지
к дому № 25?
그 도-무 노-메르 드바-짜지 빠지

¡Qué! ¿No quería usted ir al
께 노 께리아 우스뗏 이르 알
número 25?
누메로 베인띠 씽꼬

Nimalar deyapsiz? 25-uyga
느말라르 데얍스즈 이기르마 베신츠 우이가
bormoqchi emasmidingiz?
버르멍츠 애마스므딘기즈

什么? 你不想去25号吗?
shénme nǐ bùxiǎng qù èrshíwǔ hào ma
션머 니 뿌샹 취 아쓰우 하오 마

Quoi! Vous voulez aller au
꾸아 부 불레 잘레 오
numéro 25, n'est-ce pas?
뉘메호 뱅 쌩끄, 네-스 빠

아니요, 나는 5번지에 가야 합니다.

No, I want to go to No, 5.

Нет, мне нужен дом номер пять.
니에트 므녜 누-진 돔 노-메르 빠찌

No, quiero ir a No, 5. No,
노, 끼에로 이르 아 누메로 씽꼬 노,
tengo que ir al N° 5
땡고 께 이르 알 누메로 씽꼬

Yo'q, men 5-uyga bormoqchi edim
욕, 멘 베신츠 우이가 벌멍츠 애듬

不, 我得去5号地。
bú, wǒ děi qù wǔ hào dì
뿌, 워 떠 취 우 하오 디

Non, je veux aller au numéro 5.
농 주 뵈 잘레 오 뉘메호 쌩끄

여기입니다. 요금은 얼마입니까?

Here we are, How much do I owe you?

Приехали. Сколько с меня?
쁘리예-할리 스꼴-끄 스 미냐

Aquí es. ¿cuánto le debo?
아끼 에스 꽌또 레 데보

Shu yer, Yo'l haqqi qancha bo'ladi?
슈 예르, 욜 할크 네츠 폴 볼라뜨

这里是。多少钱?
zhèlǐ shì duōshao qián
쩌리 쓰 뚜오샤오 치엔

Nous sommes ici, combien je
누 쏨므 이씨, 꽁비엥 주
vous dois?
부 두아

45달러입니다.

45 dollars, sir.

Сорок пять долларов.
소르크 빠찌 달-라르프

45 dólares, señor.
꾸아렌따 이 씽꼬 돌라레스, 세뇨르

45 dollars, janob.
크룩 베시 덜라르, 자넙

是45美元。
shì sìshiwǔ měiyuán
쓰 시쓰우 메이위엔

45 dollars, monsieur.
까향뜨 쌩끄 달러, 므씨유

50달러입니다. 나머지는 가지십시오.

Here's 50 dollars: you may keep the change.

Вот 50 долларов:
보트 빠지제시야트 달-라로프
Возьмите себе сдачу.
바즈미-쩨 세베 즈다-추

Aquí tiene 50 dólares.
아끼 띠에네 씬꾸엔따 돌라레스
Quédese con el cambio.
께데세 꼰 엘 깜비오

Mana 50 dollar:
마나 앨릭 덜라르
Qolganini o'zingizga olib qoling.
컬가느느 오진기즈갸 얼륭

是50美元。剩下的就请拿吧。
shì wǔshí měiyuán shèngxià de jiù qǐng ná ba
쓰 우쉬 메이위엔 쌍허아 더 찌우 칭 나 바

Voici 50 dollars:
부아씨 쌩깡뜨 달러
avoir un changement.
아부아흐 엉 샹주멍

14 쇼핑

- Shopping
- Покупки
- Compras
- Xarid qilish
- 购物
- Achats

안녕하십니까?

Good afternoon!

Здравствуйте!(Добрый день!)
즈드라-스뜨부이제 도-브리이 젠

¡Buenos días!, ¡Buenas tardes!,
부에노스 디아스 부에노스 따르데스
¡Buenas noches!
부에노스 노체스

Assalomu alaykum!
앗살로무 알리아쿰

下午好!
Xiàwǔ hǎo
씨아우 하오

Bonne après-midi!
보 나프레-미디

무엇을 드릴까요?

What can I do for you?

Что я могу вам предложить?
쉬또 야 마구- 밤 쁘레들라쥐-찌

¿Qué puedo hacer por usted?
께 뿌에도 아쎄르 뽀르 우스뗏

Sizga qanday yordam berishim
시즈가 칸다이 여르다므 베리시므
mukin?
묵쿤

需要给您上什么?
xūyào gěi nín shàng shénme ?
쑤야오 께이 닌 샹 션머

Que vais-je faire pour vous?
끄 베-주 페흐 뿌흐 부

무엇을 도와 드릴까요?

May I help you?

Что вам нужно?
쉬또 밤 누즈-노

¿Puedo ayudarlo?
뿌에도 아유다르로
¿En qué puedo ayudarlo?
엔 께 뿌에도 아유다르로

Sizga yordam kerakmi?
시즈가 여르다므 게라크미

我怎么帮你？
Wǒ zěnme bāng nǐ
워 젠마 빵 니

Comment puis-je vous aider?
꼬멍 쀠-주 부 제데

넥타이를 사려고 합니다.

I should like to buy a tie.

Я хочу купить галстук.
야 하추- 꾸비-찌 갈-스뚜크

Me gustaría comprar una corbata.
메 구스따리아 꼼쁘라르 우나 꼬르바따
Vine para comprar una corbata.
비네 빠라 꼼쁘라르 우나 꼬르바따

Galistukni sotib olmoqchiman.
갈우스뚜크니 서티브 얼먹치만

我要买领带。
Wǒ yào mǎi lǐngdài
워 야오 마이 링따이

Je voudrais acheter une cravate.
주 부드헤 아슈떼 윈 크하바뜨

넥타이 있습니까?

Have you ties?

У вас есть галстуки?
우 바스 예스지 갈-스뚜끼

¿Tiene corbatas?
띠에네 꼬르바따스

Galistuk bormi?
갈루스뚜크 버르미

有领带吗?
Yǒu lǐngdài ma
요우 링따이 마

Avez-vous une cravate?
아베-부 윈 크하바뜨

넥타이를 보여주십시오.

Show me your ties.

Покажите пожалуйста, галстуки.
빠까쥐제 빠잘-루이스따 갈-스뚜끼

Por favor muéstreme una corbata.
뽀르 파보르 무에스뜨레메 우나 꼬르바따

Menga galistukingizni ko'rsating.
멘가 갈리스툭잉기즈니 코르사팅

请给我看看领带。
qǐng gěi wǒ kànkan lǐngdài
칭 꺼이 워 칸칸 링따이

Montrez-moi votre cravate.
몽트흐-무아 보트흐 크하바뜨

우리 가게에 많이 있습니다.

I have lots of them.

Да, у нас много галстуков.
다 우 나스 므노-고 갈스뚜꼬프

En nuestra tienda hay muchas.
엔 누에스뜨라 띠엔다 아이 무차스

Bizning magazinda ulardan kop.
비즈닝 마가진다 울라르단 쿕

我们店里有很多。
wǒmen diànlǐ yǒu hěnduō
워먼 띠안리 요우 헌뚜어

J'en ai beaucoup.
자 네 보꾸

네, 그러지요.

Certainly, sir.

Пожалуйста
빠잘-루이스따

Sí, por supuesto.
시, 뽀르 수뿌에스또

Xuddi shunday.
후디 슌다이

是的。是的。
shìde。shìde。
쓰더, 쓰더

Bien sûr Monsieur.
비엥 쒸흐 므씨유

좋습니다.

With well, sir.

С удовольствием.
수 다볼-스드비엠

Está bien.
에스따 비엔

Yaxshi, ser.
야흐시 세르

好的, 先生。
Hǎo de, xiānshēng
하오 더, 씨엔셩

Bien, monsieur.
비엥 므싸유

이 넥타이는 어떻습니까?

How would you like this tie?

Как вам нравится этот галстук?
깍크 밤 느라-비쨔 에-또트 갈-스뚜크

¿Qué tal esta corbata?
께 딸 에스따 꼬르바따

Ushbu galstuk qanday?
우슈부 갈우스뚜크 칸다이

你觉得这个领带怎么样?
Nǐ juédé zhège lǐngdài zěnme yàng
니 쥐에-더 쩌거 링따이 쩐머 양

Comment est cette cravate?
꼬멍 에 쎄뜨 크하바뜨

이 칼러가 요즘 유행입니까?

Is this color in vogue (in fashion)?

Этот цвет сейчас модный?
에-또트 쯔베-트 시차-스 모-드느이

¿Este color está de moda estos días?
에스떼 꼴로르 에스따 데 모다 에스또스 디아스

Bu rang xozir modami?
부 랑 호즈르 모다미

这种颜色流行吗(时尚吗)?
Zhè zhǒng yánsè liúxíng ma(shíshàngma)
쩌 쭝 옌써 리우씽 마 쓰시양마

Est-ce que cette couleur est à la mode?
에-스 끄 쎄뜨 꿀뢰흐 에딸라 모드

그러면 이것으로 하지요.

I'll take this one.

Тогда я возьму это.
따그다- 야 바지무- 에-또트

Entonces eligiré en este (color).
엔똔쎄스 엘리히레 엔 에스떼 꼴로르

Unda bunisini olaman.
우다 부니스니 얼라만

那么，就这个吧。
Nàme, jiù zhège ba
나머, 지우 쩌거 바

Je vais prendre celui-ci.
주 베 프항드흐 쓸뤼-씨

얼마입니까?

What is the price?

Сколько стоит?
스꼴-끄 스또-이트

¿Cuánto es? ¿Cuánto cuesta?
꽌또 에스 꽌또 꾸에스따

Narx qancha?
나르흐 칸자

多少钱?
Duōshǎo qián
뚜오샤오 치엔

Quel est le prix?
껠 레 르 프리

그것은 얼마입니까?

How much does it cost?

Сколько он стоит?
스꼴-끄 /온 스또-이트

¿Cuanto cuesta?
꽌또 꾸에스따

¿Cuánto cuesta eso?
꽌또 꾸에스따 에소

Bunisi qancha turadi?
부니스 칸자 투라다

它多少钱?
Tā duōshǎo qián
타 뚜오샤오 치엔

Combien ça coûte?
꽁비엥 싸 꾸뜨

그밖에 무엇이 필요합니까?

Anything else, sir?

Что вам еще нужно?
쉬또- 밤 잇쇼- 누-즈노

¿Algo más, Señor?
알고 마스

¿Necesita algo más?
네쎄시따 알고 마스

Bundan boshqa yana nima kerak.
분단 버시카 야나 니마 게라크

还需要别的吗?, 先生。
Hái xūyào biéde ma, xiānshēng
하이 쒸야오 삐에더 마, 씨엔셩

Autre chose, monsieur.
오트흐 쇼즈, 므씨유

나는 와이셔츠를 하나 사려고 합니다.

I want to buy a shirt (a white shirt).

Я хочу купить рубашку
야 하추- 꾸삐-찌

(белую рубашку).
루바-쉬꾸

Quiero comprar una camisa
끼에로 꼼쁘라르 우나 까미사

(una camisa blanca).
우나 까미사 블랑까

Vine para comprar una camisa
비네 빠라 꼼쁘라르 우나 까미사

blanca.
블랑까

Menga ko'ylak (oq ko'ylak) sotib
멘 코윻락 옥 코윻락 서티브

olmoqchiman.
얼먹지만

我想买一件衬衫(白衬衫)。
Wǒ xiǎng mǎi yī jiàn chènshān (bái chènshān)
워 씨양 마이 이 지엔 쳔샨 빠이 쳔샨

Je veux acheter une chemise
주 뵈 자슈떼 윈 슈미즈

(une chemise blanche).
윈 슈미즈 블랑슈

와이셔츠 있습니까?

Have you shirts?

У вас есть рубашки?
우 바스 예스찌 루바-쉬끼

¿Tiene camisas?
띠에네 까미사스

Sizda ko'ylak bormi?
시즈다 큘락 버르미

你有衬衫吗?
Nǐ yǒu chènshān ma
니 요우 천샨 마

Avez-vous une chemise?
아베-부 윈 슈미즈

치수가 어떻게 되나요?

What size do you take?

Какой размер вы носите?
깍꼬-이 라즈-메르 브이 노-시쩨

¿Cuál es su talla?
꾸알 에스 수 따야

Qaysi o'lchamda foydalanasiz?
카잇이 올잠다 파이달라나시즈

你要多大码的?
Nǐ yào duō dà mǎ de
니 야오 뚜오 따 마 더

Quelle est votre taille?
껠 레 보트흐 따이유

와이셔츠를 보여주십시오.

Will you show me some shirts.

Покажите мне рубашеки.
빠까쥐-제 므녜 루바-쉬끼

¿Por favor me muestra una camisa?
뽀르 파보르 메 무에스뜨라 우나 까미사

Siz menga ko'ylaklarnigizni
사즈 멘가 큘락라인기즈니
ko'rsatasizmi.
고르사타시스므.

给我看看你的衬衫。
Gěi wǒ kàn kàn nǐ de chènshān
께이 워 칸 칸 니 데 천샨

Pourriez-vous me montrer votre
뿌리에-부 므 몽트헤 보트흐
chemise?
슈미즈

38입니다.

Thirty-eight.

Тридцать восемь.
뜨리-짜지 보셈

Es treinta y ocho.
에스 뜨레인따 이 오초

O'ttiz sakkizinchi.
올트즈 사키즈인지

三十八号。
Sānshíbā hào
싼스빠 하오

Trente-huit.
트항뜨-위뜨

이것은 어떻습니까?

How about this one?

Как вам нравится эта рубашка?
깍크- 밤 느라-빗쨔 에-따 루바쉬까

¿Qué tal este?
께 딸 에스떼

Bunga qanday qaraysiz?
분가 칸다이 칼아이스즈

这个怎么样?
Zhège zěnme yàng
쩌거 쩐머 양

Celle-ci, comment ça?
쎌-씨, 꼬멍 싸

그것은 마음에 들지 않습니다.

I don't like this one.

Это мне не нравится.
에-따 므내 네 느라-빗쨔

No me gusta ese.
노 메 구스따 에세

Bunisi menga yoqmadi.
부니스 멘가 염마드

我不喜欢这个。
Wǒ bù xǐhuān zhège
워 뿌 씨환 쩌거

Je n'aime pas ça.
주 넴므 빠 싸

나에게는 너무 비싸군요.

It is too dear for me.

Для меня это слишком дорого.
들랴 미냐- 에-따 슬리-쉬꼼 도-로고

Es demasiado caro para mi.
에스 데마시아도 까로 빠라 미

Bu men uchun juda qimmat.
부 멘 우춘 주다 킴마트

这对我来说太贵了。
Zhè duì wǒ lái shuō tài guile
쩌 뚜이 워 라이 쑤어 타이 꾸이러

C'est trop cher pour moi.
쎄 트호 쉐흐 뿌흐 무아

조금 더 싼 것이 좋겠습니다.

I would like to have a cheaper one.

Мне нужна более дешёвая
므녜 누-즈나 볼-레에 지쇼바야
рубашка.
루바쉬까

Sería mejor algo más barato.
세리아 메호르 알고 마스 바라또

Men yana biroz arzonroq
멘 야나 빌어즈 아르전러크
narxdagisini xohlayman.
날흐다기시니 호흘라야프만

我想要更便宜的一个。
Wǒ xiǎng yào gèng piányí de yīgè
워 씨양 야오 껑 피엔-이 더 이꺼

Je voudrais une autre moins cher.
주 부드헤 윈 노트흐 무윙 쉐흐

싸게 안 될까요?

Can you make it cheaper?

Вы делаете скидки?
브이 젤라에쩨 스끼뜨기

¿No tiene algo más barato?
노 띠에네 알고 마스 바라또

Buni arzonroq qila olasizmi?
부니 알전러크 킬라 얼라시즈미

能不能便宜点?
Néngbùnéng piányí diǎn
넝뿌넝 피엔이 디엔

Pourriez-vous baisser le prix?
뿌리에-부 베쎄 르 프리

이것은 가장 싼 가격입니다.

It is the rock-bottoms price.

Это самая низкая цена.
에-따 사-마야 니-스까야 쩨나

Este es el precio más barato.
에스떼 에스 엘 쁘레씨오 마스 바라또

Bu eng arzon narx.
부 엥 아르전 나르흐

这是最便宜的价格。
Zhè shì zuì piányi de jiàgé
쩌 쓰 쭈이 피엔이 더 지아꺼

C'est le prix le plus bas.
쎄 르 프리 르 쁠뤼 바

우리는 값을 깎을 수 없습니다.

We don't ask two prices.

Мы не делаем скидки.
므이 녜 젤라엠 스끼뜨끼

No tenemos rebaja en los precios.
노떼네모스 레바하 엔 로스 쁘레시오스

No tenemos precios rebajados.
노 떼네모스 쁘레시오스 레바하도스

Biz narxni arzon qila olmaymiz.
비즈 나르흐느 아르전 킬라 얼마으미즈

我们不能降价。
wǒmen bùnéng jiàngjià
워먼 뿌능 장찌아

Nous ne pouvons pas baisser le prix.
누 느 뿌봉 빠 베쎄 르 프리

우리는 정찰제로 팔고 있습니다.

We sell at fixed price.

Мы продаём по фиксированным ценам.
므이 쁘라다욤 빠 픽시로반느임 쩨-남

Vendemos a precio fijo.
벤데모스아 쁘레씨오 피호

Biz belgilangan narxda sotamiz.
비즈 벨길란간 날흐다 서타미즈

我们在明码标价出售。
wǒmen zài míngmǎ biāojià chūshòu
우먼 짜이 밍마 삐아오찌아 츄쇼우

Nous vendons à prix fixe.
누 벙동 아 프리 픽스

죄송합니다. 조금도 가격을 깎을 수 없습니다.

I am sorry, but I can't reduce the price even a little.

К сожалению, мы не можем
끄 사잘레-니유 므이 네 모-젬
уступить.
우스뚜삐-찌

Lo siento, pero no puedo reducir
로 시엔또, 뻬로 노 뿌에도 레두씨르
el precio ni un poco.
엘 쁘레씨오 니 운 뽀꼬

Kechirasiz. Lekin narxni biroz
케지라시츠 레킨 날흐니 비르오즈함
kamaytira olmayman.
카마이티라 올마으만

对不起, 真的不能降价。
Duìbùqǐ, zhēn de bùnéng jiàngjià
뚜이부치, 쩐 더 뿌넝 지양지아

Je suis désolé, mais je ne peux
주 쒸 데졸레, 메 주 느 뾔
pas réduire le prix.
빠 헤뒤흐 르 프리

그러면 이 셔츠를 사지요.

Then, I'll take this shirt.

Тогда я куплю эту рубашку.
따그다- 야 꾸뿔-류 에-뚜 루바쉬-꾸

Entonces, me llevaré esta camisa.
엔똔쎄스, 메 예바레 에스따 까미사

Unda men bu ko'ylakni olaman.
운다 멘 부 귤락니 올라만

那么就买这件衬衫吧。
nàme jiù mǎi zhè jiàn chènshān ba
나머 지우 마이 쩌 지엔 천샨 빠

Ensuite, je vais acheter cette chemise.
엉쒸뜨, 주 베 아슈떼 쎄뜨 슈미즈

대단히 감사합니다.

Thanks very much.

Спасибо большое.
스빠시-보 발쇼-에

Muchas gracias.
무차스 그라씨아스

Katta rahmat.
깉따 라흐마트

非常感谢。
Fēicháng gǎnxiè
페이창 깐씨에

Merci beaucoup.
메흐씨 보꾸

포장해 주십시오.

Please make a parcel of it.

Заверните пожалуйста.
자베르니-쩨 빠잘-루이스따

Por favor empáquelo.
뽀르 파보르 엠빠께로

Upakovka qilib bering.
우파곱가 킬리브 베리닝

请把它包起来。
Qǐng bǎ tā bāo qǐlái
칭 빠 타 빠오 칠라이

Pourriez-vous l'emballer, s'il vous
뿌리에-부 랑발레, 씰 부
plaît?
쁠래

네, 그러지요.

Certainly, sir.

Пожалуйста.
빠잘-루이스따

Ciertamente, señor.
씨에르따멘떼, 세뇨르
Sí, por supuesto.
시, 뽀르 수뿌에스또

Marhamat.
마르히맡
Albatta, ser.
알바타, 세르

是的, 好吧。
Shìde, hǎoba。
땅란, 씨엔셩

Bien sûr, Monsieur.
비엥 쒸흐, 무씨유

15 모자가게에서

At the hatter's

В магазине головных уборов

En el sombrerero

Bosh kiyimi do'konida Chez le chapelier

在帽子店

Chez le chapelier

중절모를 보여주십시오.

Please show me your soft-felt hats.

Покажите мне мягкие шляпы.
빠까쥐-제 모녜 먀-흐끼예 쉴랴-뻐이

Por favor, muéstreme sus
뽀르 파보르, 무에스뜨레메 수스
sombreros de fieltro suave.
솜브레로스 데 필뜨로 수아베

Iltimos, menga fetr bosh
일트머스, 맨가 페트르 버시
kiyimlarini ko'rsatib yuboring.
키이믈라르느 코르사틉 유버링

请展示一下礼帽。
qǐng zhǎnshì yíxià lǐmào
칭 짠쓰 이쌰 리마오

S'il vous plaît, montrez-moi un
씰 부 쁠래, 몽트헤-무아 엉
chapeau.
샤뽀

중절모는 있습니까?

Have you soft-felt hats?

У вас есть мягкие шляпы?
우 바스예스찌 먀-흐끼예 쉴랴-뻐이

Tiene sombreros de fieltro suave?
띠에네 솜브레로스 데 필뜨로 수아베

Sizda fetr bosh kiyimingiz bormi?
스즈다 페트르 버시 키이민기즈 버르므

有礼帽吗?
yǒu lǐmào ma
요우 리마오 마

Avez-vous un chapeau?
아베-부 엉 샤뽀

네, 있습니다. 이리 오십시오.

Certainly, sir.

Да, у нас есть, Сюда, пожалуйста.
다 우 나스 예스찌 슈다- 빠잘-루이스따

Sí tenemos, por aquí por favor.
시 떼네모스 뽀르 아끼 뽀르 파보르

Ha, bor. Bu yerga keling.
하, 버르 뿌 예르가 켈링

是的, 有。请到这儿来。
shì de, yǒu qǐng dào zhèér lái
쓰 더, 요우 칭 따오 쩌얼 라이

Bien sûr Monsieur.
비엥 쒸흐 므씨유

나는 펠트 모자를 원합니다.

I want to have a soft-felt hat.

Я хочу купить фетровую шляпу.
야 하추- 꾸삐-지 페-드로부유 쉴랴-뿌

Quiero un sombrero de fieltro.
끼에로 운 솜브레로 데 필뜨로

Men fetr bosh kiyimini sotib
멘 페트르 버시 키이므느 서틉
olmoqchiman.
얼먹치만

我想要一顶柔软的帽子。
Wǒ xiǎng yào yī dǐng róuruǎn de màozi
워 씨양 야오 이 띵 노우루안 더 마오즈

Je veux un chapeau en feutre.
주 뵈 엉 샤뽀 엉 푀뜨흐

어떤 색이 좋습니까?

What color do you like?

Какой цвет вы любите?
깍-꼬이 쯔베-트 브이 류-비쩨

¿Qué color le gusta?
께 꼴로르 레 구스따

Sizga qanday rang yoqadi?
스즈가 칸다이 란기 여카뜨

你喜欢什么颜色?
Nǐ xǐhuān shénme yánsè
니 씨환 션머 옌서

Quelle couleur aimez-vous?
껠 꿀뢰흐 에메-부

나는 엷은 갈색(짙은 갈색)을 좋아합니다

I like light brown(deep brown).

Я люблю светло-коричневый
야 류-블류 스베뜰로까리-츠네브이
(тёмно-коричневый) цвет
쫌노세르--츠네브이 쯔-베트

Me gusta el marrón claro.
메 구스따 엘 마론 끌라로
(marrón oscuro)
마론 오스꾸로

Menga och (to'q) jigarrang rangi
맨갸 어치 톡 직갸란기 란기
yoqadi.
여카뜨

我喜欢浅棕色(深棕色)。
Wǒ xǐhuān qiǎn zōngsè (shēn zōngsè)
워 씨환 치엔 쫑서 션 쫑서

J'aime le marron clair (marron
젬므 르 마홍 끌레흐 마롱
foncé).
퐁쎄

나는 엷은 회색(짙은 회색)을 좋아합니다.

I like light grey(dark grey).

Я люблю светло-серый
야 류블류 스베뜰로세-르이
(темно-серый) цвет.
쫌노세르-이 쯔베-트

Me gusta el gris claro (gris oscuro).
메 구스따 엘 그리스 끌라로 그리스 오스꾸로

Men och (to'q) kulrangni yoqtiraman.
멘 어치 톡 쿨란기느 엳트라만

我喜欢浅灰色(深灰色)。
Wǒ xǐhuān qiǎn huīsè shēn huīsè
워 씨환 치엔 후이서션 후이서

J'aime le gris clair (gris foncé).
젬므 르 그히 끌레흐 그리 퐁쎄

나는 회색(갈색) 모자를 갖고 싶습니다.

I want to have a grey(brown) hat.

Я хочу купить серую
야 하추- 꾸삐-찌 세-루유
(коричневую) шляпу
까리-츠녜부유 쉴랴-뿌

Quiero tener un sombrero gris.
끼에로 떼네르 운 솜브레로 그리스
(marrón)
마론

Men kulrang (jigarrang) shlyapa
멘 쿨란기 지갈란기 실랴파
sotib olmoqchi edim.
얼먹치 애듬

我想要一个灰色(棕色)帽子。
Wǒ xiǎng yào yígè dǐng huīsè zōngsè màozi
워샹 야오 이거 띵 후이서 쫑서 마오즈

Je veux avoir un chapeau gris
주 뵈 자부아흐 엉 샤뽀 그리
(marron).
마홍

검정색 모자를 사고 싶습니다.

I want to have a hat of black.

Я хочу купить чёрню шляпу.
야 하추- 꾸삐-지 쵸르누유 쉴라-뿌

Quiero comprar un sombrero de negro
끼에로 꼼쁘라르 운 솜브레로 데 네그로

Qora rangli shlyapa sotib olmoqchiman.
커라 란글리 실랴파 서틉 얼머크치만

我想买顶黑色的帽子。
wǒ xiǎng mǎi dǐng hēisè de màozi
워 샹 마이 띵 헤이서 더 마오즈

Je veux acheter un chapeau noir.
주 뵈 자슈떼 엉 샤뽀 누아흐

치수가 어떻게 되나요?

What is your size?

Какой размер вы носите?
깍꼬-이 라즈메-르 브이 노-시쩨

¿Qué talla es? ¿Cuál es su talla?
께 따야 에스 꾸알 에스 수 따야

O'lchamingiz nechi?
올차민기즈 네치

你什么尺寸?
Nǐ shénme chǐcùn
니 션머 츠순

Quelle est votre taille?
껠 레 보트흐 따이유

잘 모르겠습니다. 재보시지요.

I don't know about it.
Please take my measure.

Точно не помню, Снимите мерку.
또-츠노 녜 뽐-뉴 스니미-쩨 메-르꾸

No lo sé. Por favor tome mi medida.
노 로 세 뽀르 파보르 또메 미 메디다

Bilmasam. Iltimos, o'lchamimni olsangiz.
블마삼 일트머스, 올차믐느 얼산기즈

我不太清楚。 请再看看。
wǒ bú tài qīngchǔ qǐng zài kànkan
워 뿌 타이 칭츠 칭 짜이 칸칸

Je ne sais pas. S'il vous plaît, mesurez ma taille.
주 느 쎄 빠 씰 부 쁠래, 므쥐헤 마 따이유

치수를 재어드리겠습니다.

Let me take your measure, please.

Разрешите снять вашу мерку.
라즈레쉬-쩨 스냐-찌 바-슈 메-르꾸

Déjame tomar tu medida, por favor Permitame tomar su medida por favor.
데하메 또마르 뚜 메디다, 뽀르 파보르 뻬르미따메 또마르 수 메디다 뽀르 파보르

O'lchovingizni olib beraman.
올처빈기즈느 얼릅 베라만

给您量尺寸。
gěi nínliáng chǐcùn
께이 닌량 츠순

Je vais mesurer votre taille.
주 베 므쥐헤 보트흐 따이유

이것이 꼭 맞을 것 같은데요.

I thank this will fit you closely.

По-моему, эта шляпа подойдёт
빠모예무- 에따 쉴라빠 빠다이죠-트
вам.
밤

Este me parece que le queda
에스떼 메 빠레쎄 께 레 께다
exacto.
엑삭또

Menimcha bu sizga juda mos keladi.
메놈차 부 스즈가 주다 머스 켈라뜨

这个好像一定合适。
zhège hǎoxiàng yídìng héshì
쩌거 하오씨앙 이띵 허쓰

Je pense que ce chapeau vous ira
주 뻥스 끄 쓰 샤뽀 부 지라
bien.
비엥

이것을 한번 써보시지요.

Try this on, please.

Примерьте эту шляпу, пожалуйста
쁘리메-리쩨 에-뚜 쉴라뿌, 빠잘-루이스따

Por favor pruébese este.
뽀르 파보르 쁘루에베세 에스떼

Marhamat, buni bir kiyib ko'ringchi.
마르하맡, 뿌느 브르 키입 코링치

请用一下这个。
qǐng yòng yíxià zhège
칭 영 이싸 쩌거

Essayez ce chapeau, s'il vous plaît.
에쎄이에 쓰 샤뽀, 씰 부 쁠래

이 모자는 나에게 좀 작은 것 같습니다.

This hat is a little too small.

Мне жта шляпа немножко мала.
므녜 에-따 쉴라-빠 녬노-쉬꼬 말라-

Me parece que este sombrero me
메 빠레쎄 께 에스떼 솜브레로 메
queda un poco pequeño.
께다 운 뽀꼬 뻬께뇨
Creo que este sombrero me queda
끄레오 께 에스떼 솜브레로 메 께다
un poco pequeño.
운 뽀꼬 뻬께뇨

Bu shlyapa menga biroz kichik shekllі.
부 실라파 멘가 브러즈 키칙 쉐킬리

这帽子有点小。
Zhè màozi yǒudiǎn xiǎo
쩌 마오즈 요우디엔 샤오

Ce chapeau est un peu petit pour
쓰 샤뽀 에 떵 뾔 쁘띠 뿌흐
moi.
무아

이 모자는 나에게 조금 큽니다.

This hat is a little too large.

Эта шляпа немножко велика мне.
에-따 쉴라-빠 녬노-쉬꼬 벨리까-므녜

Este sombrero me queda un poco
에스떼 솜브레로 메 께다 운 뽀꼬
grande.
그란데

Bu shlyapa menga biroz katta.
부 실라파 멘가 브러즈 캍타

这顶帽子对我来说有点大。
zhè dǐng màozi duì wǒ láishuō yǒu diǎn dà
쩌 띵 마오즈 뚜 워 라슈오 요우 띠안 따

Ce chapeau est un peu grand pour
쓰 샤뽀 에 떵 뻬 그랑 뿌흐
moi
무아

나는 한 치수 큰(작은) 것이 좋겠습니다.

I would like to have a little larger one (smaller one).

Мне надо на размер больше
므녜 나-도 나 라즈메르 볼-쉐
(меньше).
멘쉐

Sería mejor una talla más grande
세리아 메호르 우나 따야 마스 그란데
(pequeña).
뻬께냐

Me guataría una talla más grande
메 구스따리아 우나 따야 마스 그란데
(pequeña).
뻬께냐

Menga bir o’lcham kattarog’ini
멘갸 브르 올참 캍타러그느
(kichikrog’ini) bersangiz yaxshi
키칰러그느 베르싼기즈 야흐시
bo’lar edi.
볼라르 애뜨

我喜欢大一码(小)。
wǒ xǐhuān dà yìmǎ(xiǎo)
워 씨환 따 이마 싸오

Je veux un chapeau un peu plus
주 뵈 엉 샤뽀 엉 뻬 쁠뤼
grand (un peu plus petit).
그항 엉 뻬 쁠뤼 쁘띠

이 모자는 너무 조입니다.

This hat is too close.

Эта шляпа слишком тесна(узка).
에따- 쉴랴-빠 슬리-쉬꼼 쩨스나- 우-스까

Este sombrero está demasiado
에스떼 솜브레로 에스따 데마시아도
ajustado
아후스따도

Bu bosh kiyimi menga juda tor.
부 버시 키이므 멘갸 주따 터르

这帽子太紧了。
zhè màozi tài jǐn le
쩌 마오즈 타이 찐러

Ce chapeau est un peu petit.
쓰 샤뽀 에 떵 뻬 쁘띠

다른 것을 보여주세요.

Show me another one.

Покажите мне еще один.
빠까쥐-쩨 마-녜 잇-쇼 아진

Muéstreme otro por favor.
무에스뜨레메 오뜨로 뽀르 파보르

Boshqasini ko’rsatib yuboring.
버시카스느 코르사틉 유버링

给我看另一个。
Gěi wǒ kàn lìng yīgè
께이 워 칸 링 이꺼

Montrez-moi un autre.
몽트헤-무아 어 노트흐

이 모자는 한 사이즈 큰 것입니다.

This hat is a size larger.

Эта шляпа на размер больше.
에따- 쉴랴-빠 나 라즈메르 볼-쉐

Este sombrero es de una talla más grande.
에스떼 솜브레로 에스 데 우나 따야 마스 그란데

Bu bosh kiyimi bir o'lchamga katta.
부 버시 키이므 브르 올참가 캳타

这顶帽子是大一号的。
zhè dǐng màozi shì dà yíhào de
쩌 띵 마오즈 쓰 따 이하오 떠

Ce chapeau est un peu plus grand.
쓰 샤뽀 에 엉 뾔 쁠뤼 그항

나는 이 색이 좋지 않습니다.

I do not like this color.

Я не люблю такой цвет.
야 녜 류불류- 딱꼬-이 쯔베-트

No me gusta este color.
노 메 구스따 에스떼 꼴로르

Menga bu rang yoqmaydi.
멘갸 부 란기 엳마이뜨

我不喜欢这种颜色。
Wǒ bù xǐhuān zhè zhǒng yánsè
워 뿌 씨환 쩌 쫑 옌서

Je n'aime pas cette couleur.
주 넴므 빠 쎄뜨 꿀뢰흐

이 색은 나에게 너무 밝습니다.

This color is a little bright for me, isn't it?

Этот цвет для меня слишком яркий, не так ли?
에-또트 쯔-베트 들랴- 미냐- 슬뤼-쉬꼼 야-르기 녜 딱크 리

Este color es demasiado claro para mi.
에스떼 꼴로르 에스 데마시아도 끌라로 빠라 미

Bu rang men uchun juda yorqin.
부 란기 멘 우춘 주따 어르큰

这个颜色对我来说太亮了。
zhège yánsè duì wǒ láishuō tài liàng le
쩌거 옌서 뚜이 워 라이쑤어 타이 리양 러

Cette couleur est trop un peu brillante pour moi. n'est-ce pas?
쎄뜨 꿀뢰흐 에 트호 브히앙뜨 뿌흐 무아 네스 빠

그렇지 않습니다.

Not at all.

Думаю, что нет.
두-마유 쉬또 니에트

No es así.
노 에스 아시

Yo'q, unday emas.
욕, 운다이 애마스

不是。
bù shì
뿌 쓰

Pas du tout.
빠 뒤 뚜

이것은 당신에게 어울립니다.

This is quite suitable for you.

Это идёт вам.
에따 이죠-트 밤-

Este a usted le queda bien.
에스떼 아 우스뗏 레 께다 비엔
Este armoniza con usted.
에스떼 아르모니사 꼰 우스뗏

Bu sizga juda yarashdi.
부 스즈가 주다 야라시뜨

这非常适合你。
Zhè fēicháng shìhé nǐ
쩌 페이창 쓰허 니

Ça vous va bien.
싸 부 자 비엥

이것은 최신 유행 상품입니까?

Is it in the latest fashion?

Это по последней моде?
에-따 빠 빠슬레-드네이 모-제

¿Este artículo es la última moda?
에스떼 아르띠꿀로 에스 라 울띠마 모다

Bu narsa hozir urfdami?
부 나르싸 허즈르 우루프다므

它是最新的时尚吗?
Tā shì zuìxīn de shíshàng ma
타 쓰 쭈이씬 더 쓰샹 마

Est-ce à la dernière mode?
에-쓰 알 라 모드

이 모델이 지금 유행하고 있습니다.

This shape is in fashion.

Эта модель в моде.
에-따 마델 브 모-제

Esta forma está de moda.
에스따 포르마 에스따 데 모다

Bu shakli hozir urfda.
부 샤클르 허즈르 우루프다

这个型号现在很流行。
zhège xínghào xiànzài hěn liúxíng
쩌거 씽하오 씬짜이 헌 루싱

Cette forme est à la mode.
쎄뜨 포흠 에 달 라 모드

네, 그것으로 하지요.

All right. I'll take it.

Хорошо. Я возьму её.
하라쇼- 야 바지무- 이요

Bien. Me lo llevo.
비엔 메 로 예보

Yaxshi. Men uni olaman.
야흐시 멘 우느 얼라만

好的。我要买它。
Hǎo de Wǒ yāomǎi tā
하오 더, 워 야오마이 타

D'accord. Je vais l'acheter.
다꼬흐 주 베 라슈떼

실크 모자 있습니까?

Have you any silk hats?

У вас есть цилиндры?
우 바스 예스찌 찔린-드이

¿Tiene sombreros de seda?
띠에네 솜브레로스 데 세다

Sizda ipak shlyapa bormi?
스즈다 이팍 실랴파 벌므

这儿有丝绸帽子吗?
Zhèer yǒu sīchóu màozi ma
쩌 아요우 쓰초우 마오찌 마

Avez-vous un chapeau de soie?
아베-부 엉 샤뽀 드 쑤아

나는 실크 모자를 사려고 합니다.

I want to have a silk hat.

Я хочу купить цилиндр.
야 하추- 꾸삐-찌 찔린-드르

Quiero comprar un sombrero de seda.
끼에로 꼼쁘라르 운 솜브레로 데 세다

Men ipak shlyapa sotib olmoqchiman.
멘 이팍 실랴파 서틉 얼먹치만

我要买丝绸帽子。
Wǒ yào mǎi sīchóu màozi
워 야오 마이 쓰초우 마오즈

Je veux acheter un chapeau de soie.
주 뵈 자슈떼 엉 샤뽀 드 쑤아

나는 파나마모자를 사려고 합니다.

I want to have a Panama hat.

Я хочу купить панаму.
야 하추- 꾸삐-찌 빠나-무

Quiero comprar un sombrero de panamá.
끼에로 꼼쁘라르 운 솜브레로 데 빠나마

Men panama bosh kiyimini sotib olmoqchiman.
멘 파나마 바시 키이므느 서틉 얼먹치만

我要买巴拿马帽。
wǒ yào mǎi Bānámǎ mào
워 야오 마이 빠나마 마오

Je veux acheter un chapeau de Panama.
주 뵈 자슈떼 엉 사뽀 드 빠나마

써 봐도 됩니까?

May I try it on?

Можно примерить?
모-즈노 쁘리메-리찌

¿Puedo probarmelo?
뿌에도 쁘로바르메로

Kiyib ko'rsam bo'ladimi?
키입 코르쌈 볼라뜨므

可以试试吗?
kěyǐ shìshì ma
커이 쓰쓰 마

Puis-je essayer?
쀠-주 에쎄이에

네.

Oh, please do.

Да, пожалуйста.
다, 빠잘-루이스따

Oh, por favor hazlo. Sí.
오, 뽀르 파보르 아스로 시

Ha, marhamat.
하, 마르하맡

是的。
shì·de
쓰 더

Oh, s'il vous plait.
오, 씰 부 쁠래

이걸 사지요.

I will take this.

Я возьму её.
야 바지무- 이요

Compraré este.
꼼쁘라레 에스떼

Men buni olaman.
멘 부느 얼라만

买这个吧。
mǎi zhègè ba
마이 쩌-거 빠

Je vais prendre ça.
주 베 프항드흐 싸

이 모자가 좋습니다.

This hat is all right.

Эта шляпа мне нравится.
에-따 쉴라-빠 므녜 느라-빗쨔

Este sombrero está bien.
에스떼 솜브레로 에스따 비엔

Bu shlyapa yaxshi.
부 실랴파 야흐시

这顶帽子好。
Zhè dǐng màozi hǎo
쩌 띵 마오즈 하오

Ce chapeau me va bien.
쓰 샤뽀 므 바 비엥

대단히 감사합니다.

Many thanks.

Очен благодарен(благодарна).
오-친 블라가다-렌 블라가다-르나

Muchas gracias.
무차스 그라씨아스

Ko'p rahmat.
큪 라흐맡

非常感谢。
Fēicháng gǎnxiè
페이챵 깐씨에

Merci beaucoup.
메흐씨 보꾸

이것을 집까지 배달해 주시지 않겠습니까?

Will you send these to my address?

Не можете ли вы доставить её
녜 모-제쩨 리 브이 다스따-비찌 이요
мне на дом?
므녜 나 돔

¿No hacen entrega a domicilo de
노 아쎈 엔뜨레가 아 도미씰로 데
esto?
에스또

Buni mening manzilimga jo'natib
부느 메닌기 만즐름갸 조나틉
bera olasizmi?
베라 얼라스즈므

这个能送到家吗?
zhège néng sòng dào jiā ma
쩌거 넝 성 따오 지아 마

Pourriez-vous le livrer à la maison?
뿌히에-부 르 리브헤 알 라 메종

16 신발가게에서

- At the shoemaker's
- В обувном магазине
- En el zapatero Poyabzalda
- Poyabzalda
- 在鞋店
- Poyafzal do'konida.

무엇을 원합니까?

what do you want, sir?

Что вы хотите, сэр?
쉬또 브이 하찌쩨 쎄르

Что вам надо?
쉬또 밤 나-도

¿Qué desea, señor?
께 데세아, 세뇨르

Nima qidiryapsiz?
느마 크드랍스즈

你想要什么?
nǐ xiǎng yào shénme ?
니 샹 야오 선머

Que voulez-vous monsieur?
끄 불레-부 므씨외

무엇을 도와 드릴까요?

How can! serve you?

Что я могу вам предложить?
쉬또 야 마구- 밤 쁘레들라지-찌

¿En qué puedo ayudarle?
엔 께 뿌에도 아유다르레

Yordam berib yuboraymi?
여르담 베릅 유버라이므

有什么需要帮助的吗?
yǒu shénme xūyào bāngzhù de ma
요우 선머 씨야오 빵쩌우 더 마

Comment puis-je vous aider?
꼬멍 쀠-주 부 제데

나는 신발 한 켤레 필요합니다.

I want a pair of shoes.

Мне нужны туфли.
므녜 누-즈느이 뚜-플리

Necesito un par de zapatos.
네쎄시또 운 빠르 데 사빠또스

Menga bir juft poyabzal kerak edi.
멘갸 브르 주프트 퍼얍잘 케랔 애드

我需要一双皮鞋。
wǒ xūyào yì shuāng píxié
워 쑤야오 이 슈양 피씨에

Je veux une paire de chaussures.
주 뵈 윈 뻬흐 드 쇼쒸흐

나는 신발 한 켤레를 살려고 합니다.

I want to have a pair of shoes.

Я хочу купить туфли.
야 하추- 꾸삐-찌 뚜플리

Quiero comprar un par de zapatos.
끼에로 꼼쁘라르 운 빠르 데 사빠또스

Men bir juft poyabzal sotib olmoqchi edim.
멘 브르 주프트 퍼얍잘 서틉 얼먹츠 애듬

我要买一双皮鞋。
wǒ yāo mǎi yì shuāng píxié
워 야오 마이 이 슈양 피씨에

Je veux acheter une paire de chaussures.
주 뵈 자슈떼 윈 뻬흐 드 쇼쒸흐

어떤 구두를 원합니까?

What shoes do you wish?

Какие туфли вы хотите?
깍까-예 뚜플리 브이 하찌-쩨

¿Qué zapatos desea?
께 사빠또스 데세아

Qanday poyabzal xoxlar edingiz?
칸다이 퍼얍잘 허흘라르 애딘기즈

你想要什么鞋?
nǐ yào shénme píxié
니 야오 선머 피씨에

Quelles chaussures voulez-vous?
껠 쇼쒸흐 불레-부

이리 오십시오.

Please come this way.

Прошу сюда.
쁘라슈- 슈다

Por favor venga por aquí.
뽀르 파보르 벵가 뽀르 아끼

Iltimos, bu yerga keling.
일띠머스 뿌 예르갸 켈링

到这边来。
dào zhèbiān lái
따오- 쩌-벤 라이

S'il vous plaît, venez ici.
씰 부 쁠래 브네 이씨

검은 구두를 원합니다.

I want black shoes.

Я хочу чёрные туфли.
야 하-추 초르느이에 뚜플리

Quiero unos zapatos negros.
끼에로 우노스 사빠또스 네그로스

Men qora tufli xoxlayotgan edim.
멘 커라 투플리 허흘라여트간 애듬

我要黑色的皮鞋。
wǒ yào hēisè de píxié
워 야오 헤이서 더 피씨에

Je veux des chaussures noires.
주 뵈 데 쇼쒸흐 누아흐

이 구두는 어떻습니까?

How do you like these does?

Как вам нравятся эти туфли?
깍크 밤 느라-뱟쨔 에-찌 뚜-플리

¿Qué tal estos zapatos?
께 딸 에스또스 사빠또스

Bu poyabzalga nima deysiz?
뿌 퍼얍잘갸 느마 데이스즈

这双鞋怎么样?
zhè shuāng xié zěnmeyàng
쩌 슈앙 씨에 쩐머양

Comment sont ces chaussures?
꼬멍 쏭 쎄 쇼쒸흐

이것이 맞을 것 같습니다.

I thank these fit you right.

Я думаю, что они подойдут вам.
야 두-마유, 쉬또 아니 빠다이두트 밤

Creo que estos están justos.
끄레오 께 에스또스 에스딴 후스또스

Menimcha bu sizga to'g'ri kelsa kerak.
메님차 뿌 스즈갸 토크르 켈싸 케락

这个好像是对的。
zhège hǎoxiàng shì duì de
쩌꺼 하오씨양 쓰 뚜이 디

Je crois, ça vous va bien.
주 크루아, 싸 부 바 비엥

이것은 너무 크군요.

These are too loose.

Они слишком велики.
아니 슬리쉬꼼 벨리-꼬

Estos están demasiado grandes.
에스또스 에스딴 데마시아도 그란데스

Bunisi juda katta ekan-a?
부느스 주다 캳타 애칸-아

这太大。
zhè tài dà
쩌- 타이 더

Ce sont trop grandes.
쓰 쏭 트호 라슈

이것이 나에게 맞습니다.

These fit me right.

Эти туфли будут мне как раз.
에찌 뚜플리 부드트 므네 깍크 라스

Estos me quedan bien.
에스또스 메 께단 비엔

Bunisi menga to'g'ri keladi.
부느스 멘갸 토크르 켈라드

这对合适我。
Zhè duì héshì wǒ
쩌 뚜이 허쓰 워

Celles-ci me vont bien.
쎌-씨 므 봉 비엥

이것이 바로 나의 치수입니다.

This pair fits me right.

Это как раз мой размер.
에-따 깍크 라스 모이 라즈메-르

Estos son justo de mi talla.
에스또스 손 후스또 데 미 따야

Bunisi aynan mening o'lchamimda.
부느스 아이난 메닝 올차믐다

这就是我的尺寸。
zhè jiù shì wǒ de chǐcùn。
쩌 찌우 쓰 워 더 츠순

Cette paire me va bien.
쎄뜨 페흐 므 바 비엥

얼마를 지불해야합니까?

How do you see these shoes (this pair)?

Сколько я должен(должна)
스꼴-끄 야 돌-젠 달즈나-
уплатить?
우뿔라찌-찌

¿Cuánto tengo que pagar?
꽌또 땡고 께 빠가르

Necha pul to'lashim kerak?
네차 풀 톨라심 케락

要付多少钱?
yāo fù duōshǎo qián
야오 푸 뚜오샤오 치엔

Comment dois-je payer?
꼬멍 두아-주 빼이에

300달러입니다.

300 dollars.

300 долларов
뜨리스따 달-라르브

300 dólares.
뜨레씨엔또스 돌라레스

300 (uch yuz) dollar.
우츠유즈 덜라르

是300美元。
shì sānbǎi měiyuán
쓰 싼바이 메이위엔

300 dollars.
300투아 썽 달러

이것은 비싸군요.

The price is too high.

Это слишком дорого.
에따 슬리-쉬꼬 도-로고

Estos son caros.
에스또스 손 까로스

Qimmat ekan-a.
큼맡 애캰-아

价格太高了。
Jiàgé tài gaole
찌아꺼 타이 까오러

Ce sont chers.
쓰 쏭 쉐흐

아닙니다.

Not at all.

Нет.
니에트

De ningún modo.
데 닝군 모도

Yo'q.
욕

不是。
bú shì。
뿌 쓰.

Pas du tout.
빠 뒤 뚜

이것은 좋은 가죽으로 만들었습니다.

These are made of good leather.

Они сделаны из хорошей кожи.
아니- 즈젤-란느이 이스 하로-쉐이 꼬-쥐

Estos están hechos de buen cuero.
에스또스 에스딴 에초스 데 부엔 꾸에로

Bunisi yaxshi charmdan qilingan.
부느스 야흐시 차름단 클른갼

这皮革由优质皮革制成。
zhè pígé yóu yōuzhì pígé zhìchéng
쩌씨에 피꺼 또우 쓰 요우 요우즈 피끄어 즈 청

Celles-ci sont faites en cuir fin.
쎌-씨 쏭 페뜨 엉 뀌흐 펭

좀 깎아줄 수 없나요?

Can't you make it cheaper?

Не могли бы вы сделать скидку?
녜 마글리 브이 브이 즈젤라찌 스끼뜨꾸

¿No puede hacerme una rebaja
노 뿌데 아쎄르메 우나 레바하
por favor?
뽀르 파보르

Ozgina arzon qila olmaysizmi?
어즈기나 아르전 클라 얼마이스즈므

不能便宜吗?
bùnéng ràng piányí ma
뿌넝 랑 피엔-이 마

Pourriez-vous baisser le prix?
뿌히에-부 베쎄 르 프리

우리 가게는 깎을 수 없습니다.

I have only one price.

У нас нет скидок.
우 나스 니에트 스끼독

En nuestra tienda no podemos
엔 누에스뜨라 띠엔다 노 뽀데모스
hacer rebajas.
아쎄르 레바하스

Do'konimizda narxni tushurib
또커느므즈다 나르흐느 투슈릅
bo'lmaydi.
볼마이드

我们的家庭是不会被削减的。
wǒmen de jiātíng shì bú huì bèi xuējiǎn de
워먼 더 찌아팅 쓰 뿌 후 뻬이 쑤에찌안 더

Je ne peux pas baisser le prix.
주 느 뾔 빠 베쎄 르 프리

깎아주지 않으면 못 사겠어요.

If you do not make it cheaper, I'll not take this pair.

Если вы не уступите,
예-슬리 브이 녜 우스뚜삐쩨,
я не возьму.
야 녜 바지무-

Si no hay rebaja no lo compraré.
시 노 아이 레바하 노 로 꼼쁘라레

Arzonlashtirmasangiz, sotib
아르전라시트르마산기즈 서틉
olmayman.
얼마이만

不便宜我买不起。
bù piányi wǒ mǎibu qǐ
뿌 피엔이 워 마이뿌 치

Je n'achèterai que si vous baissez
주 나쉐뜨헤 끄 씨 부 베쎄
le prix.
르 프리

그렇다면 5% 깎아드리지요.

Then, I'll make five percent reduction.

Тогда я уступлю пять процентов.
따그다- 야 우스뚜블류 빠찌 쁘라쩬-또프

Si es así, le haré una rebaja del
시 에스 아시, 레 아레 우나 레바하 델
cinco porciento
씽꼬 뽀르 씨엔또

Unda besh foizga arzonlashtirib
운다, 베시 피이즈갸 아르전라시트릅
beraman.
베라만

那我就赚百分之五.
nà wǒ jiù zhuàn bǎi fēnzhī wǔ
나 워 지우 쭈안 빠이 펀즈 우

Ensuite, je vais réduire la valeur
엉쒸뜨, 주 베 헤뒤흐 라 발뢰흐
de 5%(cinq pour cent).
드 쌩 뿌흐 썽

신발 한 켤레 주문할까요.

I want a pair of shoes made to measure.

Я хочу заказать туфли.
야 하추- 자까자-지 뚜풀리

Me gustaría pedir un par de
메 구스따리아 뻬디르 운 빠르 데
zapatos.
사빠또스

Men bir juft poyabzal
멘 브르 주프트 퍼얍잘
buyurtirmoqchi edim.
부유르트르먹츠 애듬

要订购一双皮鞋吗。
yāo dìnggòu yì shuāng píxié ma
야오 띵꼰 이 슈앙 피씨에 마

Je veux commander une paire de
주 뵈 꼬멍데 윈 페흐 드
chaussures. sur mesure.
쇼쒸흐

좋습니다. 그 가격으로 사지요.

Well, I'll take it at that price.

Хорошо, я возьму по этой цене
하라쇼- 야 바지무- 빠 에-또이 쩨-네

Bueno, me lo llevo a ese precio.
부에노, 메 로 예보 아 에세 쁘레씨오

Yaxshi. Shu narxga olaman.
야흐시, 슈 나르흐갸 얼라만

好吧，我会以这个价格接受它。
Hǎo ba, wǒ huì yǐ zhège jiàgé jiēshòu tā
하오 바, 워 후이 이 쩌거 지아꺼 지에쇼우 타

Bien, je vais acheter à ce prix.
비엥, 주 베 자슈떼 아 쓰 프히

어떤 색을 원합니까?

What color do you wish?

Какой цвет вам нужен?
깍꼬-이 쯔베-트 밤 누젠

¿En qué color quiere?
엔 께 꼴로르 끼에레

Qaysi rangini xoxlaysiz?
카이스 란기느 허흘라이스즈

你想要什么颜色?
Nǐ xiǎng yào shénme yánsè
니 샹 야오 션머 옌서

Quelle couleur voulez-vous?
껠 꿀뢰흐 불레-부

짙은 갈색을 좋아합니다.

I like dark brown.

Я люблю тёмнокоричневый цвет.
야 류블류- 쫌노까리-츠네브이 찌베-트

Me gusta el marrón oscuro.
메 구스따 엘 마론 오스꾸로

Menga to'q jigarrang yoqadi.
멘갸 톡 즈갈랑 여카드

我喜欢深棕色。
Wǒ xǐhuān shēn zōngsè
워 씨환 션 쫑서

J'aime le brun foncé.
젬므 르 브룅 퐁쎄

손님의 치수를 재게 해주십시오.

Let me take your measure.

Разрешите снаять вашу мерку.
라즈레쉬-제 스나-찌 바-슈 메-르꾸

Permítame tomarle su medida.
뻬르미따메 또마르레 수 메디다

Ijozat bering, o'lchamingizni olay.
이저자트 베링, 올차민기즈느 얼라만

请给客人量尺寸。
qǐng gěi kèrén liáng chǐcùn
칭 꺼이 쿼-런 량 츠순

Laissez-moi mesurer votre taille.
레쎄-무아 므쥐헤 보트흐 따이유

손님의 치수를 재겠습니다.

I will take your measure.

Я сниму вашу мерку.
야 스니무- 바-슈 메-르꾸

Tomaré su medida.
또마레 수 메디다

O'lchamingizni olaman.
올차민기즈느 얼라만

我来量一下客人的尺寸。
wǒ láiliáng yíxià kèrén de chǐcùn。
워 라이량 이-싸 커-렌 더 츠순

Je vais mesurer votre taille.
주 베 므쥐헤 보트흐 따이유

어떤 모양이 좋습니까?

What shape do you wish?

Какую модель вы хотите?
깍꾸-유 마델 브이 하찌-쩨

¿Qué forma desea?
께 포르마 데세아

Qaysi shakldagisi yoqadi?
카이스 샤킬다기스 여카드

你想要什么样的形状?
Nǐ xiǎng yào shénme yàng de xíngzhuàng
니 샹 야오 션머 양 더 씽추앙

Quelle forme voulez-vous?
껠 포흠므 불레-부

기성화를 보여주십시오.

Show me some readymade shoes.

Покажите мне готовые туфли.
빠까쥐제 므녜 가또-브이에 뚜-풀리

Muéstrame unos zapatos confeccionados.
무에스뜨라메 우노스 사빠또스 꼰페씨오나도스

Menga tayyor mahsulotni ko'rsatib yuboring.
멘가 타이여르 마흐술러트느 코르사틉 유버링

请给我看现成的画。
qǐng gěi wǒ kàn xiànchéng de huà
칭 께이 워 칸 씨엔청 더 화

Montrez-moi des chaussures toutes faites.
몽트헤-무아 데 쇼쒸흐 뚜뜨 페뜨

이 모양은 어떻습니까?

How do you like this shape?

Как вам нравится эта модель?
깍크 밤 느라-빗쨔 에따 마델

¿Le gusta esta forma?
레 구스따 에스따 포르마

Bu shaklga nima deysiz?
샤킬가 느마 데이스즈

这个样式怎么样?
zhège yàngshi zěnmeyàng
쩌거 양시 쩐머 양

Comment est cette forme?
꼬멍 에 쎄뜨 포흠

구두 한 켤레에 얼마입니까?

What is the price of a pair?

Сколько стоят эти туфли?
스꼴-꼬 스또-야트 에-찌 뚜풀리

¿Cuánto cuesta un par de zapatos?
꽌또 꾸에스따 운 빠르 데 사빠또스

Bir juft poyabzal qancha turadi?
브르 주프트 퍼얍잘 칸차 투라드

皮鞋多少钱一双?
píxié duōshǎo qián yi shuāng
피씨에 뚜오샤오 치엔 이 슈앙

Quel est le prix d'une paire?
껠 레 르 프리 뒨 페흐

언제까지 되겠습니까?

When will it be ready?

Когда они будут готовы?
까그다- 아니 부-두트 가또-브이

¿Hasta cuándo estarán listos?
아스따 꽌도 에스따란 리스또스

Qachon tayyor bo'ladi?
카천 타이여르 볼라드

能到什么时候?
néng dào shénmeshíhòu
넝 다오 센머세이-하우

Quand sera-t-elle prêt?
깡 쓰라-뗄 프레

다음 주 금요일까지는 해드리지요.

It will be finished by next Friday without fail.

Они будут готовы к пятнице
아니 부-두트 가또-브이 끄 빠-뜨니쩨
следующей недели.
슬례-두유쉐이 네쩰-리

La próxima semana el viernes los
라쁘록시마 세마나 엘 비에르네스 로스
tendremos listos sin falta.
뗀드레모스 리스또스 신 팔따

Keyingi juma kunigacha tayyor
케인기 주마 쿠느갸차 타이여르
qilib beraman.
클립 베라만

下周五之前给您做吧。
xiàzhōuwǔ zhīqián gěi nín zuò bā
샤조우우 지첸 게이 닌 쪼우 바

Ce sera vendredi prochain.
쓰 쓰하 방드흐디 프호쉔

이 신발을 수선하고 싶은데요.

I'd like to have these shoes repaired.

Мне хотелось бы починить эти
므녜 하쩰-로시 브이 빠치니-찌 에찌
ботинки.
바찐-끼

Quisiera que arreglen estos zapatos.
끼시에라 께 아레글렌 에스또스 사빠또스

Men bu poyafzalni ta'mirlamoqchi
멘 부 퍼얍잘느 타미를라먹츠
edim.
애듬

我想修这双鞋。
wǒ xiǎng xiū zhè shuāng xié
워 샹 씨에 쩌 슈앙 씨에

Je veux que ces chaussures
주 뵈 끄 쎄 쇼쒸흐
soient réparées
쑤아 헤빠헤

이 신발을 수선해 주세요.

I want these shoes mended, Please mend these shoes.

Я хочу починить эти ботинки.
야 하추- 빠치니-찌 에-찌 바찐-끼
Почините, пожалуйста, эти
빠치니-쩨 빠잘-루이스따 에-찌
ботинки.
바찐-끼

Por favor arregle(repare) estos
뽀르 파보르 아레글레 헤빠헤 에스또스
zapatos
사빠또스

Bu poyafzalni tuzatib bering,
부 퍼얍잘느 타미를랍 베링
iltimos.
일트머스

请补一下这双鞋。
qǐng bǔ yíxià zhè shuāng xié
칭 뿌 이샤 쩌 슈앙 씨에

Je veux que ces chaussures
제 뵈 끄 쎄 쇼쒸흐
soient réparées, Veuillez réparer
쑤아 헤빠헤 뵈이에 헤빠헤
ces chaussures.
쎄 쇼쒸흐

며칠 걸릴까요?

How many days does it take?

Сколько дней потребуется на это?
스꼴-고 드녜-이 빠뜨례-부엣짜 나 에-따

¿Cuántos días tardará?
꽌또스 디아스 따르다라

Necha kunda tayyor bo'ladi?
네차 쿤다 타이여르 볼라뜨

需要多少天?
Xūyào duōshǎo tiān
쒸야오 뚜오샤오 티엔

Combien de jours cela prend-il?
꽁비엥 드 주흐 쓸라 프항-딜

5일 걸립니다.

it takes five days.

Пять дней.
빠찌 드녜-이

Tardará cinco días.
따르다라 씽꼬 디아스

Besh kun.
베시 쿤

需要5天。
xūyào wǔ tiān
쒸야오 우 티엔

Cela prend cinq jours.
쓸라 프항 쌩 주흐

5일 안에 수선될 것입니다.

They will be mended it five days.

Мы их починим через пять дней.
므이 이흐 빠치님 체-래스 빠찌 드녜-이

Dentro de cinco días estarán arreglados.
덴뜨로 데 씽꼬 디아스 에스따란 아레글라도스

Besh kun ichida tuzatib beramiz.
베시 쿤 이치따 투자틉 베라므즈

5天内会修好。
wǔ tiān nèi huì xiū hǎo
우 티엔 네이 후 씨우 하오

Ils seront réparés cinq jours plus tard.
일 쓰홍 헤빠헤 쌩 주흐 쁠뤼 따흐

17 우체국에서

- At the post office
- На почте
- En la oficina de correos
- Pochtada
- 在邮局
- À la Poste

우표를 어디에서 팝니까?

Where can I get the stamps?

Где можно купить марки?
그제 모-즈노 꾸삐-찌 마-르끼

¿Dónde puedo conseguir los sellos postales?
돈데 뿌에도 꼰세귀르 로스 세요스 뽀스딸레스

Pochta markalarini qayerda sotadi?
퍼츠타 마르칼라르느 카예르따 서타뜨

我在哪里可以买到邮票?
Wǒ zài nǎlǐ kěyǐ mǎi dào yóupiào
워 짜이 나리 커이 마이 따오 요우피아오

Où puis-je acheter des timbres?
우 쀠-주 아슈떼 데 땡브흐

1번 창구입니다.

at the first counter, sir.

В первом окошке.
프 삐-르봄 아꼬-쉬께

En la primera ventanilla, señor.
엔 라 쁘리메라 벤따니야 세뇨르

Birinchi oynada.
브른츠 어이나다

是1号窗口。
shì yī hào chuāngkǒu
쓰 이 하오 청꾸우

Au premier comptoir, monsieur.
오 프흐미에 꽁두아흐, 므씨유

2달러짜리 우표 10장만 주세요.

I want ten two dollars stamps.

Я хочу десять марок по два доллара.
야 하추 제-사찌 마-로크 빠 드바 돌-라로브.

Quiero comprar diez estampillas de dos dólares.
끼에로 꼼쁘라르 디에스 에스땀삐야스 데 도스 돌라레스

Menga ikki dollarlik o'nta marka bering.
멘가 잌키 덜라롤릭 온타 마르카 베링

我想要十张两美元的邮票。
wǒ xiǎng yào shí zhāng liǎng měiyuán de yóupiào
워 샹 요우 스 장 리앙 메이위엔 더 요우피아오

Je veux dix timbres de deux dollars.
주 뵈 디 땡브흐 드 두 달러

한국어를 할 줄 아는 직원이 있습니까?

Are there any employees who speak Korean?

У вас кто-нибудь говорит
우 바스 끄도-니부-찌 가바리-트
по-корейски?
빠-까레이스끼

¿Hay algún empleado que hable
아이 알군 엠쁠레아도 께 아블레
coreano?
꼬레아노

Koreys tilida gaplasha oladigan
카레이쓰 틸르따 갸플라샤 얼라드간
xodimlar bormi?
허뜨믈라르 버르므

有没有会说韩语的员工?
Yǒu méiyǒu huì shuō hányǔ de yuángōng
요우 메이요우 후이 슈오 한위 더 위엔꽁

Y a-t-il des employés pouvant
이 아-띨 데 장쁠와이에 뿌벙
parler coréen?
빠흘레 꼬헤엉

Personne ne parle coréen ici.
뻬흐쏜 느 빠흘르 꼬헤엉 이씨

이곳에는 한국어를 하는 직원은 한 명도 없습니다.

Nobody can speak Korean here.

У нас никто не говорит
우 나스 니끄또- 네 가바리-트
по-корейски.
빠까레이스끼

Aquí nadie puede hablar coreano.
아끼 나디에 뿌에데 아블라르 꼬레아노

Bu yerda hech kim koreys tilida
뿌 예르다 헤츠킴 카레이쓰 틸르다
gaplasha olmaydi.
갸플라샤 얼마이뜨

这里没有人会说韩语。
Zhèlǐ méiyǒu rén huì shuō hányǔ
쩌리 메이요우 런 후이 슈오 한위

영어(러시아어)로 말해도 됩니까?

May I speak in English (in Russian)?

Вы говорите по-английски
브이 가바리-트 빠안글리-스끼
(по-русски)?
빠루-스끼

¿Puedo hablar en inglés(en ruso)?
뿌에도 아블라르 엔 잉글레스 엔 루소

Ingliz (rus) tilida gapirsam
인길르스 루쓰 틸르따 갸프르쌈
bo'ladimi?
볼라뜨므

我可以用英语(俄语)说话吗?
Wǒ kěyǐ yòng yīngyǔ (èyǔ) shuōhuà ma
워 커이 용 잉위 어위 쑤어후아 마

Puis-je parler en anglais(en russe)?
쀠-주 빠흘레 엉글래 휘스

여기서는 모두가 영어를 이해합니다.

Everybody understand English here.

Здесь все понимают английский.
즈제시 프세 빠니마-유트 빠안글리-스끼

Aquí todos entendemos el inglés.
아끼 또도스 엔텐데모스 엘 잉글레스

Bu erda ingliz tilini hamma
뿌 예르따 함마 인길르스 틸르느
yaxshi tushunadi.
야흐시 투슈나뜨

在这里大家都懂英语。
zài zhèli dàjiā dōu dǒng yīngyǔ
짜이 쩌리 따지아 또우 똥 잉위

Tout le monde comprend l'anglais ici.
뚜 르 몽드 꽁프항 랑글래 이씨

이 편지는 외국으로 보낼 편지입니다.

This is a letter for abroad.

Это письмо за границу.
에-따 삐스모- 자 그라니-쭈

Esta es una carta para enviarla al extranjero.
에스따 에스 우나 까르따 빠라 엔비아르라 알 엑스뜨랑헤로

Bu chet elga yuboriladigan xat.
뿌 첼 엘가 유버률라뜨간 할

这封信是寄到国外的信。
zhè fēng xìn shì jìdào Guówài de xìn
쩌 펑 씬 쓰 지따오 꾸오와이 더 씬

La lettre sera envoyée à l'étranger.
라 레트흐 쓰하 엉부아이예 아 레트항제

이 편지를 항공우편으로 보내고 싶습니다.

I want to send this letter by air post(airmail).

Я хочу послать это письмо авиапочтой.
야 하추- 빠슬라-찌 에-따 삐스모- 아비아뽀-츠또이

Quiero enviar esta carta por correo aéreo.
끼에로 엔비아르 에스따 까르따 뽀르 꼬레오 아에레오

Men ushbu xatni aviapochta orqali jo'natmoqchiman.
멘 우시뿌 할느 아비아퍼츠타 어르칼리 조낱먹츠만

我想用航空邮件寄这封信。
wǒ xiǎng yòng hángkōng yóujiàn jì zhè fēng xìn
워 샹 영 항꽁 요우지언 지 쩌 펑 씬

Je veux envoyer cette lettre par poste aérienne.
주 뵈 장부와이에 쎄뜨 레트흐 빠흐 뽀스뜨 아에리엔

이 편지를 속달로 보내고 싶습니다.

I want to send this letter by express.

Я хочу послать это письмо экспресс почтой.
야 하추 빠슬라-찌 에-따 삐스모- 엑스쁘레스 뽀-츠도이

Quiero enviar esta carta por correo expreso.
끼에로 엔비아르 에스따 까르따 뽀르 꼬레오 엑스쁘레소

Bu maktubni ekspress pochta orqali jo'natmoqchiman.
뿌 막툽느 엑스쁘레스 뽀츠타 어르칼리 조낱먹츠만

我想把这封信挂号。
wǒ xiǎng bǎ zhè fēng xìn guàhào
워 샹 빠 쩌 펑 씬 꾸아하오

Je veux envoyer cette lettre par exprès.
주 뵈 장부와이에 쎄뜨 레트흐 빠흐 엑스프레

이 편지를 등기로 보내고 싶습니다.

Please register this letter.

Примите, пожалуйста, заказное письмо.
쁘리미-쩨 빠잘-루이스따, 자까즈노-에 삐스모-

Quiero registrar esta carta.
끼에로 레히스뜨라르 에스따 까르따

Men xatni buyurtma pochta orqali yubormoqchiman.
멘 할느 부유르트마 포츠타 얼칼리 유버르먹츠만

我想把这封信挂号。
wǒ xiǎng bǎ zhè fēng xìn guàhào
워 샹 빠 쩌 펑 씬 꾸아하

Je veux envoyer cette lettre par
주 뵈 장부와이에 쎄뜨 레트흐 빠흐
courrier recommandé.
꾸히에 흐꼬멍데

이 편지 부치는데 얼마입니까?

How much is the postal charge?

Сколько стоит это письмо?
스꼴-꼬 스또-이트 에-따 삐스모-

¿Cuánto cuesta enviar esta carta?
꽌또 꾸에스따 엔비아르 에스따 까르따

Bu xatni jonatmoqchiman, necha
부 할느 조날먹츠만, 네츠
pul turadi?
풀 투라뜨

邮这封信多少钱?
yóu zhè fēng xìn duōshǎo qián
요우 쩌 펑 씬 뚜오샤우 치엔

Combien coûtent les frais postaux?
꽁비엥 꾸뜨 레 프헤 뽀스또

이 편지를 항공우편으로 서울에 보내려고 합니다. 얼마입니까?

I want to send this letter to Seoul by air mail.

Я хочу отправить это письмо
야 하추 아뜨쁘라-비찌 에-따 삐스모-
в Сеул авиапочтой.
프 서울 아비아뽀-츠또이
Сколько это будет стоить?
스꼴-꼬 에 타 부제트 스도이찌

¿Cuánto cuesta enviar esta carta
꽌또 꾸에스따 엔비아르 에스따 까르따
por correo aéreo a Seúl?
뽀르 꼬레오 아에레오 아 서울

Bu xatni aviapochta orqali Seulga
뿌 할느 아비아 뽀츠타 얼칼리 세울갸
yubormoqchiman. Qancha bo'ladi?
유버르먹츠만 칸차 볼라뜨

我想通过航空邮件把
Wǒ xiǎng tōngguò hángkōng yóujiàn bǎ
워 샹 통꾸오 항콩 요우지엔 빠
这封信寄到首尔。 多少钱?
zhè fēng xìn jì dào shǒu'ěr duōshao qián
쩌 펑 씬 지 따오 쇼얼 뚜오샤오 치엔

Je veux envoyer cette lettre à Séoul
주 뵈 장부와이에 쎄뜨 레트흐 아 쎄울
par poste aérienne. C'est combien?
빠흐 뽀스뜨 아에리엔 쎄 꽁비엥

나는 이것을 전신환으로 받았습니다.

I received this telegraphic remittance.

Я получил (получила) этот
야 빨루칠- 빨루칠-라 에-또트
телеграфный перевод.
쩰라그라-프느이 뻬레보-트

Recibí esta remesa telegráfica.
레씨비 에스따 레메사 뗄레그라피까

Men buni pul o'tkazish yo'li orqali
멘 부느 풀 온카즈시 욜르 얼칼리
oldim.
얼뜸

我收到了这份电汇。
wǒ shōu dàole zhè fèn diànhuì
워 쇼우 따오러 쩌 펀 띠엔후이

J'ai reçu cette remise télégraphique.
쉐 흐쒸 쎄뜨 흐미즈 뗄레그하피끄

여기에 사인해 주십시오.

Please sign here your name.

Распишите здесь, пожалуйста.
라스삐쉬-쩨 즈제-시, 빠잘-루이스따

Por favor firme aquí.
뽀르 파보르 피르메 아끼

Iltimos, bu yerga qo'l qo'ying.
일틈머쓰, 뿌 예르갸 콜 코잉

请在这里签名。
Qǐng zài zhèlǐ qiānmíng
칭 짜이 쩌리 치엔밍

Veuillez signer ici votre nom.
뵈이에 씨니에 이씨 보트흐 농

제 앞으로 편지가 와 있을 것입니다.

I'm sure you have some letters addressed to me here.

У вас должно быть письмо на
우 바스 달즈노- 브이찌 삐스모- 나
моё имя.
마요 이먀

Estoy seguro de que tiene algunas
에스또이 세구로 데 께 띠에네 알구나스
cartas dirigidas a mí aquí.
까르따스 디리히다스 아 미 아끼

Menga xat kelgan bo'lishi kerak.
멘가 핱 켈갼 뽈르시 케랔

我以后会有信。
wǒ yǐhòu huì yǒu xìn
워 이호우 후이 요우 씬

Il y aura une lettre à moi.
일 리 오하 윈 레트흐 아 무아

이름이 어떻게 됩니까?

What is your name?

Как Вас(тебя) зовут?
깍크 바스 찌뱌 자부트

¿Cuál es su nombre?
꾸알 에스 수 놈브레

Ismingiz nima?
이쓰민기즈 느마

请问您的姓名?
qǐngwèn nín de xìngmíng
칭웬 닌 더 씽밍

Quel est votre nom?
껠 레 보트흐 농

김 춘식입니다.

My name is Kim Chunsig.

Моя фамилия Ким, имя – Чун Сиг.
마야 파밀-리야 김 이먀- 춘식

Mi nombre es Kim Chunsig.
미 놈브레 에스 김춘식

Mening ismim Kim Chungsig.
메닝 이쓰믐 김춘식

我是金春植。
wǒ shì jīn chūn zhí
워 쉬 찐 춘즈

Je m'appelle Kim Chunsig.
주 마뻴 김춘식

여기 여권이 있습니다.

Here is my passport.

Вот мой паспорт.
보트 모이 빠-스뽀르트

Aquí esta mi pasaporte.
아끼 에스따 미 빠사뽀르떼

Mana mening pasportim.
마나 메닝 파스포르틈

这是我的护照。这儿有护照。
Zhè shì wǒ de hùzhào Zhèer yǒu hùzhào
쩌 쓰 워 더 후짜오 쩌어 요우 후짜오

Voici mon passeport.
부아씨 몽 빠스뽀흐

본인이라는 것을 증명할 만한 것이 있습니까?

Have you any papers which prove your identity?

У вас есть какой-нибуть
우 바스 예스찌 깍꼬이- 니부찌
документ, который удостоверят
다꾸멘-트, 까또-르이 우다스따베랴-에트
Вашу личность?
바슈 리-츠노스찌

¿Tiene algún documento que
띠에네 알군 도꾸멘또 께
certifique su identidad?
쎄르띠피께 수 이덴띠닷

Shaxsingizni tasdiqlovchi
샤흐신기즈느 타쓰듸뤄츠
hujjatingiz bormi?
훚자틴기즈 버르므

你有任何证明你身份的文件吗?
Nǐ yǒu rènhé zhèngmíng nǐ shēnfèn de wénjiàn ma
니 요우 런허 쩡밍 니 션펀 더 원지엔 마

Avez-vous des papiers qui
아배-부 데 빠삐에 끼
prouvent votre identité?
프후브 보트흐 이덩띠떼

당신에게 등기 우편이 한 통 와 있습니다.

There is a registered letter addressed to you.

Пришло заказное письмо на
쁘리쉴로 자까즈노-에트 삐스모- 나
Ваше имя.
바쉐 이먀

En absoluto no hay una carta
엔 압솔루또 노 아이 우나 까르따
telegrafiada para usted.
뗄레그라피아다 빠라 우스뗏

Sizning nomingizga bitta
스즈닝 너민기즈갸 빝타
buyurtma xati kelgan.
뿌유루투마 하트 켈간

你来了一封挂号信。
nǐ láile yìfēng guàhàoxìn
니 라일 이펑 꾸하오씬

Il y a un courrier recommandée
일 리 아 엉 꾸리에 흐꼬멍데
pour vous.
뿌흐 부

미납편지가 한 통 와 있습니다.

There is a letter whose postage is insufficient.

Вот письмо с доплатой.
보트 삐스모- 즈 다쁠라-또이

En absoluto no hay una carta de pago para usted.
엔 압솔루또 노 아이 우나 까르따 데 빠고 빠라 우스뗏

Qo'shimcha to'lovi bor bir maktub kelgan.
코심차 톨러브 버르 브르 맠툽 켈갼

来一封信。
lái yì fēng xìn
라이 이 펑 씬

Il y a une lettre non payée.
일 리 아 윈 레트흐 농 뻬이에

얼마를 내야 하나요?

How much must I pay?

Сколько мне надо заплатить?
스꼴-꼬 므녜 나-도 자쁠라찌-찌

¿Cuánto tengo que pagar?
꽌또 뗑고 께 빠가르

Qancha pul to'lashim kerak?
칸차 풀 톨라심 케랔

我需要付多少钱?
wǒ xūyào fù duōshǎo qián
워 쉬야오 푸 뚜오샤오 치엔

Combien dois-je payer?
꽁비엥 두아-주 뻬이에

6달러를 지급하셔야 합니다.

You have to pay six dollar.

Вам надо заплатить шесть долларов.
밤 나-도 자쁠라찌-찌 쉐-스찌 돌라로브

Tiene que pagar seis dólares.
띠에네 께 빠가르 세이스 돌라레스

Siz olti dollar to'lashingiz kerak.
스즈 얼트 덜라르 톨라신기즈 케랔

你必须付6美元。
Nǐ bìxū fù 6 měiyuán
니 삐쒸 푸 6 메이위엔

Vous devez payer six dollars.
부 드베 뻬이에 씨 달러

서울로 우편 송금을 하고 싶습니다.

I want to send some money to Seoul by postal order.

Мне надо сделать денежный перевод по почте в Сеул.
므녜 나-도 즈젤-라찌 제-네즈느이 뻬레보트 빠 뽀-츠쩨 프 세울

Quiero enviar dinero a Seúl por correo.
끼에로 엔비아르 디네로 아 서울 뽀르 꼬레오

Men pochta orqali Seulga pul jo'natmoqchiman.
멘 보츠타 어르칼리 풀 조낱멐츠만

我想往首尔汇款。
wǒ xiǎng wǎng Shǒu'ěr huìkuǎn
워 샹 왕 쇼우얼 후이쿠안

Je veux envoyer de l'argent par courrier à Séoul.
주 븨 장부와이에 드 라흐장 빠흐 꾸히에 아 쎄울

이 물건을 소포로 보내고 싶습니다.

I want to send this parcel (package) by post.

Мне надо отправить посылку
므녜 나-도 아뜨쁘라-비찌 빠스일-꾸
по почте.
빠 뽀-츠쩨

Quiero enviar este paquete por
끼에로 엔비아르 에스떼 빠께떼 뽀르
correo.
꼬레오

Men bu narsani pochta orqali
멘 부 날싸느 보츠타 얼칼리
jo'natmoqchiman.
조날먹츠만

我想把这个东西寄成包裹。
wǒ xiǎng bǎ zhège dōngxi jì chéng bāoguǒ。
워 샹 빠 쩌거 똥씨 지 청 빠오꾸오

Je veux envoyer ce colis par la poste.
주 뵈 장부와이에 쓰 꼴리 빠흐 라 뽀스뜨

이 소포의 요금은 얼마입니까?

What's the charge for this parcel?

Сколько стоит отправка
스꼴-꼬 스또-이트 아뜨쁘라-프까
этой посылки?
에-또이 빠스일-끼

¿Cuánto es la tarifa por este
꽌또 에스 라 따리파 뽀르 에스떼
paquete?
빠께떼

Men bu jo'natmam uchun qancha
멘 뿌 조날맘 우춘 칸차
to'lashim kerak?
톨라심 케락

这个包裹的收费是多少?
Zhège bāoguǒ de shōufèi shì duōshǎo
쩌거 빠오꾸오 더 쇼우페이 쓰 뚜오샤오

Quel est le prix de ce colis?
껠 레 르 프리 드 쓰 꼴리

이 소포 안에 무엇이 들어있습니까?

What does this parcel contain?

Что у вас в этой посылке?
쉬또 우 바스 브 에-또이 빠스일-께

¿Qué hay dentro de este paquete?
께 아이 덴뜨로 데 에스떼 빠께떼

Bu jo'natma ichida nima bor?
뿌 조날마 이치다 느마 버르

这个包裹包含什么?
Zhège bāoguǒ bāohán shénme
쩌거 빠오꾸오 빠오한 션머

Qu'y a-t-il dans ce colis?
끼 아 띨 덩 쓰 꼴리

이 소포 안에는 책이 몇 권 들어있습니다.

There are some books in this parcel.

В этой посылке есть несколько
브 에-또이 빠스일-께 예스-찌 녜-스꼴꼬
книг.
끄니-크

Hay algunos libros dentro
아이 알구노스 리브로스 덴뜨로
de este paquete.
데 에스떼 빠께떼

Bu jo'natmani ichida bir nechta
뿌 조날마느 이치다 브르 넥타
kitoblar bor.
키터블라르 버르

这个包裹里有一些书。
Zhège bāoguǒ li yǒu yīxiē shū
쩌거 빠오꾸오 리 요우 이씨에 쑤

Il y a plusiers livres dans ce colis.
일 리 아 쁠뤼지에흐 리브흐 덩 쓰 꼴리

요금은 우표로 지불해 주십시오.

Please pay the fee in postal stamps.

Пожалуйста, наклейте марки.
빠잘-루이스따, 나끌레-이제 마-르끼

Por favor pague la tarifa de los sellos postales.
뽀르 파보르 빠게 라 따리파 데 로스 세요스 뽀스딸레스

Markalar uchun qo'shimcha to'lovni amalga oshiring.
마르칼라르 우춘 코심차 톨러브느 아말가 어시링

请用邮票支付费用。
Qǐng yòng yóupiào zhīfù fèiyòng
칭 용 요우피아오 즈푸 페이용

S'il vous plaît payer les frais par timbres.
씰 부 쁠래, 뻬이에 레 프레 빠흐 땡브흐

이 편지에 붙인 우표로 충분합니까?

Is this letter sufficiently stamped?

Достаточно ли марок на этом письме?
다스따-또츠노 리 마-로크 나 에-똠 삐스메-

¿Pegar este sello es suficiente?
뻬가르 에스떼 세요 에스 수피씨엔떼

Bu xatga yopishtirilgan markalar uchun bu pul yetarlimi?
부 핱가 여프시트를간 말칼라르 우춘 뿌 풀 예타를리므

这封信贴的邮票够吗?
zhè fēng xìn tiē dí yóupiào gòu ma
쩌 펑 씬 티에 디- 요우피아오 꼬우 마

Cette lettre est-elle suffisamment tamponnée?
쎄뜨 레트흐 에-뗄 쒸피자멍 땅뽀네

아닙니다. 중량이 조금 초과 되었습니다.

No. it's just a bit overweight.

Нет, небольшой перевес.
니에트, 네발쇼이 뻬레베-스

No, se sobrepasa un poco de peso.
노, 세 소브레빠사 운 뽀꼬 데 뻬소

Yo'q. Og'irligi ozgina oshib ketdi.
욕, 어크를리기 어즈기나 어쉽 케타뜨

不是。重量有点超标了。
bú shì zhòngliáng yǒudiǎn chāobiāole
뿌 쓰 쭝량 요우디엔 차오뻬얼러

Non, c'est juste un peu en surpoids.
농, 쎄 쥐스뜨 엉 뾔 엉 쒸흐뿌아

서울까지 이 편지(전보)는 얼마나 걸립니까?

How long does a letter(a telegram) take to get to Seoul?

Сколько времени идёт письмо (телеграмма) в Сеул?
스꼴꼬 브레메니 이죠트 삐스모 쩰레그라마 프 세울

¿Cuánto tatdará en llegar hasta Seúl esta carta (este telegrama)?
꽌또 따르다라 엔 예가르 아스따 서울 에스따 까르따 뗄레그라마

Seulgacha bu maktub(telegramma) qancha vaqtda yetib boradi?
세울가차 뿌 막툽 텔레그람마 칸차 바쿹타 예틉 버라뜨

到首尔这封信(电报)要多长时间?
dào shǒuěr zhè fēng xìn(diànbào) yào duō
따오 쇼우얼 쩌 펑씬 띠엔빠오 야오 뚜오
cháng shíjiān
창쓰지엔

Combien de temps dure une
꽁비엥 드떵 뒤흐 윈
lettre(un télégramme) pour se
레트흐 엉 뗄레그람 뿌흐 쓰
rendre à Séoul?
항드흐 아 쎄울

편지는 5일 걸립니다.

A letter takes 5 days.

Письмо идёт пять дней.
삐스모 이죠트 빠찌 드네이

Una carta tarda 5 días.
우나 까르따 따르다 씽꼬 디아스

Maktub besh kunda yetib boradi.
막툽 베시 쿤다 예틉 버라뜨

信要5天。
xìn yào wu tiān
씬 야오 우 티엔

Une lettre prend 5 jours.
윈 레트흐 프항 5(쌩) 주흐

전보는 4시간 걸립니다.

A telegram takes 4 hours.

Телеграмма идёт 4 часа.
쩰레그라마 이죠트 체뜨리에 치사

Un telegrama tarda 4 horas.
운 뗄레그라마 따르다 꽈뜨로 오라스

Telegramma 4 (to'rt) soatda yetib
텔레그람마 토르트 서앝다 예틉
boradi.
버라뜨

电报需要4个小时。
Diànbào xūyào 4 gè xiǎoshí
띠엔빠오 쒸야오 4 꺼 샤오쓰

Un télégramme prend 4 heures.
엉 뗄레그람 프항 4(꺄트흐) 외흐

18 서점에서

- At the bookstore
- В книжном магазине
- En la librería
- Kitob do'konida
- 在书店
- À la librairie

무엇을 드릴까요?

How can I serve you? What do you want?

Что могу вам предложить?
쉬또 마구- 밤 쁘레들라쥐-찌
Что вам надо?
쉬또 밤 나-도

¿Cómo puedo servirle?
꼬모 뿌에도 세르비르레

Bizga nima xizmat?
브즈갸 느마 흐즈맡

需要给您上什么?
xūyào gěi nín shàng shénme
쑤야오 꺼이 닌 샹 션-머

Que vais-je faire pour vous?
끄 베-주 페흐 뿌흐 부

편지지와 봉투를 주십시오.

I want to writing pad and envelopes.

Мне нужны почтовая бумага и
므녜 누-즈느이 빠츠또-바야 부마-구 이
конверты.
깐베-르뜨이

Por favor deme papel de carta y
뽀르 파보르 데메 빠뻴 데 까르따 이
un sobre.
운 소브레

Menga xat qog'oz va konvert bering.
멘갸 핱 커거즈 와 콘베르트 베링

请给我信纸和信封。
qǐng gěi wǒ xìnzhǐ hé xìnfēng
칭 꺼이 워 씬쯔 허 씬-펑

Je veux acheter de la papeterie
주 뵈 자슈떼 들 라 빠쁘뜨히
et enveloppes.
에 데 장블로쁘

나는 편지지와 편지봉투를 원합니다.

I want to have(to buy) a writing pad and envelopes.

Я хочу купить почтовую бумагу
야 하추- 꾸삐-찌 빠츠또-부유 부마-구
и конверты.
이 깐베-르뜨이

Deseo papel de carta y sobre
데세오 빠뻴 데 까르따 이 소브레
para carta.
빠라 까르따

Men xat qog'oz va konvert sotib
멘 핱 커거즈 와 콘베르트 서틉
olmoqchiman.
얼먹츠만

我要信纸和信封。
wǒ yào xìnzhǐ hé xìnfēng
워 야오 씬쯔 허 씬-펑

Je veux de la papeterie et des
주 뵈 들 라 빠쁘뜨히 에 데
enveloppes.
장블로쁘

괘지(罫紙: 모눈종이)를 주십시오.

Give me some lined(ruled) paper.

Дайте мне линованную бумагу.
다-이쩨 므녜 리노-반노유 부마-구

Por favor deme papel rayado.
뽀르 파보르 데메 빠뻴 라야도

Menga bir necha chiziqli qog'oz
멘갸 브르 네츠타 츠즉리 커거즈
bering.
베링

请给我挂纸。
qǐng gěi wǒ guàzhǐ
칭 게이 워 꾸아지

Donnez-moi du papier ligné.
도네-무아 뒤 빠삐에 리니에

큰 사이즈를 원합니까, 일반 치수를 원합니까?

Do you wish the large size or the common size?

Вы хотите большого размера
브이 하찌-쩨 발쇼-보 라즈메-리
или обычного?
일-리 아브이츠노보

¿Desea el tamaño grande o el
데세아 엘 따마뇨 그란데 오 엘
tamaño común?
따마뇨 꼬문

Katta hajmdagisini xoxlaysizmi
캳타 하즘다기쓰느 허흘라이스즈므,
yoki oddiy hajmdagini xoxlaysizmi?
여키 어띠이 하즘다기느 허흘라이스즈므

你想要大尺寸还是普通尺寸?
Nǐ xiǎng yào dà chǐcùn háishì pǔtōng chǐcùn
니 샹 야오 따 츠슨 하이스 푸통 츠슨

Voulez-vous la grande taille ou la
불레-부 라 그항드 따이유 우 라
taille régulère?
따이유 꼬뮌

중간 치수를 주십시오.

I want the medium size.

Я хочу среднего размера.
야 하추- 스레-드네보 라즈메-라

Por favor deme el tamaño mediano.
뽀르 파보르 데메 엘 따마뇨 메디아노

O'rtacha hajmdagidan bering.
오르타차 하즘따기딴 베링

我想要中等大小。
Wǒ xiǎng yào zhōngděng dàxiǎo
워 샹 야오 쭝떵 따시아오

Je veux la taille moyenne.
주 뵈 라 따이유 무와이엔

연필 열 자루를 주십시오.

Give me ten(10) pencils.

Дайте мне десять (10) карандашей.
다이쩨 므녜 제시야찌 까란다세-이

Por favor deme diez (10) lápices.
뽀르 파보르 데메 디에스 라삐쎄스

Menga 10 (o'nta) qalam bering.
멘갸 온타 칼람 베링

给我十(10)支铅笔。
Gěi wǒ shí 10 zhī qiānbǐ
게이 워 스 10 즈 치엔삐

Donnez-moi dix(10) crayons.
도네-무아 디 크레이용

청, 흑색 잉크를 주세요.

Give me bottle of blue black ink.

Дайте мне бутылочку чернил
다이쩨 므녜 부뜨일-로츠꾸 체르닐-
тёмно-синего цвета
좀노시-네보 쯔베-따

Deme una botella de tinta azul
데메 우나 보떼야 데 띤따 아술
negra.
네그라

Menga to'q moviy rangdagi siyohni
멘갸 톡 랑기다기 씨여흐느
bering.
베링

给我一瓶蓝黑色墨水。
Gěi wǒ yī píng lán hēisè mòshuǐ
게이 워 이 핑 란 헤이서 모쉐이

Donnez-moi une bouteille d'encre
도네-무아 윈 부떼이 당꼬흐
noire
누아흐

펜 있습니까?

Have you any pen?

У вас есть перо?
우 바스 예스찌 뻬로

У тебя есть ручка?
우 찌뱌 예스찌 루츠까

¿Tiene esfero?
띠에네 에스페로

Ruchka bormi?
루츠카 뻐르므

你有钢笔吗？
Nǐ yǒu gāngbǐ ma
니 요우 깡삐 마

Avez-vous un stylo?
아베-부 엉 스띨로

네, 손님 많습니다.

Yes, sir. We have lots of them.

Да сэр. У нас их много.
다, 쎄르 우 나스 이흐 므노-고

Sí señor. Tenemos muchos de ellos.
시 세뇨르 떼네모스 무초스 데 에요스

Ko'p bor.
쿂 버르

是的,客人很多。
shì de, kèrén hěnduō
쓰 더, 커렌 헌뚜어

Oui, monsieur.
위, 므씨유

Nous en avons beaucoup.
누 저 나봉 보꾸

보여주세요.

Will you show me them?

Покажите мне.
빠까쥐-찌 므녜

Por favor muéstremelos.
뽀르 파보르 무에스뜨레메로스

Menga ularni ko'rsatasizmi?
멘갸 울라르느 코르싸타스즈므

请给我看。
qǐng gěi wǒ kàn
칭 게이 워 칸

Voulez-vous me les montrer?
불레-부 므 레 몽트헤

그러지요.

Certainly, sir.

Пожалуйста.
빠잘루이스따

Ciertamente, señor.
씨에르따멘떼, 세뇨르

Albatta.
알밭타

当然,先生。
Dāngrán, xiānshēng
땅란, 씨엔셩

Bien sûr, Monsieur.
비엥 쒸흐, 므씨유

이리로 오세요.

This way, please.

Сюда, пожалуйста.
슈다-, 빠잘루이스따

Venga por aquí, por favor.
벵가 뽀르 아끼, 뽀르 파보르

Bu tomonga, marhamat.
부 터먼가, 마르하맡

这边请。
Zhè biān qǐng
쩌 비엔 칭

Venez ici, s’il vous plaît.
브 이씨, 씰 부 쁠래

이것들은 우수한 국산품입니다.

There are the home products of superior quality.

Они хорошие,
아니- 하로-쉬에,
отечественнго производства
아쩨-체스뜨 벤노보 쁘로이즈보-뜨스뜨바

Estos son excelentes productos
에스또스 손 엑쎌렌떼스 쁘로둑뚜스
nacionales.
나씨오날레스

Bular yuqori sifatli o’zimizda
불라르 유커르 스파틀리 오즈므즈다
ishlab chiqarilgan mahsulotlar.
이실랍 츠카를간 마흐수러틀라르

有优质的家居产品。
Yǒu yōuzhì de jiājū chǎnpǐn
요우 요우즈 더 찌아쥐 찬핀

C’est un produit domestique.
쎄 떵 프호뒤 도메스띠끄

저것은 외국산 제품입니다.

There are the manufacturers of foreign countries.

Там иностранного производства.
땀 이나스뜨란노보 쁘로이즈보-뜨스뜨바

Aquellos son productos extranjeros.
아께요스 손 쁘로둑또스 엑스뜨랑헤로스

Ana ulari chet el mahsulotlari.
아나 울라르 첼 앨 마흐술러틀라르

有国外的制造商。
Yǒu guówài de zhìzào shāng
요우 꾸어와이 더 쯔자오 샹

C’est un produit fabriqué dans un
쎄 떵 프호뒤 파브히께 덩 정
pays étrangers.
뻬이 제트항제

이것은 어떻습니까?

How about this?

Как вам это нравится?
깍크 밤 에따 느라-빗쨔

¿Qué tal esto?
께 딸 에스또

Bunga nima deysiz?
뿐갸 늠마 데이스즈

这个怎么样？
Zhège zěnme yàng
쩌거 전머 양

Comment est-ce?
꼬멍 에-쓰

이것은 좋은 상품이라고 생각하지 않으십니까?

Don't you think it is good?

Как вы думаете;
깍크 브이 두-마이쩨:
это хорошая вещь?
에-따 하로-샤야 베-쉬

¿Piensa que es un buen producto?
삐엔사 께 에스 운 부엔 쁘로둑또

Buni yaxshi mahsulot deb
뿌느 야흐시 마흐술럳 댑
hisoblaysizmi?
흐서블라이스즈므

您不觉得这是好商品吗?
nín bù juéde zhè shì hǎo shāngpǐn ma
닌 뿌 쮜더 쩌 쓰 하오 샹-핀 마

Vous ne pensez pas que c'est bon?
부 느 뻥쎄 빠 끄 쎄 봉

네, 좋다고 생각합니다.

Yes, I do.

Да, я думаю хорошая.
다, 야 두-마유 하로-샤야

Sí, pienso que es bueno.
시, 삐엔소 께 에스 부에노

Ha, yaxshi deb o'ylayman.
하, 야흐시 댑 오일라이만

是的, 我觉得很好。
shì de, wǒ juéde hěn hǎo
스 더, 워 쮜더 헌 하오

Oui, c'est bon.
위, 쎄 봉

그러지요.

I'll take it.

Я возьму.
야 바지무

Por supuesto.
뽀르 수뿌에스또

Men uni olaman.
맨 우느 얼라만

是啊。
shì a
스 아

Je vais le prendre.
주 베 르 프항드흐

대단히 감사합니다.

Thank you very much.

Большое вам спасибо.
발쇼-에 밤 스빠시-보

Muchas gracias.
무차스 그라씨아스

Katta rahmat.
캍타 라흐맡

非常感谢你。
Fēicháng gǎnxiè nǐ
페이챵 깐시에 니

Merci beaucoup.
메흐씨 보꾸

또 다른 것은 필요 없습니까?

Anything else, sir?

Не надо ли ещё что-нибудь?
녜 나-도 리 잇쇼- 쉬또 니-부찌

Algo más, Señor?
알고 마스, 세뇨르

Boshqa narsalar kerak emasmi?
버시카 나르살라르 케락 애마쓰므

还需要别的吗?
hái xūyào biéde ma
하이 쑤요우 삐에더 마

Quoi d’autre, monsieur?
꾸아 도뜨흐, 므씨유

그것은 2층에 있습니다.

They are on the second floor.

Они на втором этаже.
아니- 나 프따롬- 에따쥐-

Están en el segundo piso.
에스딴 엔 엘 세군도 삐소

Ular ikkinchi qavatda.
울라르 이킨치 카받다

他们在二楼。
Tāmen zài èr lóu
타먼 짜이 얼 로우

Ils sont au deuxième étage.
일 쏭 또 두지엠므 에따주

그림엽서도 팝니까?

Do you sell any picture cards?

У вас продаются
우 바스 쁘라다윳-짜
художественные открытки?
후도제스뜨벤느이에 아뜨끄르이-뜨끼

¿Vende tarjetas postales?
벤데 따르헤따스 뽀스딸레스

Siz rasmli ochiq xatlar
스즈 라쓰믈리 어측 하틀라르
otkritka ham sotasizmi?
아트끄릍까라르 함 서타스즈므

你卖图片卡吗?
Nǐ mài túpiàn kǎ ma
니 마이 투피엔 카 마

Avez-vous une carte postale?
아베-부 윈 까흐뜨 뽀스딸질뤼스뜨헤

2층에 올라가 보십시오.

Please go upstairs and see them.

Пожалуйста, поднимитесь на
빠잘-루이스따, 빠드니미-쩨시 나
второй этаж и посмотрите их.
프따로-이 에따-쉬 이 빠스마뜨리-쩨 이흐

Por favor suba al segundo piso y
뽀르 파보르 수바 알 세군도 삐소 이
mírelas.
미레라스

Marhamat, ikkinchi qavatga
마르하맡, 이킨츠 카받가
chiqib ko’ring.
츠큽 코링

请上楼看看。
Qǐng shàng lóu kàn kàn
칭 샹 로우 칸 칸

Montez au deuxième étage.
몽떼 오 두지엠므 에따주

18
서점에서

앨범은 있습니까?

Have you any albums?

У вас есть альбомы?
우 바스 예스찌 알보-므이

¿Tiene álbumes?
띠에네 알부메스

Sizda albom bormi?
스즈다 알봄 버르므

你有专辑吗?
Nǐ yǒu zhuānjí ma
니 요우 쭈안지 마

Avez-vous des albums?
아베-부 데 잘범

죄송합니다. 지금은 하나도 없군요.

I am sorry, we have not any.

К сожалению, сейчас у нас нет.
끄 사잘레-니유 시차-스 우 나스 니에트

Lo siento. Ahora no tenemos ni una.
로 시엔또 아오라 떼네모스 니 우나

Kechirasiz. Hozir bizda umuman yo'q.
케츠라스즈 허즈르 브즈다 우무만 욕

对不起,我们没有。
Duìbùqǐ, wǒmen méiyǒu
뚜이 부치, 워먼 메이요우

Je suis désolé, nous n'en avons pas.
주 쒸 데졸레, 누 저 나봉 빠

다 팔렸습니다.

They are sold out.

Они все распроданы.
아니 프세 라스쁘로-단느이

Todos se vendieron.
또도스 세 벤디에론

Hammasi sotilib bo'ldi.
함마쓰 서틀릅 볼뜨

它们已售罄。
Tāmen yǐ shòu qìng
타먼 이 쇼우 칭

Ils sont vendus.
일 쏭 벙뒤

영어 러시아어 사전을 보여주세요.

Will you show me English-Russian dictionary?

Покажите мне, пожалуйста,
빠까쥐제 므네 빠잘루이스따,
англо-русский словарь?
안글로-루스끼 슬라바리

Muéstreme un diccionario
무에스뜨레메 운 딕씨오나리오
Inglés-Ruso?
잉글레스-루소

Menga inglizcha-ruscha lug'at
맨갸 인길릿차-루쓰차 루카트
ko'rsatib yuboring?
코르싸틉 유버링

请给我看英语-俄语词典。
qǐng gěi wǒ kàn yīngyǔ-jiǎn éyǔ cídiǎn
칭 거이 워 칸 잉유-진엔 이유 츠디엔

Voulez-vous me montrer un
불레-부 므 몽트헤 엉
dictionnaire anglais-russe?
딕씨오네흐 앙글래-휘스

러시아 - 한국어 사전을 보여주세요.

Give me Russian-Korean dictionary, please.

Дайте мне, пожалуйста,
다이쩨 므녜, 빠잘루이스따,
русско-корейский словарь.
루스꼬-까레이스끼 슬라바리

Muéstreme un diccionario
무에스뜨레메 운 딕씨오나리오
Ruso-Coreano.
루소- 꼬레아노

Iltimos menga ruscha-koreyscha
일트머스 맨갸 루쓰차-카레이쓰차
lug'atni ko'rsatib yuboring.
루카트느 코르싸톱 유버링

请给我俄语 - 韩语词典。
Qǐng gěi wǒ èyǔ - hányǔ cídiǎn
칭 게이 워 어위- 한위 츠디엔

Donnez-moi un dictionnaire
도네-무아 엉 딕씨오네흐
russe-coréen, s'il vous plaît.
휘스-꼬헤엉, 씰 부 쁠래

도스또옙스끼 소설이 있습니까?

Do you have any novels Dostoevskij?

У вас есть романы Достоевского?
우 바스 예스찌 라마느이 다스또옙스꼬보

¿Tiene alguna novela de
띠에네 알구나 노벨라 데
Dostoyevski?
도스또예쁘스끼

Sizda Dostoevskiyning biror bir
스즈다 다스타예브쓰키닝 브러르 브르
romani bormi?
라마느 버르므

你有东北小小说吗?
nǐ yǒu dōngběi xiǎoxiǎoshuō ma
니 유오 똥뻬이 샤오쓔어 마

Avez-vous des romans de
아베-부 데 로멍 드
Dostoevskij?
도스토예브스키

러시아어 교재를 보여주세요.

Will you show me Russian language textbooks?

Покажите мне, пожалуйста,
빠까쥐제 므녜, 빠잘루이스따,
учебник по русскому языку?
우체부니크 빠 루스꼬무 이즈이꾸

Muéstreme algún material de
무에스뜨레메알군 마떼리알 데
enseñanza de Ruso.
엔세냔사 데 루소

Menga rus tili darsliklarini
맨갸 루쓰 틀르 다르슬릭라르느
ko'rsatib yuboring?
코르싸톱 유버링

请给我看俄语教材。
qǐng gěi wǒ kàn éyǔ jiàocái
칭 거위 워 칸 어위 지아오카이

Voulez-vous me montrer des
불레-부 므 봉트헤 데
manuels russes?
마뉘엘 휘스

저는 CD를 사고 싶습니다.

I want to by CD.

Я хочу купить компакт диск.
야 하추- 꾸삐찌 깜빡뜨 디스크

Quiero comprar un CD.
끼에로 꼼쁘라르 운 씨디

Men kampakt disk sotib olmoqchiman.
멘 캄파크트 디쓰크 서틉 얼먹츠만

我想买CD。
wǒ xiǎng mǎi CD
워 샹 마이 CD

Je veux acheter un CD.
주 뵈 아슈떼 엉 쎄데

저는 USB사고 싶습니다.

I want to by USB.

Я хочу купить USB.
야 하추 꾸비찌 USB

Quiero comprar un USB.
끼에로 꼼쁘라르 운 USB

Men USB sotib olmoqchiman.
맨 USB 서틉 얼먹츠만

我想买USB。
wǒ xiǎng mǎi USB
워 샹 마이 USB

Je voudrais acheter un USB.
줘 바운다라스 아쉬테 운 USB

19 은행에서

- At the bank
- В банке
- En el banco
- Bankda
- 在银行
- À la Banque

환전하려고 합니다.

I want to have my foreign money changed.

Я хочу обменять иностранную
야 하추- 아브메냐-찌 이나스뜨란-누유
валюту.
발류-뚜

Quiero cambiar este dinero
끼에로 깜비아르 에스떼 디네로
extranjero.
엑스뜨랑헤로

Pul almashtirmoqchi edim.
풀 알마씨트르먹츠 애듬

我想换钱。
wǒ xiǎng huànqián
워 샹 환치엔

Je veux échanger de l'argent.
주 뵈 제샹제 듈 라흐장

미화를 루블로 바꾸려고 합니다.

I want to have my American dollars changed into rouble.

Я хочу обменять американские
야 하추- 아브메-냐찌 아메리깐-스끼에
доллары на рубли.
돌-라르이 나 루-블리

Quiero cambiar estos dólares
끼에로 깜비아르 에스또스 돌라레스
por rublos.
뽀르 루블로스

Men AQSh dollarini rublga
맨 아크씨 돌라르느 루블갸
almashtirmoqchiman.
알마시트르먹츠만

我想把美元换成卢布。
wǒ xiǎng bǎ měiyuán huàn chéng lúbù
워 샹 빠 메이위엔 후안 청 루뿌

Je veux échanger des dollars
주 뵈 제샹제 데 달러
américains contre des roubles.
아메리켕 꽁트흐 대 루블

오늘의 외환시세는?

What it the rate of exchange?

Какой курс сегодня?
깍꼬-이 꾸르스 시보-드냐

¿Cuál es el tipo de cambio hoy?
꾸알 에스 엘 띠뽀 데 깜비오 오이

Ayirboshlash kursi qanday?
아이라버실라시 쿨쓰 칸다이

今天的外汇行情呢?
jīntiān dí wàihuì hángqíng ne
진티엔 디 웨이후이 항칭 너

Quel est le taux de change?
껠 레 르 또 드 샹주

이 은행에 예금하고 싶습니다.

I want to deposit money in this bank.

Я хочу положить деньги на
야 하추- 빨라지-찌 젠-기 나
счёт в вашем банке.
쇼트 브 바쉠 반께

Quiero depositar dinero en este
끼에로 데뽀시따르 디네로 엔 에스떼
banco.
방꼬

Men bu bankga pul qo'ymoqchiman.
맨 뿌 빤크가 풀 코이먹츠만.

我想把钱存入这家银行。
Wǒ xiǎng bǎ qián cún rù zhè jiā yínháng
워 샹 빠 치엔 춘 루 쩌 지아 인항

Je veux déposer dans cette banque.
주 뵈 데뽀제 덩 쎄뜨 방끄

정기예금으로 하겠습니까, 당좌예금으로 하겠습니까?

Do you wish to place your money on fixed deposit or on current account?

Как вы хотите на срочный счёт
깍크 브이 하찌-쩨, 나 스로-츠느이 쇼트
или текущий?
일리 쩨꾸-쉬이

¿Desea depositar su dinero en
데세아 데뽀시따르 수 디네로 엔
depósito a plazo fijo o en cuenta
데뽀시또 아 쁠라소 피호 오 엔 꾸엔따
corriente?
꼬리엔떼

Pulingizni tezkor depozitgami
풀린기즈느 테즈커르 떼파짙가므
yoki joriy hisob raqamiga
여키 저리이 흐섶 라카므갸
qo'yishni xohlaysizmi?
코이시느 허흘라이스즈므

您是定期存款还是活期存款?
nín shì dìngqī cúnkuǎn hái shì huóqī cúnkuǎn
닌 쓰 띵치 춘쿠안 하이 쓰 훠치 춘쿠안

Voulez-vous placer votre argent en
불레-부 쁠라쎄 보트흐 아흐장 엉
dépôt fixe ou en compte courant?
데뽀 픽스 우 엉 꽁뜨 꾸헝

천달러는 정기예금으로, 3000달러는 당좌예금으로 하겠습니다.

I wish to place one thousand dollars on fixed deposit and 3 thousand dollars on current account.

Я хочу положить тысячу
야 하추- 빨라지-찌 뜨이시야추
долларов на срочный и
돌라로프 나 스로-츠느이 이
3 тысячи долларов на текущий
뜨리 뜨이시야치 돌라로프 나 쩨꾸-쉬이
счет.
쇼트

Deseo depositar mil dólares en
데세오 데뽀시따르 밀 돌라레스 엔
depósito a plazo fijo y
데뽀시또 아 쁠라소 피호, 이
3 mil dólares en cuenta corriente.
뜨레스 밀 돌라레스 엔 꾸엔따 꼬리엔떼

Men 1000(ming) dollarni tezkor
맨 밍 돌라르느 테즈커르
depozitga va 3000uch ming
떼파짙갸 와 우츠밍
dollarni joriy hisob raqamiga
돌라르느 저리이 흐섶 라카므갸
qo'ymoqchiman.
코이멐츠만

一千美元作为定期存款,
yìqiān měiyuán zuòwéi dìngqī cúnkuǎn
이치엔 메이위엔 쭈웨이 띵치 츈쿠안
三千美元作为活期存款。
sānqiān měiyuán zuòwéi huóqī cúnkuǎn
산치엔 메이웨엔 쭈웨이 훠치 츈쿠안

Je veux placer mille dollars en
주 뵈 쁠라쎄 밀 달러 엉
dépôt fixe et 3 mille dollars en
데뽀 픽스 에 3투아 밀 달러 엉
compte courant.
꽁트 꾸헝

이 종이에 이름과 주소를 써주십시오.

Please write your name and address on this paper.

Пожалуйста, напишите фамилию.
빠잘-루이스따, 나삐쉬-쩨 바슈 파밀-리유
и адрес на этой бумаге.
이 아-드레스 나 에-또이 부마-게

Por favor escriba su nombre
뽀르 파보르 에스끄리바 수 놈브레
y dirección en este papel.
이 디렉션 엔 에스떼 빠뻴

Iltimos, bu qog'ozga ismingizni
일트머쓰, 뿌 커커즈가 이쓰민기즈느
va manzilingizni yozib bering.
와 만즐린기즈느 여즙 베링

请在这张纸上写上姓名和地址。
qǐng zài zhè zhāng zhǐ shàng xiě shàng
칭 짜이 쩌 짱 찌 쌍 씨에 쌍
xìngmíng hé dìzhǐ
씽밍 허 띠즈

Veuillez écrire votre nom et votre
뵈이에 에크히흐 보트흐 농 에 보트흐
adresse sur ce papier.
아드레스 쒸흐 쓰 빠삐에

여기 예금증서와 예금통장 입니다.

Here are a deposit receipt and a deposit passbook.

Вот квитанция о приёме вклада
보트 끄비딴-찌야 아 쁘리요-메 프꼴라-다
и расчётная книжка.
이 라프쇼뜨-나야 끄니-쉬까

Aquí está su certificado y libreta
아끼 에스따 수 쎄르띠피까도 이 리브레따
de ahorros.
데 아오로스

Mana depozit hisob varag'ingiz
마나 데퍼질 흐썹 와라큰기즈
va depozit hisob daftarchangiz.
와 데퍼질 흐썹 따프타르찬기즈

这是存款收据和存款存折。
Zhè shì cúnkuǎn shōujù hé cúnkuǎn cúnzhé
쩌 쓰 춘쿠안 쇼우쥐 허 춘쿠안 춘저

Voici un certificat de dépôt et un
부아씨 엉 쎄흐띠피까 드 데뽀 에 엉
compte bancaire.
꽁뜨 방께흐

수표책 1권 주시겠습니까?

Will you give me a check book?

Не дадите ли вы мне чековую
녜 다지-찌 리 브이 므녜 체-꼬부유
книжку?
끄니-쉬구

¿Podría por favor darme una
뽀드리아 뽀르 파보르 다르메 우나
chequera?

Menga bitta chek berasizmi?
맨가 빝타 책 베라스즈므

能给我一本支票簿吗?
néng gěi wǒ yiběn zhīpiào bù ma
넝 께이 워 이뻔 쯔피아오 뿌 마

S'il vous plaît, donnez-moi un
씰 불 쁠레 도네-무아 엉
carnet de chèques?
까흐네 드 쉐끄

네, 그러지요.

Yes, sir.

Да, пожалуйста.
다, 빠잘-루이스따

Sí, por supuesto.
시 뽀르 수뿌에스또

Ha, albatta.
하, 알밭타

是的先生。
Shì de xiānshēng
쓰 더 씨엔셩

Oui, monsieur.
위, 므씨유

나는 예금을 찾고 싶습니다.

I want to draw deposit.

Я хочу снять денги.
야 하추- 스냐찌 젠기

Deseo recuperar mi depósito.
데세오 레꾸뻬라르 미 데뽀시또

Men pul yechmoqchi edim.
맨 풀 예츠먹츠 애듬

我想要存款。
wǒ xiǎng qǔ cúnkuǎn
워 샹 추 춘쿠안

Je veux retirer un dépôt.
주 뵈 흐띠헤 엉 데뽀

얼마를 찾겠습니까?

How much do you want to draw?

Сколько вы хотите снять?
스꼴-꼬 브이 하씨-찌 스냐찌

¿Cuánto desea retirar?
꽌또 데세아 레띠라르

Qancha yechmoqchisiz?
킨차 예츠먹츠스즈

要找多少钱?
yào zhǎo duōshǎo qián
야오 짜오 뚜오사오 치엔

Combien voulez-vous retirer?
꽁비엥 불레-부 흐띠헤

500달러입니다.

I want to draw 500dollars.

500(пятьсот) долларов.
삐찌쇼트 돌라로프

Quinientos dólares.
끼니엔또스 돌라레스

500 (besh yuz) dollar.
베시 유즈 돌라르

我想抽500美元。
shì wǔbǎi měiyuán
쓰 우-빠이 메이웨엔

Je veux retirer 500 dollars.
주 뵈 흐띠헤 500(쌩 썽) 달러

여기 번호표가 있습니다.

Here's your number plate.

Вот номерок.
보트 노메로-크

Aquí tiene un papel con el número.
아끼 띠에네 운 빠뻴 꼰 엘 누메로

Mana sizning raqamingiz.
마나 스즈닝 라카민기즈

这里有号码牌。
zhèli yǒu hàomǎ pái
쩌리 요우 하오마 파이

Voici votre plaque de numéro.
부아씨 보트흐 쁠라끄 드 뉘메호

잠깐만 기다려 주세요.

Please wait a moment.

Подождите минуточку.
빠다쥐-쩨 미누-또츠꾸

Por favor, espere un momento.
뽀르 파보르, 에스뻬레 운 모멘또

Ozgina kutib turing.
어즈기나 쿠툽 투링

请稍等一下。
qǐng shāo děng yíxià。
칭 샤오 떵 이씨아.

Patientez, s'il vous plaît.
빠씨엉떼, 씰 부 쁠래

기다리게 해서 미안합니다.

Sorry to have kept you waiting.

Извините за задержку.
이즈비니-쩨 자 자제르쉬꾸

Disculpe por la espera.
디스꿀뻬 뽀르 라 에스뻬라

Kuttirib qo'yganim uchun uzr so'rayman.
쿧트릅 코이가늠 우춘 우주르 소라이만

抱歉让你久等了。
Bàoqiàn ràng nǐ jiǔ děngle
빠오치엔 랑 니 지우 떵러

Désolé de vous faire attendre.
데졸레 드 부 페흐 아떵드흐

나는 뉴욕에 송금하고 싶습니다.

I want to send money to New-York.

Я хочу перевести(отправить)
야 하추 빼레베스찌 아뜨쁘라-비찌
деньги в Нью-Йорк.
젠기 브 뉴요르크

Quiero enviar dinero a Nueva York.
끼에로 엔비아르 디네로 아 누에바 요끄

Men Nyu Yorkka pul o'tkazmoqchiman
맨 뉴 오르크가 풀 올카즈먹츠만
(jo'natmoqchiman).
조낱먹츠만

我想汇款给纽约。
Wǒ xiǎng huìkuǎn gěi niǔyuē
워 샹 후이쿠안 께이 니우위에

Je veux envoyer de l'argent à
주 뵈 장부와이에 드 라흐장 아
New York.
뉴욕

거기에 당신 은행지점이 있습니까?

Have you a branch office in that city?

Есть ли там отделение вашего
예스찌 리 땀 앗젤레-니예 바-쉐보
банка?
반-끼

¿Su banco tiene una sucursal ahí?
수 방꼬 띠에네 우나 수꾸르살 아히

U shaharda bankingizning
우 샤하르따 반킨기즈닝
mahaliy bo'limi bormi?
마할리이 뽀르므 버르므

那里有你的银行分行吗?
nàlǐ yǒu nǐ de yínháng fēn háng ma
나리 유오 니 더 인항 펀 항 마

Avez-vous une succursale
아베-부 윈 쒸뀌흐쌀
bancaire dans cette ville?
벙께흐 덩 쎄뜨 빌

아니요, 그곳은 지점이 없고, 우리 거래은행은 있습니다.

No, we have not a branch office there, but we have a correspondent bank.

Нет, там нет отделения, но
니에트, 땀 니에트 앗젤레-니야, 노
есть наш банк-корреспондент.
예스찌 나쉬 반크-까레스빤젠-트

No, en ese lugar no tenemos
노 엔 에세 루가르 노 떼네모스
sucursal, pero tenemos convenio
수꾸르살 뻬로 떼네모스 꼰베니오
bancario ahí.
방까리오 아이

Yo'q, u yerda mahaliy bo'limi
욕, 우 예르따 마할리이 볼르므
yo'q, ammo bizning savdo
욕, 암머 브즈닝 사브더
bankimiz bor.
빤크므즈 버르

不,那里没有分行,
bú, nàlǐ méiyǒu fēnháng,
뿌, 나리 메이요우 펀항,
有我们的交易银行。
yǒu wǒmen de jiāoyì yínháng
요우 워먼 더 지아오이 인항

Non, nous n'avons pas de
농, 누 나봉 빠 드
succursale bancaire là, mais nous
쒸뀌흐쌀 벙께흐 라, 메 누
avons une banque correspondante.
자봉 윈 벙끄 꼬헤스뽕덩뜨

뉴욕지점(거래은행)으로 1,000 달러를 송금해주십시오.

Please draw a bill of exchange on your branch office(your correspondent bank) of New-York for the sum of thousand dollars.

Пожалуйста, сделайте перевод
빠잘-루이스따, 즈젤-라이쩨 뻬레보-트
на тысячу долларов
나 뜨이-샤추 돌라로프
по адресу отделения (банка-
빠 아드레수 앗젤레-니야 반까-
корреспондента) в Нью-Йорке.
까스빤젠-따 브 뉴요르께

Por favor deseo enviar 1000
뽀르 파보르 데세오 엔비아르 밀
dólares a su sucursal (al banco con
돌라레스 아 수 수꾸르살 알 방꼬 꼰
el que tiene convenio) en Nueva York.
엘 께 띠에네 꼰베니오 엔 누에바 요끄

Nyu-York shahridagi bankning
뉴요르크 샤흐르다기 빤크닝
mahalliy bo'limiga (savdo banki)ga
마할리 뽀르므갸 사브더 반크 갸
1000(ming) dollar o'tkazib bering.
밍 돌라르 옽카즙 베링

请往纽约分行汇1千美元。
qǐng wǎng niǔyuē fēnháng huì qiān měiyuán
칭 왕 니우위에 펀항 후이 치엔 메이위엔

Veuillez envoyer 1,000(mille)
뵈이에 앙부아이에 밀
dollars à ma succursale bancaire
달러 알 마 쒸뀌흐쌀 벙께흐
(ma banque correspondant) de
마 벙끄 꼬헤스뽕덩뜨 드
New York.
뉴욕

20 호텔에서

- At a hotel
- В гостинице
- En un hotel
- Mehmonxonada
- 在酒店
- À l'hotel

빈방이 있습니까?

Have you got any vacant room?

У вас есть свободный номер?
우 바스 예스찌 스바보-드느이 노-메르

¿Tiene alguna habitación libre?
띠에네 알구나 아비따씨온 리브레

Sizda bo'sh xona bormi?
스즈따 보시 허나 버르므

有空房间吗?
yǒukōng fángjiān ma
요우꽁 팡찐 마

Avez-vous une chambre vacante?
아베-부 윈 샹브흐 바깡뜨

어떤 방을 원하십니까?

What kind of room do you want?

Какой номер вы хотите?
깍꼬-이 노-메르 브이 하찌-쩨

¿Qué tipo de habitación quiere?
께 띠뽀 데 아비따씨온 끼에레

Qanday xonani xohlaysiz?
칸다이 허나느 허흘라이쓰즈

你想要什么样的房间?
Nǐ xiǎng yào shénme yàng de fángjiān
니 샹 야오 션머 양 더 팡지엔

Quel chambre voulez-vous?
껠 샹브흐 불레-부

남향으로 조용한 방을 원합니다.

I prefer a quiet room facing south.

Мне хотелось бы спокойный
므녜 하쪨-로시 브이 스빠꼬이느이
номер на солнечной стороне.
노-메르 나 솔녜츠노이 스따로네

Quiero(deseo) una habitación
끼에로 데세오 우나 아비따씨온
tranquila con mirada al sur.
뜨랑낄라 꼰 미라다 알 수르

Janubga qaragan tinch xonani
자눕가 카라갼 틴츠 허나느
xohlardim.
허흘라르뜸

我要朝南安静的房间。
wǒ yào cháonán ānjìng de fángjiān
워 야오 차오난 안징 더 팡지엔

Je veux une chambre calme
주 뵈 윈 샹브흐 깔름
exposée au sud.
엑스뽀제 오 쒸드

우리는 강 쪽으로 빈방이 하나, 도로변 쪽으로 빈방이 둘 있습니다.

We have a vacant room on the river and two others on the street.

У нас есть свободный номер
우 나스 예스찌 스바보-드느이 노-메르
с видом на реку
스 비돔 나 레꾸
и два номера с видом на улицу.
이 드바 노-메라 스 비돔 나 울-리쭈

Tenemos una habitación vacía al
떼네모스 우나 아비따씨온 바씨아 알
lado del río y otras dos al lado de
라도 델 리오 이 오뜨라스 도스 알 라도 데
la calle.
라 까예

Daryo tomonga qaragan bitta
따르여가 카라갼 빝타
bo'sh xonamiz, hamda ko'cha
보시 허나므즈, 함따 코차
tomonga qaragan ikkita bo'sh
터먼가 카라갼 이키타 보시
xonamiz bor.
허나므즈 버르

我们在河边有一间空房,
wǒmen zài hébiān yǒu yìjiān kōngfáng,
워먼 짜이 허삐에이 요우 이지엔 꽁팡,
在路边有一间空房。
zài lùbiān yǒu yìjiān kōngfáng。
짜이 루삐엔 요우 이지엔 꽁팡

Nous avons une chambre vacante
누 자봉 윈 샹브흐 바깡뜨
vers la rivière et deux autres vers
베흐 라 히비에흐 에 두 조뜨흐 베흐
la route.
라 후뜨

조용한 방을 하나 줄 수 있습니까?

Can you give me a quiet room?

Не можете ли вы дать мне
녜 모-제쩨 리 브이 다-찌 므녜
номер, чтобы было не шумно?
노-메르 쉬또브이 브일로 녜 슘노

¿Podría darme una habitación
뽀드리아 다르메 우나 아비따씨온
silenciosa?
실렌씨오사

Menga bitta tinch xonani bera
맨갸 빝카 드느츠 허나느 베라
olasizmi?
얼라스즈므

能给我一间安静的房间吗?
néng gěi wǒ yìjiān ānjìng de Fángjiān ma
넝 께이 워 이지안 안징 더 팡지엔 마

Pouvez-vous me donner une
뿌베-부 므 도네 윈
chambre calme?
샹브흐 깔름

나는 강이 보이는 방을 원합니다.

I prefer the room on the river.

Я хочу номер с видом на реку.
야 하추- 노-메르 스 비돔 나 례꾸

Deseo la habitación que da hacia el lado del río.
데세오 라 아비따씨온 께 다 아씨아 엘 라도 델 리오

Men daryo tomonga qaragan xonani xohlayman.
맨 다려 터먼갸 카라갼 허나느 허흘라이만

我要一间面向河的房间。
wǒ yào yìjiān miànxiàng hé de Fángjiān
워 야오 이찌안 메이썅 허 더 팡지엔

Je préfère une chambre vers la rivière.
주 프레페흐 윈 샹브흐 베르 라 히비에흐

그 방을 보여주십시오.

Let me see the room. (Please let me see it.)

Покажите мне, пожалуйста, этот номер.
빠까쥐-쩨 므녜 빠잘-루이스따, 에-또트 노-메르

Por favor muéstreme esa habitación.
뽀르 파보르 무에스뜨라메 에사 아비따씨온

O'sha xonani ko'rsatib yuboring, iltimos.
요샤 허나느 코르싸틉 유뻐링, 일트머쓰

让我看看那个房间。
ràng wǒ kànkàn nàgè Fángjiān
량 워 칸칸 나꺼 팡지엔

Laissez-moi voir la chambre.
레쓰-무아 부아흐 라 샹브흐
(Laissez-moi voir.)
레쓰-무아 부아흐

그 방은 2층입니까, 3층입니까?

Is the room in the second floor or in the third floor?

Номер находится на втором этаже или на третьем этаже?
노-메르 나호-짓쨔 나 프따롬- 에따줴- 일-리 나 뜨레-찌엠 에따줴-

¿Esa habitación está en el segundo piso o en el tercer piso?
에사 아비따씨온 에스따 엔 엘 세군도 삐소 오 엔 엘 떼르쎄르 삐소

U xona ikkinchi qavatdami, uchinchi qavatdami?
우 허나 이킨츠 카받다므, 우츤츠 카받다므

房间在二楼还是在三楼?
Fángjiān zài èr lóu háishì zài sān lóu
팡지엔 짜이 얼 로우 하이스 짜이 싼 로우

La chambre est-elle au deuxième étage ou au troisième étage?
라 샹브흐 에-뗄 오 두지엠므 에따주 우 오 투아지엠므 에따주

2층입니다.

It is in the second floor.

Он на втором этаже.
온 나 프따롬- 에따줴-

Está en el segundo piso.
에스따 엔 엘 세군도 삐소

Ikkinchi qavatda.
이킨츠 카밭다

它在二楼。
Tā zài èr lóu
타 짜이 얼 로우

Elle est au deuxième étage.
엘 레 또 두지엠므 에따주

당신은 1인용 방을 원하십니까, 2인용 방을 원하십니까?

Do you want a single room or a double room?

Какой номер вы хотите
깍꼬이 노메르 브이 하찌-쩨:
одноместный или двухместный?
아드노메스느이 일이 드부메스느이

¿Quiere una habitación individual
끼에레 우나 아비따씨온 인디비두알
o doble?
오 도블레

Bir kishilik xonani xoxlaysizmi,
브르 키실릭 허나느 허흘라이쓰즈므,
yoki ikki kishilik xonanimi?
여키 이키 키실릭 허나느므

你想要单人间还是双人间？
Nǐ xiǎng yào dān rénjiān háishì shuāng rénjiān
니 샹 야오 딴 런지엔 하이스 슈앙 런지엔

Voulez-vous une chambre simple
불레-부 윈 샹브르 쌩쁠
ou une chambre double?
우 윈 샹브흐 두블

욕실이 있는 1인용 방을 원합니다.

I want a single room with a bath.

Я хочу одноместный номер с
야 하추- 아도노메스느이 노메르 스
ванной.
반-노이

Quiero una habitación individual
끼에레 우나 아비따씨온 인디비두알
con baño.
꼰 바뇨

Hammomi bor bir kishilik xonani
함머므 버르 브르 키실릭 허나느
xoxlayman.
허흘라이만

我要一间有线的单人房间。
wǒ yào yìjiān yǒu xiàn de dānrén fángjiān
워 야오 이지엔 요우 씨안 더 딴런 팡지엔

Je veux une chambre simple avec
주 뵈 윈 샹브흐 쌩쁠 아베끄
un bain.
엉 뱅

침대가 둘 있는 방을 원합니다.

I want a room with two beds.

Я хочу комнату с двумя кроватями.
야- 하추- 꼼-나뚜 즈 드부마- 끄로비-짜미

Quiero una habitación con dos camas.
끼에로 우나 아비따씨온 꼰 도스 까마스

Men ikkita yotog'i bor xonani xoxlayman.
맨 이키타 여터크 버르 허나느 허흘라이만

我想要一个有两张床的房间。
Wǒ xiǎng yào yīgè yǒu liǎng zhāng chuáng de fángjiān
워 샹 야오 이꺼 요우 리양 짱 츄앙 더 팡지엔

Je veux une chambre avec deux lits.
주 뵈 윈 샹브흐 아베끄 두 리

2인용 침대가 있는 방을 원합니다.

I want a room with a double bed.

Я хочу комнату с двуспальной кроватью.
야- 하추- 꼼-나뚜 즈 드부스빨-노이 끄라바-찌유

Quiero una habitación con una cama doble.
끼에로 우나 아비따씨온 꼰 우나 까마 도블레

Menga ikki kishilik yotog'i bor xona kerak.
맨갸 이키 키실릭 여터크 버르 허나 캐랍

我想要一间带双人床的房间。
Wǒ xiǎng yào yī jiàn dài shuāngrén chuáng de fángjiān
워 샹 야오 이 지엔 따이 슈앙런 츄앙 더 팡지엔

Je veux une chambre avec un lit double.
주 뵈 윈 샹브흐 아베끄 엉 리 두블

이 방은 너무 큽(너무 작습)니다.

This room is too large(too small).

Эта комната слишком большая (слишком маленькая).
에-따 꼼-나따 슬리-쉬꼼 발샤-야 슬리-쉬꼼 말-렌까야

Esta habitación es demasiado grande (demasiado pequeña).
에스따 아비띠씨온 에스 데마시아도 그란데 데마시아도 뻬께냐

Bu xona juda katta (juda kichik).
뿌 허나 쥬따 갵타 쥬따 키칰

这个房间太大(太小)。
Zhège fángjiān tài dà (tài xiǎo)
쩌거 팡지엔 타이 따 타이 샤오

Cette chambre est trop grande (trop petite).
쎄뜨 샹브흐 에 트호 그항드 트로 쁘띠뜨

나는 더 작은(더 큰)방을 원합니다.

I want a smaller(larger) on.

Я хочу комнату поменьше
야 하추- 꼼-나뚜 빠엔-쉐
(побольше).
빠볼-쉐

Quiero una habitación más
끼에로 우나 아비따씨온 마스
pequeña (más grande).
뻬께냐 마스 그란데

Men kichikroq (kattaroq) xonani
맨 키칙럭 캍타럭 허나느
xoxlayman.
허흘라이만

我想要一个更小(更大)的。
Wǒ xiǎng yào yīgè gèng xiǎo (gèng dà) de
워 샹 야오 이꺼 껑 샤오 껑 따 더

Je veux une chambre plus petite
주 뵈 윈 샹브흐 쁠뤼 쁘띠뜨
(plus grande).
쁠뤼 그항드

J'aime une petite chambre.
젬므 윈 쁘띠뜨 샹브흐

나는 좀 더 작은 방이 좋습니다.

A smaller room will suit me.

Мне хотелось бы снять комнату
므네 하쩰-로시 브이 스냐찌 꼼-나뚜
поменьше.
빠멘-쉐

Es mejor para mi una habitación
에스 메호르 빠라 미 우나 아비따씨온
más pequeña.
마스 뻬께냐

Menga biroz kichikroq xona yaxshi.
맨갸 비러즈 키칙럭 허나 야흐시

较小的房间适合我。
wǒ xǐhuān gèng xiǎo yìdiǎn dí fángjiān
워 씨후안 껑 씨아오 이띠엔 디 팡지엔

좀 더 좋은 방은 없습니까?

Have you nothing better?

Нет ли у вас номера получше?
니에-트 리 우 바스 노-메라 빨루치쉐

¿No tiene una habitación mejor?
노 띠에네 우나 아비따씨온 메호르

Biroz yaxshiroq xonangiz yo'qmi?
브러즈 야흐시럭 허난기즈 욕므

没有更好的房间吗?
méiyǒu gènghǎo de Fángjiān ma
메이요우 껑하오 더 팡지엔 마

Avez-vous une meilleure chambre?
아베-부 윈 메이외흐 샹브흐

네, 하나 있습니다.

Yes, we have one.

Да, у нас есть один.
다, 우 나스 예스찌 아진-

Sí, tenemos una.
시, 떼네모스 우나

Ha, bitta bor.
하, 빝타 버르

是的,有一个。
shì de, yǒu yígè
쓰 더, 요우 이꺼

Oui, nous en avons une.
위, 누 저 나봉 윈

아니오, 없습니다.

No, we have not any.

Нет, у нас больше нет.
니에-트 우 나스 볼-쉐 니에트

No, no tenemos.
노, 노 떼네모스

Yo'q, bizda yo'q.
욕, 브즈다 욕

不, 没有。
Bù, méiyǒu
뿌, 메이요우

Non, nous n'en avons pas.
농, 누 넝 나봉 빠

네, 마음에 듭니다.

Yes, this room will do.

Да, нравится.
다, 느라-빗쨔

Sí, me gusta.
시, 메 구스따

Ha, yoqyapti.
하, 엮얍트

是的,我喜欢。
shì de, wǒ xǐhuan
쓰 더, 워 씨후안

Oui, j'aime.
위, 쥄므

이 방이 마음에 드십니까?

Does this room suit you?

Нравистя ли вам эта комната?
느라-빗쨔 리 밤 에-따 꼼-나따

¿Le gusta esta habitación?
레 구스따 에스따 아비따씨온

Bu xona sizga yoqyaptimi?
뿌 허나 스즈갸 엮얍트므

喜欢这个房间吗?
xǐhuan zhège Fángjiān ma
씨후안 쩌거 팡지엔 마

Est-ce que vous aimez cette chambre?
에-스 끄 부 제메 쎄뜨 샹브흐

이 방은 대단히 마음에 듭니다.

This room please me very much.

Эта комната мне очень нравистя.
에-따 꼼-나따 므녜 오-친 느라-빗쨔

Esta habitación me gusta mucho.
에스따 아비따씨온 메 구스따 무초

Bu xona menga juda yoqdi.
뿌 허나 맨갸 주다 엮뜨

这间屋子我很满意。
zhè jiàn wūzi wǒ hěn mǎnyì
쩌 지안 우찌 워 헌 만-이

Cette chambre me plaît beaucoup.
쎄뜨 샹브흐 므 쁠래 보꾸

창문으로 전 시가지를 볼 수 있지 않습니까?

All the city is visible from the window, isn't it?

Из окна виден весь город, правда?
이자 끄나- 비젠 베-시 고-로트 쁘라-브다

Toda la ciudad es visible desde la ventana, ¿no es así?
또다 라 씨우닫 에스 비시블레 데스데 라 벤따나, 노 에스 아시

Butun shahar derazadan ko'rinadi, shunday emasmi?
부툰 사하르 때라자딴 코르나뜨, 슌다이 애미쓰므

不是可以从窗戶看到整个市区吗?
bùshì kěyǐ cóng chuānghù kàndào zhěnggè shìqū ma
뿌 쓰 커이 총 추앙후 칸따오 쩡꺼 쓰츠 마

Toute la ville est visible par la fenêtre, n'est-ce pas?
뚜뜨 라 빌 에 비지블 빠흐 라 프네트흐, 네스 빠

전망이 참 아름답군요!

What a fine view it is!

Какой красивый вид!
깍꼬-이 끄라시-브이 비-트

¡La vista es verdaderamente hermosa!
라 비스따 에스 베르다데라멘떼 에르모사

Naqadar go'zal manzara!
나카따르 고잘 만자라

前景真美好!
qiánjǐng zhēn měihǎo
치엔칭 쩬 메이하오

Quelle belle vue!
껠 벨 뷔

이 방에 들겠습니다.

I'll take this room.

Я займу эту комнату.
야 자이무- 에-뚜 꼼-나뚜

Tomaré esta habitación.
또마레 에스따 아비따씨온

Men bu xonani olaman.
맨 뿌 허나느 얼라만

我要进这个房间。
wǒ yāo jìn zhège fángjiān
워 야오 찐 쩌거 팡지엔

Je vais prendre cette chambre.
주 베 프항드흐 쎄뜨 샹브흐

하루 숙박료는 얼마입니까?

What is the charge for a day?

Сколько стоит эта комната в сутки?
스꼴-꼬 스또-이트 에-따 꼼-나따 프 수-뜨끼

¿Cuánto es el valor diario del hospedaje?
꽌또 에스 엘 발로르 디아리오 델 오스뻬다헤

Bir kunlik to'lovi qancha bo'ladi?
브르 쿠늘릭 톨러브 칸차 라뜨

住一天房费是多少钱?
zhù yìtiān fángfèi shì duōshǎo qián
쭈 이티엔 팡페이 쓰 뚜오샤오 치엔

Quel est le prix de la chambre par jour?
껠 레 르 프리 들 라 샹브흐 빠흐 주흐

하루에 100달러입니다.

One hundred dollars a day.

Сто долларов в сутки(день).
100(스또) 달러로프 프 수-뜨기 젠

Cien dólares diarios.
씨엔 돌라레스 디아리오스

Kuniga yuz dollar bo'ladi.
쿠느갸 유즈 덜라르 볼라뜨

一天一百美元。
Yītiān yībǎi měiyuán
이티엔 이빠이 메이위엔

Cent dollars par jour.
쌍 날러 빠흐 주흐

할인이 안 됩니까?

Won't you make it a little cheaper?

Нельзя ли подешевле?
넬쟈- 리 빠제쉐-블레

¿No hacen descuentos?
노 아쎈 데스꾸엔또스

Biroz arzonroq qilasizmi?
브러즈 아르전럭 클라쓰즈므

不能打折吗?
bùnéng dǎzhé ma
뿌넝 따쩌 마

Pourriez-vous le rendre un peu moins cher?
불레-부 르 항드흐 엉 뾔 므왕 쉐흐

10일 이상 체류하시면 20% 할인해 드리겠습니다.

If you stay for more than ten day, we will make a reduction of twenty percent.

Если вы останетесь дольше десяти дней, то сделаем скидку на двадцать процентов.
예슬리 브이 아스따-네쩨시 돌-쉐 제샤찌- 드녜이, 또 즈젤-라옘 스끼-뜨꾸 나 드바-짜찌 쁘라쩬-또프

Si se queda más de diez días, haremos una reducción del veinte por ciento.
시 세 께다 마스 데 디에스 디아스, 아레모스 우나 레두씨온 델 베인떼 뽀르 씨엔또

Agar o'n kundan ortiq muddat qolsangiz, biz yigirma foizga arzonlashtiramiz.
아갸르 온 쿤딴 어르틐 묻닽 컬싼기즈, 브즈 이기르마 퍼이즈갸 아르저늘라시트라므즈

如果停留10天以上,
rúguǒ tíngliú shí(10) tiān yǐshàng,
루꾸오 팅리우 10티엔 이샹,

会优惠20%。
huì yōuhuì 20%。
후이 요우후이 20%펀쯔 얼스

Si vous restez plus de dix jours, nous vous donnerons 20%(vingt pour cent) de réduction.
씨 부 헤스떼 쁠뤼 드 디 주흐, 누 부 돈느홍 뱅 뿌흐 쌍 드 헤뒥씨옹

1주일 동안 체류하시면, 15퍼센트 할인해 드리겠습니다.

If you stay for a week, we will make a reduction of fifteen percent.

Если вы останетесь на одну
예슬리 브이 아스따-네쩨시 나 아드누-
неделю, то мы сделаем скидку
네젤-류, 또 므이 즈젤-라엠 스끼-뜨꾸
на пятнадцать процентов.
나 삐뜨나-짜찌 쁘라쩬-또프

Si se queda por una semana,
시 세 께다 뽀르 우나 세마나,
haremos una reducción del quince
아레모스 우나 레두씨온 델 낀세
por ciento.
뽀르 씨엔또

Agar siz bir hafta qolsangiz,
아갸르 스즈 브르 핤타 컬싼기즈,
biz o'n besh foizga arzonlashtirib
브즈 온 베시 퍼이즈갸 아르저늘라시트릅
beramiz.
베라므즈

如果您住一星期,我们将打七五折。
rúguǒ nín zhù yì xīngqī, wǒmen jiāng dǎ qīwǔzhé
루꾸오 닌 쭈 이 씽치, 워먼 지엔 따 칭우저

Si vous restez plus d'une semaine,
씨 부 헤스떼 쁠뤼 뒨 쓰멘,
nous vous donnerons 15%(quinze
누 부 돈느홍 깽즈
pour cent) de réduction.
뿌흐 쌍 드 헤뒥씨옹

좋습니다. 나는 1주일간 머물겠습니다.

All right, I'll take it for week then.

Хорошо, я останусь на неделю.
하라쇼-, 야- 아스따-누시 나 네젤-류

Está bien. Me alojaré por una
에스따 비엔 메 알로하레 뽀르 우나
semana.
세마나

Yaxshi. Men bir haftaga qolaman.
야흐시 맨 브르 핤타갸 컬라만

好吧, 我住一个星期。
hǎo bā, wǒ zhù yígè xīngqī
하오 바, 워 쭈오 이꺼 씽치

D'accord, je vais rester une semaine.
다또흐, 주 베 헤스떼 윈 쓰멘

나의 짐을 갖다 주세요.

Have my luggages taken up, please.

Поднимите мои вещи наверх.
빠드니미-쩨 마이- 베-쉬 나베-르흐

Por favor tome mi maleta.
뽀르 파보르 또메 미 말레따

Iltimos, mening yuklarimni tepaga
일트머쓰, 매닝 유클라름느 테파가
olib chiqib bersangiz.
얼릅 츠큽 베르싼기즈

请给我拿我的行李。
qǐng gěi wǒ ná wǒ de xíngli
칭 께이 워 나 워 더 씽리

Apportez mes bagages, s'il vous
아뽀흐떼 메 바가쥬, 씰 부
plaît.
쁠래

나의 짐을 내 방으로 갖다 주시겠습니까?

Will you fetch my baggages (luggages)?

Доставьте, пожалуйста, мои веше
다스따-비쩨 빠잘-루이스따 마이 베-쉬
(мой багаж) в мой номер.
모이 바가-쉬 브 모이 노-메르

¿Podría llevar mi equipaje a mi
뽀드리아 예바르 미 에끼빠헤 아 미
habitación?
아비따씨온

Yuklarimni xonamga keltirib
유킬라름느 허나갸 켈트립
berasizmi?
베리스즈므

请把我的行李拿到我的房间去好吗?
qǐng bǎ wǒ dí xínglǐ ná dào wǒ de fángjiān qù
칭 빠 워 더 씽리 나 따오 워 더 팡지엔 츠
hǎo ma
하오 마

Voulez-vous envoyer mes
불레-부 장부아이에 메
bagages à ma chambre?
바가쥬 아 마 샹브흐

알겠습니다.

Yes, sir.

Пожалуйста.
빨잘-루이스따

Entiendo. Por supuesto.
엔띠엔도 뽀르 수뿌에스또

Xo'p bo'ladi.
헙 뽈라뜨

好的。
hǎo de
하오 더

Oui, monsieur.
위, 므씨유

여기에 방 열쇠가 있습니다.

Here's the key of room.

Вот ключ от вашей комнаты.
보-트 끌류-치 아트 바-쉐이 꼼-나뜨이

Aquí está la llave de la habitación
아끼 에스따 라 자베 데 라 아비따씨온

Marhamat, xonaning kaliti.
마르하맡, 허나닝 칼르트

这里有房间钥匙。
zhèli yǒu Fángjiān yàoshi
쩌리 야오 팡지엔 야오쉬

Voici la clé de la chambre.
부아씨 라 끌레 들 라 샹브흐

외출하실 때는 사무실에 열쇠를 맡겨주십시오.

Please leave it to our office when you go out.

Когда вы выйдете оставьте,
까그다- 브이 브이-제쩨 아스 꼼-나뜨이 아스따-비쩨,
пожалуйста, ключ у дежурного.
빠잘-루이스다, 끌류-치 우 제쥬-르노보

Por favor encargue su llave en
뽀르 파보르 엔까르게 수 자베 엔
la oficina cuando salga.
라 오피씨나 꽌도 살가

Iltimos, tashqariga chiqqan
일트머쓰, 타시카르갸 츽칸
vaqtingizda kalitni ofisimizga
바크틴기즈따 카롙느 오피스므즈갸
qoldirib keting.
컬뜨릅 케팅

外出时请把钥匙交给办公室。
wàichū shí qǐng bǎ yàoshi jiāogěi Bàngōngshì
와이추 쓰 칭 바 야오스 지아오꺼이 빤꽁스

S'il vous plaît, laissez-la à notre
씰 부 쁠래, 레쎄-라 아 노트흐
bureau lorsque vous sortez.
뷔호, 로흐스끄 부 쏘흐떼

호텔 숙박부에 기록해 주십시오.

Please sign in the hotel register in the hotel book.

Заполните, пожалуйста, листок
자뽈-니께, 빠잘-루이스따, 리스또-크
для приезжающих.
들랴 쁘리에자-유쉬흐

Por favor anótese en el registro
뽀르 파보르 아노떼세 엔 엘 레히스뜨로
de huéspedes del hotel.
데 우에스뻬데스 델 오뗄

Iltimos, mehmonxonamizda
일트머쓰, 매흐먼허나므즈다
joylashganligingiz haqidagi
저일라시갼닌기즈 하크따기
qog'ozni to'ldirib bersangiz.
커거즈느 톨뜨릅 베르간기즈

请填一下宾馆的住宿簿。
qǐng tián yíxià bīnguǎn de zhùsùbù。
칭 티안 이씨아 삔관 더 쭈수뿌.

Veuillez signer le registre de l'hôtel.
뵈이에 씨니에 르 흐지스트흐 드 로뗄

미안하지만, 여기에 이름을 써 주십시오.

Will you please write your name here.

Будьте добры, подпишите здесь.
부-지쩨 다브로이- 빠뜨삐쉬-쩨 즈제시-

Disculpe pero por favor escriba
디스꿀뻬 뻬로 뽀르 파보르 에스끄리바
su nombre aquí.
수 놈브레 아끼

Uzr, bu yerga ismingizni yozib bering.
우주르, 뿌 예르갸 이쓰민기즈느 여즙 베링

对不起, 请在这儿写个名字。
duìbuqǐ, qǐng zài zhèér xiě gè míngzi
뚜이뿌치, 칭 짜이 쩌리 씨에 꺼 밍즈

S'il vous plaît, écrivez votre nom ici.
씰 부 쁠래, 에크리베 보트흐 농 이씨

이제 됐습니까?

Is that well?

Так хорошо?
딱-크 하라쇼-

¿Ahora está bien?
아오라 에스따 비엔

Endi bo'ldimi?
앤뜨 볼뜨므

现在可以了吗?
xiànzài kěyǐ le ma
씬짜이 커이 러 마

Est-ce bien?
에-스 비엥

당신의 주소, 직업, 나이도 써 주십시오.

Please write your address, your profession and age.

Пожалуйста, напишите свой
빠잘-루이스따, 나삐쉬-쩨, 스보-이
адрес, свою профессию
아-드레스, 스바유- 빠라페-시유
и возраст.
이 보-즈라스트

Por favor escriba su dirección,
뽀르 파보르 에스끄리바 수 디렉씨온,
su profesión y edad.
수 쁘로페씨온 이 에닷

Iltimos, manzilingizni, kasbingizni
일트머쓰, 만즐린기즈느, 캬쓰핀끼즈느
va yoshingizni yozib bering.
와 여신끼즈느 여즙 베링

请写一下你的地址, 职业, 年龄。
qǐng xiě yíxià nǐ de dìzhǐ, zhíyè, niánlíng
칭 씨에 이씨아 니 더 디쯔, 즈위에, 니엔링

S'il vous plaît, écrivez votre adresse,
씰 부 쁠래, 에크리베 보트흐 아드레스,
votre profession et votre âge.
보트흐 프호페씨옹 에 보트흐 아쥬

종습니다. 대단히 감사합니다.

All right, sir, Thank you very much.

Хорошо, сэр, большое вам спасибо.
하라쇼- 쎄르, 발쇼-에 밤 스빠시-보

Está bien. Muchas gracias.
에스따 비엔 무차스 그라씨아스

Yaxshi. Katta rahmat.
야흐시 캳타 라흐맡

好的,先生,非常感谢你。
Hǎo de, xiānshēng, fēicháng gǎnxiè nǐ
하오 더, 씨엔셩, 페이챵 깐씨에 니

Très bien, monsieur, merci beaucoup.
트레 비엥, 므씨유, 메흐씨 보꾸

식사는 언제 할 수 있습니까?

When can we have meals?

Когда мы можем поесть?
까그다- 므이- 모-즈엠 빠예-스찌

¿Cuándo puedo comer?
꽌도 뿌에도 꼬메르

Qachon ovqatlanishim mumkin
카천 어브카틀라느심 뭄킨
bo'ladi?
뽈라뜨

我们什么时候可以吃饭?
Wǒmen shénme shíhòu kěyǐ chīfàn
워먼 션머 쓰호우 커이 츠판

Quand pouvons-nous avoir des
깡 뿌봉-누 아부아흐 데
repas?
흐빠

아침 식사는 6시부터 8시까지, 점심 식사는 11시부터 1시까지, 저녁 식사는 5시부터 7시까지입니다.

The breakfast, from six to eight: the lunch, from eleven to one and the super, from five to seven.

Завтрак с шести до восьми утра,
자-프뜨라크 스 쉐스찌- 다 바시미- 우뜨라
обед с одиннадцати до часа и
아베-트 스 아진-나짜찌 다 치-사 이
ужин с пяти до семи вечера.
우-진 스 삐찌- 다 세미- 베-체라

El desayuno desde las seis hasta
엘 데사유노 데스데 라스 세이스 아스따
las ocho, el almuerzo desde las
라스 오초, 엘 알무에르소 데스데 라스
once hasta la una y la cena
온세 아스따 라 우나 이 라 쎄나
es desde las cinco hasta las siete.
에스 데스데 라스 씽꼬 아스따 라스 시에떼

Ertalab soat 6 (olti)dan 8(sakkiz)
애르탈랍 서앝 얼트딴 삭키즈
gacha nonushta,
꺄차 너누시타,
tushlik 11(o'n birdan) 1(bir)gacha,
투실릭 온 브르딴 쁘르꺄차,
kechki ovqat soat 5(besh)dan
케츠크 업캇 베시딴
7(yetti) gacha.
옐트 갸차

早餐从六点到八点:
Zǎocān cóng liù diǎn dào bā diǎn:
짜오찬 총 리우 디엔 따오 빠 디엔,
午餐, 从十一点到一点,
Wǔcān, cóng shíyīdiǎn dào yī diǎn,
우찬, 총 스이디엔 따오 이 디엔,
晚餐, 五点到七点。
wǎncān, wǔ diǎn dào qī diǎn
완찬, 우 디엔 따오 치 디엔

Le petit-déjeuner, de six heures à
르 쁘띠-데줘네, 드 씨 죄흐 아
huit heures, le déjeuner, de onze
위 뙤흐: 르 데줘네, 드 옹즈
heures à une heure et le super,
외흐 아 윈 뇌흐 에 르 쒸뻬흐,
de cinq heures à sept heures.
드 쌩 꾀흐 아 쎄 뙤흐

내일 아침 일찍 일어나고 싶습니다.

I want to get up early tomorrow morning.

Я хочу встать завтра рано
야 하추- 프스따찌 자-프뜨라 라-노
утром.
우-뜨롬

Quiero levantarme temprano
끼에로 레반따르메 뗌쁘라노
mañana por la mañana.
마냐나 뽀르 라 마냐나

Ertaga ertalab erta turmoqchiman.
애르타가 애르탈랍 애르타 투르멉츠만

我想明天一早起来。
wǒ xiǎng míngtiānyìzǎo qǐlái
워 샹 밍티엔 이짜오 칠라이

Je veux me lever tôt demain matin.
주 뵈 므 르베 또 드맹 마땡

몇 시에 깨워 드릴까요?

What time shall I can you?

Во сколько разбудить Вас?
바 스꼴꼬 라즈부지-찌 바스

¿A qué hora desea que le despierte?
아 께 오라 데세아 께 레 데스삐에르떼

Men sizni soat nechida uyg'otay?
맨 스즈느 서앝 네츠따 우이거타이

几点叫您起床?
jǐdiǎn jiào nín qǐchuáng
지띠안 쨔오 닌 치창

À quelle heure dois-je vous réveiller?
아 껠 뢰흐 두아-주 부 헤베이에

5시 반에 깨워 주십시오.

I want you to wake me at half past five.

Разбудите меня, пожалуйста,
라즈부지-쩨 미냐- 빠잘-루이스따,
в половине шестого.
프 빨라비-네 쉐스또-보

Por favor despiérteme a las
뽀르 파보르 데스삐에르떼메 알 라스
cinco y media.
씽꼬 이 메디아

Meni 5(besh) yarimda uyg'otib
매느 베시야름따 우이거틉
yuboring, iltimos.
유뻐링, 일드머쓰

请在5点半叫醒我。
qǐng zài 5 diǎn bàn jiàoxǐng wǒ
칭 짜이 우 디엔 빤 짜오씽 워

S'il vous plaît, réveillez-moi
씰 부 쁠래, 헤베이에-무아
à cinq heures et demie.
아 쌩 꾀흐 에 드미

책임지고 깨워 드리겠습니다.

Without fail, sir.

Хорошо обязательно.
하라쇼 아뱌지-쩰노

Lo despertaré, sin falta, señor.
로 데스뻬르따레, 신 팔따, 세뇨르

Albatta uyg'otib yuboraman.
알밭타 우이거틉 유뻐라만

我负责叫醒你。
wǒ fùzé jiàoxǐng nǐ
워 푸쩌 짜오씽 리

Sans faute, monsieur.
쌍 포뜨, 므씨유

세탁을 맡겨야 할 속옷들이 있습니다.

I have under-clothes to be washed.

У меня есть бельё, которое
우 미냐- 벨리요-, 까또-로에
я хочу отдать в стирку.
야 하추- 앗다-찌 프 스찌-르꾸

Tengo ropa interior para ser lavada.
땡고 로빠 인떼리오르 빠라 세르 라바다

Mening yuviladigan kiyimlarim bor.
매닝 유윌라뜨갼 키이믈라름 뻐르

有需要洗涤的内衣。
yǒu xūyào xǐdí de nèiyī
요우 수야오 쓰띠 더 너이

J'ai des sous-vêtements à laver.
줴 데 쑤-베뜨멍 아 라베

그것을 세탁소에 보내주십시오.

Please send them to the laundry.

Отдайте его, пожалуйста
앗다-이제 이보, 빠잘-루이스따
в стирку.
프 스찌-르꾸

Por favor envíelas a la lavandería.
뽀르 파보르 엔비에라스 알 라 라반데리아

Iltimos, ularni yuvishga topshrib
일트머쓰, 울라르느 유위시갸 텂시립
yuboring.
유뻐링

请把它送到洗衣店。
Qǐng bǎ tā sòng dào xǐyī diàn
칭 빠 타 송 따오 씨이 디엔

S'il vous plaît, envoyez-les à la
씰 부 쁠래, 엉부와이에-레 잘 라
laverie.
라브리

이 바지를 다림질 해주시겠습니까?

Will you iron these trousers?

Пожалуйста, отдайте выгладить
빠잘-루이스따 앗다-이제 브이-글라지찌
эти брюки?
에-찌 브-류기

¿Podría por favor planchar estos
뽀드리아 뽀르 파보르 쁠란차르 에스또스
pantalones?
빤딸로네스

Bu shimni dazmollab bera olasizmi?
뿌 심느 따즘멀랍 베라 얼라쓰즈므

这条裤子能熨一下吗?
zhè tiáo kùzi néng yùn yíxià ma
쩌 티아오 쿠쯔 넝 윤 이씨아 마

Voulez-vous repasser ce pantalon?
불레-부 흐빠쎄 쓰 빵딸롱

급하십니까?

Are you in a hurry?

Вам надо срочно?
밤 나도 스로-츠노

¿Tiene prisa?
띠에네 쁘리사

Shoshilinchmi?
셔실른츠므

你急吗?
nǐ jí ma
니 지 마

Êtes-vous pressé?
에뜨-부 프헤쎄

내일 아침 식사는 내 방에서 하고 싶습니다.

I want to have breakfast in my room tomorrow.

Завтра утром я хочу
자-프뜨라 우-뜨롬 야 하추-
позавтракать в своём номере.
빠자-프뜨라까찌 프 스바욤- 노-메레

Quiero desayunar en mi
끼에로 데사유나르 엔 미
habitación mañana.
아비따씨온 마냐나

Ertaga nonushtani xonamda
애르타가 너누시타느 허남따
qilmoqchi edim.
클먹츠 애듬

我想在我的房间里吃明天的早餐。
wǒ xiǎng zài wǒ de fángjiān lǐ chī míngtiān dí
워 씨양 짜이 워 더 팡지엔 리 츠 밍티엔 디
zǎocān。
자오찬

Je veux prendre mon petit déjeuner
주 뵈 프항드흐 몽 쁘띠 데죄네
dans ma chambre demain.
덩 마 샹브흐 드맹

목욕은 몇 시에 할 수 있습니까?

What time can I take a bath?

Когда можно принять ванну?
까그다- 모-즈노 쁘리냐-찌 반-누

¿A qué hora puedo bañarme?
아 께 오라 뿌에도 바냐르메

Soat nechida yuvinib olishim mumkin bo'ladi?
서앝 네츠따 유브닙 얼르심 뭄킨 뽈라뜨

侮辱能在几点进行?
wǔrǔ néng zài jǐ diǎn jìnxíng
우루 넝 짜이 찌띠엔 찐-씽

À quelle heure puis-je prendre un bain?
아 껠 뢰흐 쀠-주 프항드흐 엉 뱅

언제라도 좋습니다.

At any time.

В любое время.
브 류보-에 브례-먀

En cualquier momento está bien.
엔 꾸알끼에르 모멘또 에스따 비엔

Xoxlagan vaqtingizda.
허흘라갼 바크틴기즈따

随时都可以。
suíshí dōu kěyǐ
쑤이쓰 뚜오 커이

À tout moment.
아 뚜 모멍

당신이 편안할 때 하시지요.

At you convenience.

Как вам угодно.
까그다- 밤 우고-드노

Por favor hágalo cuando usted se sienta cómodo.
뽀르 파보르 아가로 꾸안도 우스뗏 세 시엔따 꼬모도

Sizga qulay vaqtda.
스즈갸 쿨라이 와큳다

趁你方便的时候吧。
chèn nǐ fāngbiàn de shíhou ba
천 니 팡삐엔 더 쓰호우 빠

À votre convenance.
아 보트흐 꽁브낭스

욕실은 어디 있습니까?

Where is the bathroom?

Где находится ванна?
그제 나호-짓쨔 반-나

¿Dónde está el baño?
돈데 에스따 엘 바뇨

Yuvinish xonasi qayerda joylashgan?
유위느시 허나쓰 카예르따 저일라시갼

浴室在哪里?
yùshì zài nǎlǐ
유쓰 짜이 나리

Où est la salle de bain?
우 에 라 쌀 드 벵

식당은 어디 있습니까?

Where is the dining hall?

Где находится ресторан?
그제 나호-짓짜 레스따란-

¿Dónde está el comedor?
돈데 에스따 엘 꼬메도르

Tamadixona qayerda joylashgan?
타마뜨허나 카예르따 저일라시갼

餐厅在哪里？
Cantīng zài nǎlǐ
찬팅 짜이 나리

Où est la salle à manger?
우 에 라 쌀 라 멍제

화장실은 어디 있습니까?

Where is the lavatory(toilet)?

Где находится туалет?
그제 나호-짓짜 뚜알레트

¿Dónde está el baño?
돈데 에스따 엘 바뇨

Hojatxona qayerda joylashgan?
허잘허나 카예르따 저일라시갼

厕所在哪里?
Cèsuǒ zài nǎlǐ
처쑤어 짜이 나리

Où sont les toilettes?
우 쏭 레 뚜알레뜨

나는 내일 아침 일찍 출발 해야 합니다.

I have to leave early tomorrow morning.

Мне надо уехать завтра рано
므녜 나-도 우예-하찌 자-프뜨라 라-노
утром.
우-뜨롬

Mañana temprano en la mañana
마냐나 뗌쁘라노 엔 라 마냐나
tengo que partir.
뗑고 께 빠르띠르

Ertaga ertalab erta ketishim kerak.
애르타갸 애르탈랍 애르타 케트심 케락

我明天要早起。
wǒ míngtiān yāo zǎoqǐ
워 밍티엔 야오 짜오츠

Je dois partir tôt demain matin.
주 두아 빠흐띠흐 또 드맹 마땡

나는 오늘 저녁 출발합니다.

I'm leaving this evening.

Я уеду сегодня вечером.
야 우예-두 시보-드냐 베-체롬

Hoy por la noche parto.
오이 뽀르 라 노체 빠르또

Men bugun kechqurun jo'nab
맨 뿌군 케츠크룬 조납
ketaman.
케타만

我今天晚上要离开。
wǒ jīntiān wǎnshang chūfā
워 찐티엔 완샹 추파

Je pars ce soir.
주 빠흐 쓰 쑤아흐

계산서를 갖다 주십시오.

Bring me my bill.

Принесите, пожалуйста, мой счет.
쁘리네시-제 빠잘-루이스타 모이 쇼-트

Por favor tráigame la cuenta.
뽀르 파보르 뜨라이가메 라 꾸엔따

Menga hisob qog'ozimni keltirib bersangiz.
맨갸 흐쌉 커거즘느 켈트릅 베르싼기즈

把我的账单带给我。
Bǎ wǒ de zhàngdān dài gěi wǒ
빠 워 더 짱딴 따이 께이 워

Apportez-moi la facture.
아뽀흐떼-무아 라 팍뛰흐

계산서를 갖다 주세요.

Give me the bill please.

Пожалуйста, счет.
빠잘-루이스따 쇼-트

Traiga la cuenta por favor.
뜨라이가 라 꾸엔따 뽀르 파보르

Hisob qog'ozimni keltirib bersangiz.
흐썹 커거즘느 켈트릅 베르싼기즈

请给我账单。
Qǐng gěi wǒ zhàngdān
칭 께이 워 짱딴

Donnez-moi la facture, s'il vous plaît.
도네-무아 라 팍뛰흐, 씰 부 쁠래

조금 기다려 주세요.

One moment, please.

Минуточку.
미누또츠꾸

Por favor espere un momento.
뽀르 파보르 에스뻬레 운 모멘또

Bir daqiqa.
브르 따키카

请稍等一下。
qǐng shāo děng yíxià
칭 샤오 떵 이쌰

Un instant s'il vous plaît.
어 넹스떵, 씰 부 쁠래

택시를 불러 주십시오.

Please call me a taxi.

Пожалуйста, вызовите такси.
빠잘-루이스따, 브이자비-쩨 딱시-

Por favor llamame un taxi.
뽀르 파보르 자마메 운 딱시

Iltimos, menga taksi chaqirtirib bersangiz.
일트머쓰, 맨갸 탁시 차크릅 베르싼기즈

请叫辆出租车。
qǐng jiào liàng chūzūchē
칭 지아오 리양 추쭈처

S'il vous plaît appeler un taxi.
씰 부 쁠래, 아쁠래 엉 딱시

21 레스토랑에서

- At a restaurant
- В ресторане
- En un restaurante
- Restoranda
- 在西餐厅
- Au restaurant

시장하지 않습니까?

Don't you feel hungry?

Вы не голодны?
브이 녜 골-로드느이

¿No tiene hambre?
노 띠에네 암브레

Qorningiz ochmadimi?
커르닌기즈 어츠마뜨므

你不觉得饿吗？
Nǐ bù juédé è ma
니 뿌 쥐에더 어 마

Vous n'avez pas faim?
부 나베 빠 펭

네, 시장합니다.

Yes, I do. (Yes, I feel hungry.)

Да. я голоден(голодна).
다, 야 골-로젠 갈라드나-

Sí. Sí, tengo hambre.
시 시, 땡고 암브레

Ha, qornim ochdi.
하, 커르늠 어츠뜨

是, 我愿意(是的,我感到很饿)。
Shì, wǒ yuànyì(Shì de, wǒ gǎndào hěn è)
쓰, 워 위엔이 쓰더, 워 깐따오 헌 어

Oui. (Oui, j'ai faim.)
위 위, 줴 펭

나는 매우 배고픕니다.

I am faint with hungry. I am very hungry.

Я очень голоден(голодна).
야 오-친 골-로젠 갈라드나-

Tengo mucha hambre.
땡고 무차 암브레

Meni qornim juda ochib ketdi.
매느 커르늠 주따 어츱 켙뜨

是的, 我很饿。(我很饿,很饿)。
Shì de, wǒ hěn è wǒ hěn è, hěn è
쓰 더, 워 헌 어 워 헌 어, 헌 어

J'ai très faim.
주 쒸 트헤 펭

오늘 오후 나는 많이 걸었기 때문에 매우 시장합니다.

I am awfully hungry because I walked very much this afternoon.

Сегодня днем я много ходил
시보-드냐 드뇸- 야 므노-고 하질-
ходила, поэтому очень
하질-라 빠에-또무 오-친
голоден(голодна).
골-로젠 갈라드나-

Debido a que caminé mucho hoy
데비도 아 께 까미네 무초 오이
en la tarde tengo mucha hambre.
엔 라 따르데 땡고 무차 암브레

Bugun tushlikdan so'ng juda ko'p
뿌군 투실릭딴 송 주따 쿞
yurdim, shuning uchun qornim
유르뜸 슈닝 우춘 커르늠
juda ochib ketdi.
주따 어츱 켙뜨

今天下午我走得很多,所以很饿。
jīntiān xiàwǔ wǒ zǒu dé hěnduō suǒyǐ hěn è
찐티엔 씨아우 워 쪼우 더 헌뚜오 쑤오이 헌 어

J'ai très faim parce que j'ai
쥐 트헤 펜펭 빠흐스 끄 쥐
beaucoup marché cet après-midi.
보꾸 마흐쉐 쎄 따프헤-미디

식당에 들어가서 함께 식사하지 않겠습니까?

What do you say to dining with me at a restaurant?

Не хотите ли вы зайти в
녜 하찌-쩨 리 브이 자이찌- 브
ресторан и покушать со мной?
레스따란- 이 빠꾸-샤찌 사 므노-이

¿No quiere que comamos todos
노 끼에레 께 꼬마모스 또도스
juntos en el restaurante?
훈또스 엔 엘 레스따우란떼

Men bilan restoranga kirib birga
맨 빌란 레스타란가 크룹 브르가
ovqatlanmaysizmi?
어브칸틀란마이스즈므

你怎么说在餐馆和我一起用餐?
yào bū yāo jìn cāntīng yìqǐ chīfàn
야오 뿌 야오 찐 찬팅 이치 츠판

Voulez-vous manger dans un
불레-부 멍제 덩 정
restaurant avec moi?
헤스또항 아베끄 무아

네, 그러지요.

With great pleasure.

Да, с удовольствием.
다 수 다볼-스뜨비엠

Sí, por supuesto.
시, 뽀르 수뿌에스또

Ha, shunday qilaylik.
하, 슌다이 클라일릭

是, 很好。
shì, hěnhǎo
쓰 헌하오

Avec grand plaisir.
아베끄 그랑 쁠래지흐

택시로 갑시다.

Let's go by taxi.

Поедемте на такси.
빠예-젬쩨 나 딱시-

Vamos en taxi.
빠모스 엔 딱씨

Taksida boraylik.
탁시따 버라일릭

坐出租车去吧。
zuò chūzūchē qù bā
쭈 추쭈처 치 바

Allons en taxi.
알롱 엉 딱시

식당에 다 왔습니다.

Here we are at restaurant.

Вот мы в ресторане.
보-트 므이 브 레스따라-녜

Llegamos al restaurante.
제가모스 알 레스따우란떼

Mana, biz restoranga yetib keldik.
마나, 브즈 레스타란가 예틉 켈띡

都到饭店了。 (已到了食堂。)
dōu dào Fàndiàn le sì dàole Shítáng
또우 따오 판띠엔 러 쓰 따오러 시탕

Ici nous sommes au restaurant.
이씨 누 쏨므 조 헤스또항

21 레스토랑에서

2층으로 올라갑시다.

Let's go upstairs.

Поднимемся на второй этаж.
빠드니-멤샤 나 프따로-이 에따-쉬

Subamos al segundo piso.
수바모스 알 세군도 삐소

Ikkinchi qavaqtga chiqaylik.
이킨츠 카발갸 츠카일릭

上二楼吧。
shàng èr lóu ba
샹 아- 로우 빠

Allons au deuxième étage.
알롱 오 두지엠므 에따주

저기 창 옆입니다.

It is by the window over there.

Там у окна.
땀, 우 아끄나

Allí está junto a la ventana.
아지 에스따 훈또 알라 벤따나

Ana u deraza yonida.
아나 우 떼라자 여느따

在那个窗口旁边。
zài nàgè chuāngkǒu pángbiān
짜이 나꺼 츄앙꼬우 팡삐엔

c'est à côté de la fenêtre, là-bas.
쎄 아 꼬떼 들 라 프네뜨흐 라-바

웨이트, 빈자리가 있습니까?

Waiter, is there a vacant table?

Официант, есть свободные
아피찌안-트, 예스찌 스바보-드느이에
места?
메스따-

Mesero(camarero), ¿tiene asientos
메세로 까마레로, 띠에네 아시엔또스
libres?
리브레스

Ofitsiant, bo'sh stol bormi?
아피짠트, 보시 스털 버르므

服务员, 有空位吗?
Fúwùyuán, yǒu kòngwèi ma
푸우위엔, 요우 꽁웨이 마

Serveur, y a-t-il une table vide?
쎄흐뵈흐, 이 아-띨 윈 따블 비드

이 테이블은 비어 있습니다.

This table is free.

Этот столик свободен.
에또트 스똘리크 스바보젠

Ésta mesa está libre.
에스따 메사 에스따 리브레

Bu stol bo'sh.
뿌 쓰톨 보시

这张桌子空着。
zhè zhāng zhuōzi kōngzhe
쩌 짱 쭈오즈 콩쩌

Cette table est libre.
쓰 따블로 에 리브흐

이쪽으로 오십시오.

This way, please.

Сюда, пожалуйста.
슈다, 빠잘-루이스따

Venga por aquí por favor.
벵가 뽀르 아끼 뽀르 파보르

Bu tomonga, marhamat.
뿌 터먼가 마르하맡

这边请。 (请到这儿来。)
Zhè biān qǐng qǐng dào Zhèer lái
쩌 삐엔 칭 칭 따오 찌얼 라이

Venez ici, s'il vous plaît.
브네 이씨, 씰 부 쁠래

이 테이블에 앉아도 좋습니까?

This we take our sets of this table?

Можно сесть за этот стол?
모-즈노 세-스찌 자 에-또트 스똘

¿Está bien aunque me siente en esta mesa?
에스따 비엔 아운께 메 시엔떼 엔 에스따 메사

Bu stolga o'tirsa ham bo'ladimi?
뿌 쓰톨갸 오트르싸 함 뽈라뜨므

可以坐这张桌子吗?
kěyǐ zuò zhè zhāng zhuōzi ma
커이 쭈오 쩌 짱 쭈오쯔 마

Pouvons-nous s'asseoir à cette table?
뿌봉-누 싸쑤아흐 아 쎄뜨 따블

마침 2인용 테이블이 세팅되어 있습니다.

There are just two dinner sets.

Как раз прибор на двоих.
깍크 라스 쁘리보-르 나 드부-흐

Justamente hay 2(dos) mesas arregladas.
후스따멘떼 아이 도스 메사스 아레글라다스

Stol aynan ikki kishilik qilib tayyorlangan ekan.
쓰톨 아이난 잌키 키실릭 킬릅 타이여롤란갼 애칸

正好摆放了双人桌。
zhènghǎo bǎifàngle shuāng rén zhuō
쩡하오 바이팡러 솽 런 쭈오

Deux dîners sont disponible.
두 디네 쏭 디스뽀니블

웨이터, 메뉴를 가져오세요.

Waiter, bring us the menu.

Официант, дайте нам меню.
아피찌안-트, 다-이쩨 남 메뉴-

Mesero (camarero) tráiganos el menú.
메세로 까마레로 뜨라이가노스 엘 메누

Ofitsiant, bizga menyu keltiring.
아피짠트, 브즈가 메뉴 켈트링

服务员，请把菜单拿来。
fúwùyuán, qǐng bǎ càidān ná lái
푸우위엔, 칭 빠 차이단 나 라이

Serveur, apportez-nous le menu.
쎄흐뵈흐, 아뽀흐떼-누 르 므뉘

웨이터, 메뉴를 보여주세요.

Waiter, let us see the menu.

Официант, покажите нам меню.
아피찌안-트, 빠까쥐-쩨 남 미뉴-

Mesero, muéstrenos el menú.
메세로, 무에스뜨레노스 엘 메누

Ofitsiant, menyuni ko'rsatib yuboring.
아피짠트, 메뉴느 코르싸틉 유버링

服务员,请出示菜单。
fúwùyuán, qǐng chūshì càidān
푸우위엔, 칭 추쓰 사이단

Serveur, montrez le menu.
쎄흐뵈흐, 몽트헤 르 므뉘

무엇을 원하십니까?

What will you have to eat?

Что вы хотите?
쉬또- 브이 하찌-쩨

¿Qué desea comer?
께 데세아 꼬메르

Siz nima yeyishni xohlaysiz?
스즈 느마 예이시느 허흘라이스즈

您想要什么?
nín xiǎng yào shénme
닌 썅 하오 션머

Qu'est-ce que vous allez manger?
께-스 끄 부 잘레 멍제

빵, 수프, 굴튀김, 비프스테이크와 야채샐러드를 주세요.

Bring us bread, potage, fried oyster, beefsteak and vegetable salad.

Дайте нам хлеб, суп, жареные устрицы, бифштекс и салат из овощей.
다-이쩨 남 흘례-쁘 수-쁘, 자-렌느이에 우-스뜨리쯔이, 비프쉬쩩-스 이 살라-트 이자 바쉐-이

Por favor tráiganos pan, sopa, ostras fritas, bistec y ensalada de verduras.
뽀르 파보르 뜨라이가노스 빵, 소파, 오뜨라스 프리따스, 비스떽 이 엔살라다 데 베르두라스

Bizga non, sho'rva, qovurilgan chig'anoq, bifshteks va sabzavotli salat keltiring.
브즈갸 넌, 쇼르바, 커브릴걀 츠카넉, 비프시테그쓰 와 쌉자버틀리 쌀랕 켈트링

请给我面包,汤,油炸牡蛎,
qǐng gěi wǒ miànbāo, tāng, yóuzhá mǔlì,
칭 께이 워 미엔빠오, 탕, 요우짜 무리,
牛排和蔬菜沙拉。
niúpái hé shūcài shālā
니우파이 허 슈차이 사라

Apportez-nous du pain, du potage, des huîtres frites, du bifteck et une salade de légumes.
아뽀호떼-누 뒤 빵, 뒤 뽀따주, 데 쥐뜨흐 프리뜨, 뒤 비프떼끄 에 윈 쌀라드 드 레귐므

음료수는 무엇을 마시겠습니까?

Anything to drink?

А напиток?
아 나삐-또크
А что будете пить?
아 쉬또- 뷔제쩨 삐-찌

¿Qué bebida tomarán?
께 베비다 또마란

Ichishga nima olasiz?
이치시가 느마 얼라스즈

您想要什么饮料?
nín xiǎng yào shénme yǐnliào
닌 씨양 야오 선-머 인랴오

Quelque chose à boire?
껠끄 쇼즈 아 부아흐

백포도주를 한 병 갖다 주세요.

Bring us a bottle of white wine.

Дайте, пожалуйста, бутылку
다-이쩨 빠잘-루이스따 부뜨일-꾸
белого вина.
벨-로보 비나-

Por favor traiga una botella de
뽀르 파보르 뜨라이가 우나 보떼야 데
vino blanco.
비노 블랑꼬

Bizga bir shisha oq sharob keltiring.
브즈가 브르 시샤 억 샤럽 켈트링

请给我拿一瓶白葡萄酒。
qǐng gěi wǒ ná yìpíng bái pútáojiǔ
칭 께이 워 나 이 핑 빠이 푸타오지우

Apportez-nous une bouteille de
아뽀흐떼-누 윈 부떼이 드
vin blanc.
뱅 블랑

웨이트, 대단히 목이 마릅니다. 물을 주세요.

Waiter, I am very thirsty, Give me some water.

Официант, дайте мне воды,
아피찌안-트, 다-이쩨 므네 바드이,
я так хочу пить.
야 딱-크 하추 삐-찌

Mesero tengo mucha sed.
메세로 뗑고 무차 셋
Deme agua.
데메 아구아

Ofitsiant, men juda chanqab
아피짠트, 멘 주다 찬캅
ketdim Iltimos, suvdan bering.
켇듬 일트머쓰, 수우으단 베링

服务员,嗓子很干。 请给我水。
fúwùyuán, sǎngzi hěn gàn qǐng gěi wǒ shuǐ
푸우위엔, 상지 헌 칸 칭 꺼이 워 수웨이

Serveur, j'ai très soif, donne-moi
쎄흐뵈흐, 줴 트헤 쑤아프, 도네-무아
de l'eau.
들 로

그 밖에 무엇을 원합니까?

Anything else?

Что вам еще угодно?
쉬또- 밤 잇쇼 우고-드노

¿Algo más?
알고 마스

Yana biror narsa xohlaysizmi?
야나 브러르 나르싸 허흘라이스즈므

除此之外想要什么?
chúcǐzhīwài xiǎng yào shénme
추스찌왜이 씨양 야오 선머

Rien d'autre?
리엥 도뜨흐

커피를 주세요.

Bring us some coffee.

Дайте пожалуйста, кофе.
다-이쩨 빠잘-루이스따, 꼬-페

Tráigame café.
뜨라이가메 까페

Bizga qahva olib keling, iltimos.
브즈갸 카흐바 얼립 켈링, 일트머쓰

请给我咖啡。(给我们带些咖啡。)
qǐng gěi wǒ kāfēi Gěi wǒmen dài xiē kāfēi
칭 께이 워 카페이 께이 워먼 따이 씨에 카페이

Apportez-nous du café.
아뽀흐떼-누 뒤 까페

우리는 과일을 원합니다.

We want fruits.

Мы хотим фрукты.
므이 하찜- 프룩뜨이

Queremos frutas.
께레모스 프루따스

Bizga mevalardan bersangiz.
브즈갸 메왈라르딴 베르싼기즈

我们想要水果。
Wǒmen xiǎng yào shuǐguǒ
워먼 씨양 야오 쑤이꾸어

Nous voulons des fruits.
누 불롱 데 프뤼

웨이트, 계산서를 갖다 주세요.

Waiter, give us the bill, please.
(Waiter, bring us the bill.)

Официант, дайте нам счет,
아피찌안-트, 다-이쩨 남 쇼-트
(принесите нам счет.)
쁘리네시-쩨 남 쇼-트

Mesero, traiga la cuenta por favor.
메세로, 뜨라이가 라 꾸엔따 뽀르 파보르

Ofitsiant, bizga to'lov qog'ozini
아피짠트, 브즈갸 톨럽 커거즈느
keltirib bering.
켈트릅 베링

服务员, 请把账单拿过来。
fúwùyuán, qǐng bǎ zhàngdān ná guòlai
푸우위엔, 칭 빠 짱-단 나 꾸오라이

Serveur, donnez-nous l'addition,
쎄흐뵈흐, 도네-누 라디씨옹,
s'il vous plaît.
씰 부 쁠래
(Serveur, apporte-nous l'addition.)
쎄흐뵈흐, 아뽀흐떼-누 라디씨옹

네, 곧 갖다 드리겠습니다.

All right, sir. I won't keep you long.

Хорошо сейчас.
하라쇼- 시차-스

Sí, la traeré inmediatamente.
시, 라 뜨라에레 인메디아따멘떼

Hop bo'ladi, xozir keltiraman.
혚 뽈라뜨, 허쯔르 켈트라만

是的, 我马上给您拿来。
shì de, wǒ mǎshàng gěi nín nálái
쓰 더, 워 마셩 께이 닌 나-라이

Très bien Monsieur. Je l'apporteai
트헤 비엥 므씨유 주 라뽀흐뜨헤
bientôt.
비엥또

내 몫은 내가 지급하도록 해 주십시오. 각자 몫은 각자가 지급하도록 해 주십시오.

Let me pay my share, please.

Разрешите мне заплатить за себя.
라즈레쉬-쩨 므녜 자쁠라찌-찌 자 시뱌

Por favor déjeme pagar mi parte.
뽀르 파보르 데헤메 빠가르 미 빠르떼

Menga o'zimga to'lashga ijozat bering.
멘갸 오쯤갸 톨라시갸 이저자트 베링

请你让我付我一份。
qǐng nǐ ràng wǒ fù wǒ yí fèn
칭 니 랑 워 푸 워 이 펀

Laissez-moi payer ma part, s'il vous plaît.
레쎄-무아 뻬이에 마 빠흐, 씰 부 쁠래

아니요, 오늘은 내가 대접하겠습니다.

No, it is my treat this evening.

Нет, я угощаю вас сегодня.
니에-트 야 우가샤-유 바스 시보-드냐

No, hoy deseo invitarlo yo.
노, 오이 데세오 인비따르로 요

Yo'q, bugun men mehmon qilaman.
욕, 뿌군 멘 메흐먼 클라만

不,今天我请客。
bù, jīntiān wǒ qǐngkè
뿌, 찐 티안 워 칭꺼

Non, c'est mon plaisir ce soir.
농, 쎄 몽 쁠래지흐 쓰 쑤아흐

어서 오십시오.

Good evening, sir.

Добрый вечер.
도브리-에 베-체르

Bienvenido.
비엔베니도

Xush kelibsiz.
후시 켈립스즈

欢迎光临。
huānyíng guānglín
환-잉 꾸앙린

Bonsoir Monsieur.
봉쑤아흐 므씨유

무엇을 원하십니까?

What do you want?

Что вам угодно?
쉬또 밤 우고-드노

¿Qué desea?
께 데세아

Bizga nima xizmat?
브즈갸 느마 흐즈맡

你想要什么？
Nǐ xiǎng yào shénme
니 씨양 야오 션머

Qu'est-ce que vous voulez?
께-스 끄 부 불레

저녁식사를 하고 싶습니다.

I should like to have supper.

Я хочу поужинать.
야 하추- 빠우-쥐나찌

Quiero cenar.
끼에로 쎄나르

Ovqatlanmoqchi edim.
어브카틀란먹치 애듬

我想吃晚饭。
Wǒ xiǎng chī wǎnfàn
워 씨양 츠 완판

Je voudrais dîner.
주 부드헤 디네

네, 드리지요.

Very well, sir.

Пожалуйста.
빠잘-루이스따

Sí, con gusto.
시, 꼰 구스또

Ha, albatta.
하, 알밭타

好的, 给您。
hǎo de, gěi nín
하 오, 꺼이 닌

Très bien, monsieur.
트레 비엥, 므씨유

메뉴를 보여주시지요.

Let me see the menu.
(Show me the menu.)

Покажите мне меню.
빠까쥐-쩨 므녜 메뉴-

Muéstreme el menú.
무에스뜨레메 엘 메누

Menyu ko'rsatib yuboring.
메뉴 코르싸틉 유버링

请出示菜单。
qǐng chūshì càidān
칭 추쓰 차이단

Laissez-moi voir le menu.
레쎄-무아 부아흐 르 므뉘
(Montrez-moi le menu.)
몽트헤-무아 르 므뉘

무엇을 마시고 싶습니까?

What drink do you wish?

Что вы хотите выпить?
쉬또- 브이 하찌-쩨 브이-삐찌

¿Qué quiere tomar?
께 끼에레 또마르

Nima ichasiz?
느마 이차스즈

您想喝点什么?
nín xiǎng hē diǎn shénme
닌 씨양 허 따이안 션머

Quelle boisson souhaitez-vous?
껠 부아쏭 수에떼-부

맥주 한 잔을 마시고 싶습니다.

I want a glass of beer.

Дайте мне кружку пива.
다-이쩨 므녜 끄루-쉬꾸 삐-바

Quiero tomar un vaso de cerveza.
끼에로 또마르 운 바소 데 쎄르베사

Bir stakan pivo ichishni xohlayman.
브르 쓰타칸 피와 이치시느 허흘라이만

我想喝杯啤酒。
wǒ xiǎng hē bei píjiǔ
워 씨양 허 뻬이 피지우

Je veux un verre de bière.
주 뵈 영 베흐 드 비에흐

저녁 식사로 무엇이 있습니까?

What shall I have to eat?

Что вы предлагаете на ужин?
쉬또- 브이 쁘레들라기-에쩨 나 우-진
(Что у вас имеется на ужин?)
쉬또- 우 바스 이메-옛짜 나 우-진

¿Qué tiene para la cena?
께 띠에네 빠라 라 쎄나

Kechki ovqatga nima tavsiya qila olasiz?
케츠키 어브칼갸 느마 타브시야 클라 얼라스즈

晚饭有什么?
wǎnfàn yǒu shénme
완판 요우 션머

Que dois-je manger?
끄 두아-주 멍제

정식으로 하면 전채(前菜), 마요네즈 소스와 가재, 비프-스테이크, 닭찜 및 야채 샐러드를 들게 됩니다.

If you take the table d'hote dinner, you will have hors, lobster à la sauce mayonnaise beefsteak, stewed chicken and vegetable salad.

У нас дежурные блюда:
우 나스 제쥬-르느이에 블류-다:
закуска, рак с майонезом,
자꾸-스까, 라크스 마요녜-좀,
бифштекс, тушёная курица и
비프쉬쩩-스, 뚜쇼-나야 꾸-리짜 이
овощной салат.
아바쉬노-이 살라트

Si desea el menú del día tiene
시 데세아 엘 메누 델 디아 띠에네
aperitivo, salsa de mayonesa,
아뻬리띠보, 살사 데 마요네사,
langosta, bistec filete, pollo al
랑고스따, 비스떽 필레떼, 뽀요 알
vapor y ensalada de verduras.
바뽀르 이 엔살라다 데 베르두라스

Doimiy ovqatlarimizdan,
더이미이 어브카틀라르므즈단,
tamadilar, mayonez sousi va omar,
타마들라르, 마요네즈 소우스 와 어마르,
go'shtli bifshteks, dudlangan tovuq
고시틀리 비프시테크스, 뚜들란갼 터북
va sabzavotli salatlar bor.
와 사브자버틀리 사라틀라르 버르

正式使用前菜,
zhèngshì shǐyòng qián cài,
쩡씨쓰 쓰영 치엔 싸이,
蛋黄酱和佳材,
dànhuángjiàng hé jiācái,
딴후앙찌앙 허 찌아싸이,
牛排，炖鸡及蔬菜沙拉。
niúpái, dùnjī jíshūcài shālā
니우파이, 뚠찌 지슈차이 샬라

Si vous choisissez le dîner, vous mangerez un hors-d'oeuvre, du homard à la sauce mayonnaise, du steak de bœuf, du poulet cuit et de la salade de légumes.
씨 부 슈와지쎄 르 디네, 부 멍즈헤 어 노흐되브흐, 뒤 오마흐 알 라 쏘쓰 마요네즈, 뒤 스떼끄 드 뵈프, 뒤 뿔레 뀌 에 들 라 쌀라드 드 레귐므

디저트로는 사과, 바나나 그리고 아이스크림이 있습니다.

As dessert, you will have apples, bananas and ice cream.

На десерт яблоки, бананы и мороженое.
나 지세-르트 야-블로끼, 바나늬- 이 마로-제노에

De postre tenemos manzanas plátanos (bananas) y helado.
데 뽀스뜨레 떼네모스 만사나스 쁠라따노스 바나나스 이 엘라도

Dissertga olma, banan va muzqaymoq bor.
디세르트갸 얼마, 바난 와 무즈카이멈 버르

甜点有苹果, 香蕉和冰淇淋。
tiándiǎn yǒu píngguǒ, xiāngjiāo hé bīngqílín
티엔띠엔 요우 핑꾸어, 씨앙지아오 허 삥치린

En dessert, vous mangerez des pommes, des bananes et de la crème glacée.
앙 데쎄흐, 부 멍즈헤 데 뽐므, 데 바난느, 에 들 라 트렘 글라스

커피를 드시겠습니까, 차를 드시겠습니까?

Which do you prefer, coffee or tea?

Что вы хотите, кофе или чай?
쉬또- 브이 하찌-쩨, 꼬-페 일-리 차-이

¿Desea tomar café o té?
데세아 또마르 까페 오 떼

Qahva ichasizmi, choy ichasizmi?
카흐바 이차스즈므, 처이 이차스즈므

您是喝咖啡还是喝茶?
nín shì hē kāfēi háishì hēchá
닌 쓰 허 카페이 하이쓰 허-차

Voulez-vous du café ou du thé?
불레-부 뒤 까페 우 뒤 떼

커피가 좋습니다.

I prefer coffee.

Я хочу кофе.
야 하추- 꼬-페

Café está bien.
까페 에스따 비엔

Menga qahva yaxshi.
멘갸 카흐바 야흐시

我喜欢喝咖啡。
wǒ xǐhuan hē kāfēi
워 씨환 허 카페이

Je préfère le café.
주 프헤페흐 르 까패

꿀이 든 차를 주세요.

I want a cup of the with honey.

Я хочу чай с мёдом.
아 하추- 차이 스 묘돔

Deme té con miel.
데메 떼 꼰 미엘

Menga asalli choy bering.
멘가 아쌀리 처이 베링

请给我一杯含蜂蜜的茶。
qǐng gěi wǒ yìbēi hán fēngmì de chá
칭 꺼이 워 이뻬이 한 펑미 더 차

Je veux un thé de miel.
주 뵈 엉 떼 드 미엘

계산서를 주세요.

give me the bill, please.

Дайте, пожалуйста, счет.
다-이쩨, 빠잘-루이스따, 쇼트

Deme la cuenta, por favor.
데메 라 꾸엔따, 뽀르 파보르

To'lov qog'ozini bering.
토러우 커거즈느 베링

请给我账单。
Qǐng gěi wǒ zhàngdān
칭 께이 워 짱단

donnez-moi l'addition,
도네-무아 라디씨옹,
s'il vous plaît.
씰 부 쁠래

얼마입니까?

How much do I(we) owe you?

Сколько я должен(а)?
스꼴꼬 야 돌젠 달즈나
(Мы должны?)
므이 달즈느이

¿Cuánto es?
꽌또 에스

Qancha bo'ladi?
칸차 볼라드

多少钱？
duōshǎo qián
뚜오샤오 치엔

Combien je vous dois?
꽁비엥 주 부 두아

여기 50달러 있습니다. 거스름돈은 가지세요.

Here's fifty dollars. You may keep the change.

Вот пятьдесят долларов.
보-트 삐찌소트 돌르로프,
Возьмите себе сдачу.
바지미-쩨 시베- 즈다-추

Aquí están cincuenta dólares.
아끼 에스딴 씬꾸엔따 돌라레스
Quédese con el cambio.
께데세 꼰 엘 깜비오

Mana 50 (ellik) dollar.
마나 앨릭 돌라르
Qaytimini o'zingizga qoldiring
카이트므느 오진기즈갸 컬드링

这里有50美元。 找钱吧。
zhèlǐ yǒu wǔshí měiyuán zhǎo qián ba
쩌리 요우 우스 메이위엔 짜오 치엔 빠

Voici cinquante dollars. Vous
부아씨 쌩깡뜨 달러 부
pouvez avoir un changement.
뿌베 아부아흐 엉 샹주멍

22 식탁에서

At the table

За столом

En la mesa

Stolda

在餐桌上

À la table

초대해 주셔서 감사합니다.

I thank you for your invitation.

Благодарю вас за приглашение.
블라기다류- 바스 자 쁘리글라쉐-니에
Спасибо за приглашение.
스빠시-보 자 쁘리글라쉐-니에

Gracias por haberme invitado.
그라씨아스 뽀르 아베르메 인비따도

Taklifingiz uchun rahmat.
타클리핀기즈 우춘 라흐맡

谢谢你邀请我。
xièxie nǐ yāoqǐng wǒ
씨에씨에 니 야오칭 워

Je vous remercie pour votre invitation.
주 부 흐메흐씨 뿌흐 보트흐 엥비따씨옹

저녁 식사가 준비됐습니다.

Supper is ready.

Ужин готов.
우-진 가또-프

La cena está lista.
라 쎄나 에스따 리스따

Kechki ovqat tayyor bo'ldi.
케츠키 어브캍 타여르 볼뜨

晚餐准备好了。
Wǎncān zhǔnbèi hǎole
완찬 쭌뻬이 하오러

Le dîner est prêt.
르 디네 에 프헤

식탁에 앉으십시오.

Please sit down at the table.

Пожалуйста, сядьтесь за стол.
빠잘-루이스따, 샤지-쩨시 자 스똘

Por favor, siéntate a la mesa.
뽀르 파보르, 시엔따떼 알 라 메사

Marhamat, stolga o'tiring.
마르하맡, 쓰털가 오트링

请坐在餐桌上。
qǐng zuòzài cānzhuō shàng
칭 쭈오짜이 찬쭈어 샹

Veuillez vous asseoir à la table.
뵈이에 부 자쑤아흐 알 라 따블르

식탁에 앉읍시다.

Let us sit down to table.
(Let us sit at table.)

Сядемте за стол.
샤-젬쩨 자 스똘-

Vamos a sentarnos a la mesa.
빠모사 센따르노스 알 라 메사

Qani stolga o'tiraylik.
카느 쓰털가 오트라일릭

让我们坐在餐桌上吧。
ràng wǒmen zuòzài cānzhuō shàng bā
랑 워먼 쭈오짜이 차안쭈어 샹 빠

Asseyons-nous à table.
아쎄이옹-누 아 따블르

당신과 저녁 식사를 함께하게 되어 대단히 기쁩니다.

I am very glad to dine with you.

Мне очень приятно ужинать с вами.
므녜 오친 쁘라이드노 우-쥐니찌 스 바-미

Estoy muy contento de cenar junto con usted.
에스또이 무이 꼰뗀또 데 쎄나르 훈또 꼰 우스뗏

Siz bilan birgalikda kechki tanavvulni qilayotganligimdan bag'oyat hursandman.
스즈 블란 브르갈릭다 케츠키 타나울느 클라엳갸늠단 바갸오야트, 후르산드만

很高兴和你共进晚餐。
hěngāoxìng hé nǐ gòng jìn wǎncān
헌까오씽 허 니 꽁 찐 완찬

Je suis très content de dîner avec vous.
주 쒸 트헤 꼬떵 드 디네 아베끄 부

나도 그렇습니다.

So am I.

Мне тоже.
므녜 또-줴

Yo también.
요 땀비엔

Men ham.
맨 함

我也是这样。
wǒ yěshì zhèyàng
워 예쓰 쩌양

Moi aussi.
무아 오씨

맛있게 드세요.

Good appetite!

Приятного аппетита!
쁘라이드노보 이뻬찌따

¡Buen apetito!
부엔 아뻬띠또

Yoqimli ishtaha!
여크믈리 이시타하

请好好享用。
qǐng hǎohǎo xiǎngyòng
칭 하오하오 씨앙용

Bon appétit!
브-네 페티

댁에서처럼 편히 하십시오.

Please make yourself at home.

Пожалуйста, будьте как дома.
빠잘-루이스따 부-지쩨 깍-크 도-마

Por favor siéntase cómodo como en casa.
뽀르 파보르 시엔따세 꼬모도 꼬모 엔 까사

O'zingizni uyingizdagidek his qilib o'tiring.
오진기즈닝 우인기즈다기댁 히스 클립 오트링

请像在家一样安顿下来。
qǐng xiàng zài jiā yíyàng āndùn xiàlái
칭 씨앙 짜이 쨔 이양 안뚠 씨아라이

Faites comme chez toi.
페뜨 꼼므 쉐 뚜아

당신은 무엇을 가장 좋아합니까?

What do you prefer?

Что вы любите больше всего?
쉬또 브이 류-비쩨 볼-쉐 프쉐브-

¿Qué es lo que más le gusta a usted?
께 에스 로 께 마스 레 구스따 우스뗃

Eng ko'p nimani yoqtirasiz?
앵 콮 느마느 염트라스즈

你最喜欢什么?
nǐ zuì xǐhuān shénme
니 쯔이 씨환 션머

Que préfèrez-vous?
끄 프레페헤-부

나는 음식을 가리지 않습니다.

I have no preference of food.

Я не привередлив в еде.
야 녜 쁘리볘례-들리프 브 예제-

No tengo preferencia por la comida.
노 땡고 쁘레페렌씨아 뽀르 라 꼬미다

Men ovqat tanlamayman.
맨 어브캍 타눌라마이만

我不挑食。
wǒ bù tiāoshí
워 뿌 티아오쉬

Je n'ai aucune préférence pour la nourriture.
주 네 오뀐 프레페헝스 뿌흐 라 누리뛰흐

당신은 무엇을 좋아합니까?

Which do you prefer?

Что вы хотите?
쉬또 브이 하찌-쩨

¿Qué le gusta a usted?
께 레 구스따 우스뗃

Siz nimani yoqtirasiz?
스즈 느마느 염트라스즈

你喜欢什么?
nǐxǐhuān shénme
니-씨환 션-머

Lequel préfèrez-vous?
르껠 프레페헤-부

아무거나 좋습니다.

It's all the same to me.

Мне всё равно.
므녜 프쇼- 라브노-

Cualquier cosa está bien.
꾸알끼에르 꼬사 에스따 비엔

Menga farqi yo'q.
맨가 팔크 욬

什么都好。
shénme dōu hǎo
션머 또우 하오

Tout est bon.
뚜 떼 봉

당신은 튀김가재(튀김굴)을 드십니까?

Do you eat fried lobster(fried oyster)?

Любите ли вы жареные
류비쩨 리 브이 자-레느이에
креветки(устрицы)?
끄리베-뜨끼 우-스뜨리쯔이

¿Usted come langosta frita
우스뗏 꼬메 랑고스따 프리따
(ostra frita)?
오스뜨라 프리따

Qovurilgan omar (qovurilgan
커부를갼 오마르 커부를갼
chig'anoq) ni yeyaverasizmi?
츠가넉 느 예야베라스즈므

你吃油炸(炸金窟)食品吗?
nǐ chī yóuzhà(zhàjīnkū) shípǐn ma
니-츠 요우짜 짜진쿠 쓰핀 마

Mangez-vous du homard frit
멍제-부 뒤 오마흐 프리
(huître frite)?
위뜨흐 프리뜨

네, 좋아합니다.

With great pleasure.

Да люблю.
다, 류블류

Sí, me gusta.
시, 메 구스따

Ha, yaxshi ko'raman.
하, 야흐시 코라만

是的, 我喜欢。
shì de, wǒ xǐhuan
쓰 더, 워 씨후안

Avec grand plaisir.
아베끄 그항 쁠래지흐

나는 튀김 가재를 대단히 좋아합니다.

I like fried lobster very much.

Я очень люблю жареные
야 오-친 류블류- 자-레느이에
креветки.
끄리베-뜨끼

Me gusta mucho la langosta frita.
메 구스따 무초 라 랑고스따 프리따

Men qizartirilgan omarni juda
맨 크자르트를갼 어마르느 주다
yaxshi ko'raman.
야흐시 코라만

我非常喜欢油炸食品。
wǒ fēicháng xǐhuan yóu zhà shípǐn
워 페이창 씨환 요우 짜 쓰핀

J'aime beaucoup le homard frit.
젬므 보꾸 르 오마흐 프리

그러면 튀김 가재를 드리겠습니다.

Then, I will offer you fried lobster.

Тогда я предложу вам жареные
따그다- 야 쁘레들리쥬- 밤 차-레느이에
креветки.
끄리베-뜨끼

Entonces, te ofreceré langosta frita.
엔똔쎄스, 떼 오프레쎄레 랑고스따 프리따

Unday bo'lsa, qovurilgan omarni
운다이 볼싸, 커부를갼 오마르느
taklif qilaman.
타클맆 클라만

那么我就给您做油炸材料。
nàmewǒ jiùgěi nínzuò yóu zhà cáiliào
나머워 쭈꺼이 닌쭈오 요우 짜 차일-어

Ensuite, je vous donnerai du
엉쒸뜨, 주 부 돈느헤 뒤
homard frit.
오마흐 프리

대단히 감사합니다.

I am much obliged to you.

Большое спасибо.
발쇼-예 스빠시-보

Muchas gracias.
무차스 그라씨아스

Katta rahmat.
캍타 라흐맡

非常感谢。
fēicháng gǎnxiè
페이창 깐씨에

Je vous remercie.
주 부 흐메흐씨

쇠고기를 좋아합니다.

I prefer beef.

Мне говядину.
므녜 가뱌-지뉴

Me gusta la carne de res (vaca).
메 구스따 라 까르네 데 레스 바까

Men mol go'shtini yoqtiraman.
맨 멀 고시트느 욬트라만

我喜欢牛肉。
wǒ xǐhuan niúròu
워 씨환 니우로우

Je préfère le boeuf.
주 프레페흐 르 뵈프

쇠고기와 돼지고기 중 당신은 어느 것을 좋아합니까?

Which do you prefer, beef or pork.

Что вы предпочитаете: говядину
쉬또 브이 쁘레뜨빠치따-예쩨: 가뱌-지뉴
или свинину.
일-리 스비나-누

¿Entre la carne de res y carne
엔뜨레 라 까르네 데 레스 이 까르네
de cerdo cuál le gusta?
데 쎄르도 꾸알 레 구스따

Mol go'shtini yoqtirasizmi,
멀 고시트느 욬트라스즈므,
cho'chqa go'shtinimi?
초츠카 고시트느므

牛肉和猪肉中你喜欢哪一个?
niúròu hé zhūròu zhōng nǐ xǐhuan nǎ yígè
니우로우 허 쭈로우 쭝 니 씨환 나 이꺼

Lequel préférez-vous, le boeuf ou
르껠 프레페헤-부, 르 뵈프 우
le porc.
르 뽀흐

로스트비프를 드릴까요?

Can I offer you roast beef?

Можно предложить вам ростбиф?
모-즈노 쁘레들라쥐-찌 밤 로-스뜨비프

¿Puedo ofrecerte carne asada?
뿌에도 오프레쎄르떼 까르네 아사다

Sizga qovurilgan mol go'shtini
스즈갸 커부를갼 멀 고시트느
taklif qila olamanmi?
타클맆 클라 얼라만므

要烤牛肉吗?
yào kǎoniúròu ma
야오 카오니우로우 마

Puis-je vous offrir du rosbif?
쀠주-부 조프리흐 뒤 호스비프

닭찜을 어서 드십시오.

Please take this stewed chicken.

Попробуйте, пожалуйста,
빠쁘로부이쩨, 빠잘-루이스따
тушеную курицу.
뚜쇼-뉴유 꾸-리쭈

Por favor coma este pollo al vapor.
뽀르 파보르 꼬마 에스떼 뽀요 알 바뽀르

Marhamat qilib dudlangan
마르하맡 클릅 두들란갼
tovuqdan yeb ko'ring.
터북단 옙 코링

快来炖鸡吧。
kuàilái dùn jī ba
콰이라이 뚠 지 빠

S'il vous plaît, prenez ce poulet cuit.
씰 부 쁠래, 프허에 쓰 뿔레 뀌

여기에 셀러리, 아스파라거스, 채소 샐러드와 감자튀김이 있습니다.

Here are celery, asparagus, salad and fried potato.

Вот сельдерей, спаржа,
보-트 셀제레-이, 스빠-르자,
овощной салат и жареный
아바쉬노-이 살라-트 이 자-레느이
картофель.
까르또-펠

Aquí hay apio, espárragos,
아끼 아이 아삐오, 에스빠라고스,
ensalada de verduras y papas fritas
엔살라다 데 베르두라스 이 빠빠스 프리따스

Bu yerda karaviz, sarsabil,
뿌 예르다 카라비즈, 사르사빌,
sabzavotli salat va qovurilgan
사브자버틀리 살랕 와 커부릴갼
kartoshka bor.
카르토시카 버르

这里有芹菜,芦笋,蔬菜沙拉和薯条.
zhèlǐ yǒu qíncài, lusǔn, shūcài shālā hé shǔtiáo
쩌리 요우 친차이, 루쓰언, 슈차이, 살라 허 슈티아오

Voici le céleri, les asperges,
부아씨 르 쎌르리, 레 자스뻬흐주,
la salade et les pommes de terre
라 쌀라드 에 레 뽐므 드 떼흐
frites.
프리뜨

마음껏 드십시오.

Help yourself freely.

Кушайте, не стесняйтесь.
꾸-사이쩨, 네 스쩨스냐이쩨시

Por favor coma libremente.
뽀르 파보르 꼬마 리브레멘떼

Tortinmasdan oling.
터르튼마스단 얼링

请尽情享用。
qǐng jìnqíng xiǎngyòng
칭 찐칭 씨앙용

Servez-vous librement.
쎄흐베-부 리브흐멍

어떤 포도주를 드시겠습니까?

Which wine will do you drink?

Какое вино вы будете пить?
깍꼬에 비노 브이 브제쩨 삐찌

¿Qué vino le gustaría tomar?
께 비노 레 구스따리아 또마르

Siz qanday sharob ichasiz?
스즈 칸다이 샤렵 이차스즈

您想要什么葡萄酒?
nín xiǎng yào shénme pútaojiǔ
닌 씨양 야오 션머 푸타오쭈우

Quel vin buvez-vous?
껠 뱅 뷔베-부

감사합니다. 더 이상 못 먹겠습니다.

No, thank you.

Спасибо, я больше не могу.
스빠시-보, 야 볼-쉐 녜 마구-

Gracias. Puesto que así lo hice
그라씨아스 뿌에스또 께 아시 로 이쎄
no puedo comer más.
노 뿌에도 코메르 마스

Rahmat. Ammo boshqa yeya
라흐맡 암머 뻐시카 예야
olmayman.
얼마이만

谢谢。我不能再吃了。
xièxie wǒ bùnéng zài chīle
씨에씨에 워 뿌넝 짜이 차이러

Non, merci.
농 메흐씨

저는 적포도주를 마시겠습니다.

I want a red wine.

Я хочу красное вино.
야 하추- 끄라스노에 비노

Deseo tomar vino tinto.
데세오 또마르 비노 띤또

Men qizil sharob ichaman.
맨 크즐 샤렵 이차만

我要喝红葡萄酒。
wǒ yào hē hóng pútáojiǔ
워 야오 허 홍 푸-타찌오

Je veux un vin rouge.
주 뵈 엉 밸 루즈

우리의 만남과 우정을 위해 건배하고 싶습니다.

I want to offer a toast to our meeting.

Я хочу предложить тост
야 하추 쁘레들라쥐찌 또스트
за нашу встречу.
자 나슈 프스뜨레츄

Quiero ofrecer un brindis por
끼에로 오프레쎄르 운 브린디스 뽀르
nuestro encuentro y nuestra
누에스뜨로 엔꾸엔뜨로 이 누에스뜨라
amistad.
아미스땃

Bizning uchrashuvimiz va
브즈닝 우치라슈비므즈 와
do'stligimiz uchun qadah
또쓰틀리기므즈 우춘 카다흐
ko'tarmoqchiman.
코타르멍츠만

我想为我们的相遇和友谊干杯。
wǒ xiǎng wèi wǒmen de xiāngyù hé yǒuyì gānbēi
워 씨앙 웨이 워먼 더 씨앙우 허 우이 깐뻬이

Je veux porter un toast à notre
주 뵈 뽀흐떼 엉 또스뜨 아 노트흐
réunion.
레위니옹

우리의 만남과 우정을 위해 건배!

A toast to our meeting to our friendship!

Тост за встречу и дружбу!
또스트 자 프스뜨레추 이 드루주부

Un brindis por nuestro
운 브린디스 뽀르 누에스뜨로
encuentro a nuestra amistad!
엔꾸엔뜨로 아 누에스뜨라 아미스땃

Bizning uchrashuv va do'stlik
브즈닝 우치라슈 와 도쓰틀릭
uchun ko'tardik!
우춘 코타르딕

为了我们的相遇和友谊干杯!
wèile wǒmen de xiāngyù hé yǒuyì gānbēi
웨이러 워먼 더 씨앙유 허 후이이 깐뻬이

Un toast à notre rencontre et
엉 또스뜨 아 노트흐 랑꽁트흐 에
à notre amitié!
아 노트흐 아미띠에

조금 드시는군요.

You do not take a bit.

Вы едите очень мало.
브이 에지쩨 오-친 말-로

Usted come muy poco.
우스뗏 꼬메 무이 뽀꼬

Juda kam yer ekansiz.
주따 캄 예르 얘칸스즈

您太小费了。
nín tài xiǎofèile
닌 타이 씨아페이러

Vous ne prenez que un peu.
부 느 프흐네 끄 엉 쁘

맛있게 먹었습니다.

I have eaten with a good appetite.

Было очень вкусно.
브일로 오-친 프꾸스노

Yo comí delicioso.
요 꼬미 델리씨오소

Juda mazzali bo'libdi.
주따 마잘리 보립드

吃得很香.
chī de hěn xiāng
치 더 헌 씨앙

J'ai bien mangé.
줴 비엥 멍제

커피와 차 가운데 어느 것을 원하십니까?

Which do you prefer coffee or tea?

Что вам угодно, кофе или чай?
쉬또- 밤 우고-드노 꼬-페 일-리 차-이

¿Entre café y té cuál quiere (desea)?
엔뜨레 까페 이 떼 꾸알 끼에레 데세아

Nima ichasiz qahva yoki choi?
느마 이차스즈 카흐바 여키 처이

您想要咖啡和茶中的哪一种?
nínxiǎng yào kāfēi hé chá zhōng di nǎ yìzhǒng
닌-씨양 야오 카페이 허 차- 쫑 띠 나 이-쫑-

Voulez-vous du café ou du thé?
불레-부 뒤 꺄페 우 뒤 떼

실컷 먹었습니다.

I have had quite enough.

Я уже наелся(наелась).
야 우제- 나옐샤 나옐라시
(Больше я не могу.)
볼-쉐 야 녜 마구-

Comí mucho.
꼬미 무초

Men juda ko'p edim.
맨 주다 쿞 예뜸

吃够了。
chī gòule
치- 꼬우러

J'en ai assez eu.
자 네 아쎄 위

커피로 하겠습니다.

Please give me coffee.

Пожалуйста, дайте мне кофе.
빠잘-루이스따, 다이쩨 므녜 꼬-페

Por favor deme café.
뽀르 파보르 데메 까페

Menga qahva bera qoling.
맨가 카흐바 베라 컬링

我要咖啡。
wǒ yào kāfēi
워 야오 카페이

S'il vous plaît, donnez-moi un café.
씰 부 쁠래, 도네-무아 엉 꺄페

블랙커피로 드시겠습니까?

Do you take café noir (black coffee)?

Вы хотите чёрный кофе?
브이 하찌-찌 쵸-르느이 꼬-페

¿Le gustaría tomar café negro?
레 구스따리아 또마르 까페 네그로

Qora qahva ichasizmi?
커라 카흐바 이차스즈므

要喝黑咖啡吗?
yào hē hēi kāfēi ma
야오 허 헤이 카페이 마

Prenez-vous du café noir?
프흐네-부 뒤 까페 누아흐

아니오, 밀크커피로 하겠습니다.

No, I want to have café au lait.

Нет, я хочу кофе с молоком.
니에-트, 야- 하추- 꼬-페 스 말라꼼-

No, quisiera café con leche.
노, 끼시에라 까페 꼰 레체

Yo'q, men sutli qahva ichaman.
욕, 맨 수틀리 카흐바 이차만

不,我要牛奶咖啡。
bù, wǒ yào niúnǎikāfēi
뿌, 워 야오 니우나카페이

Non, je veux un café au lait.
농, 주 뵈 엉 까페 올 레

우유를 조금만 넣어 주십시오.

A little of milk, please.

Пожалуйста, налейте немножко молока.
빠잘루-이스따, 날레-이쩨 넴노-쉬꼬 말라끼-

Por favor ponga un poco de leche.
뽀르 파보르 뽕가 운 뽀꼬 데 레체

Iltimos, ozgina sutdan quyib bering.
일트머쓰, 어즈기나 수트단 쿠입 베링

请加一点牛奶。
qǐng jiā yìdiǎn niúnǎi
칭 쨔 이디엔 니우나이

Un peu de lait, s'il vous plaît.
엉 뾔 드 래, 씰 부 쁠래

블랙커피는 너무 쓰기 때문에 좋아하지 않습니다.

I don't like black coffee because it is too bitter.

Я не люблю черный кофе. Это слишком горько.
야 녜 류블류- 쵸르-니이 꼬-페 에-따 슬라-쉬꼼 고-리꼬

Debido a que el café negro es demasiado amargo no me gusta.
데비도 아 께 엘 까페 네그로 에스 데마시아도 아마르고 노 메 구스따

Qora qahva juda achchiq bo'ladi, shuning uchun yoqtirmayman.
커라 카흐바 주따 아츠 뽈라뜨, 슈닝 우춘 염트르마이만

黑咖啡太苦了,我不喜欢。
hēi kāfēi tài kǔ le, wǒ bù xǐhuān
헤이카페이 타이 러, 워 뿌 씨환

Je n'aime pas le café noir parce
주 넴므 빠 르 꺄페 누아흐 빠흐스
qu'il est trop amer.
낄 레 트호 아베흐

브랜디를 약간 넣은 커피를 드시겠습니까?

Do you wish to take coffee with a little of brandy?

Вы хотите кофе с коньяком?
브이- 하찌-쩨 꼬-페 스 까냑꼼-

¿Quiere tomar un café con un
끼에레 또마르 운 까페 꼰 운
poco de brandy?
뽀꼬 데 브란디

Ozgina konyak qo'shilgan
어즈기나 카냑 코실갼
qahvadan ichasizmi?
카흐바단 이챠스즈므

要喝加一点白兰地咖啡吗?
yào hē jiā yìdiǎn báilándì kāfēi ma
야오 허 쨔 이디엔 빠이란띠 카페이 마

Voulez-vous prendre un café avec
불레-부 프항드흐 엉 꺄페 아베끄
un peu de cognac?
엉 쁘 드 꼬냑

커피에 브랜디를 약간 넣을까요?

Can I put a little brandy in your coffee?

Можно налить немножко
모-즈노 날리-찌 넴노-쉬꼬
коньяку в кофе?
까나꾸- 프 꼬-페

¿Puedo poner un poco de brandy
뿌에도 뽀네르 운 뽀꼬 데 브란디
en tu café?
엔 뚜 까페

Qahvangizga biroz konyak
카흐반기즈가 브러즈 카냑
qo'shaymi?
코샤이므

咖啡里加点白兰地吗?
kāfēi lǐ jiā diǎn báilándì ma
카페이 리 쨔 디엔 빠이란띠 마

Puis-je mettre un peu de cognac
쀠-주 메트흐 엉 쁘 드 꼬냑
dans votre café?
덩 보트흐 꺄페

조금 넣어 주십시오.

A bit of brandy, please.

Пожалуйста, чуть-чуть.
빠잘-루이스따, 츄-찌츄-찌

Por favor ponga un poco.
뽀르 파보르 뽕가 운 뽀꼬

Ozgina sola qoling, iltimos.
어즈기나 설라 컬링, 일트머쓰

请加一点。
qǐng jiā yìdiǎn
칭 쨔 이디엔

Un peu de cognac, s'il vous plaît.
엉 쁘 드 꼬냑, 씰 부 쁠래

포도주를 좀 더 드십시오.

Please take wine much more.

Попробуйте, ещё вина.
빠쁘로-부이쩨, 잇쇼- 비나-

Por favor tome un poco más de vino.
뽀르 파보르 또메 운 뽀꼬 마스 데 비노

Sharobdan yana oling.
샤럽딴 야나 얼링

请多喝点葡萄酒。
qǐng duō hē diǎn pútáojiǔ
칭 뚜오 허 디엔 푸타오지우

S'il vous plaît, prenez un peu
씰 부 쁠래, 프흐네 엉 뾔
plus de vin.
쁠뤼 드 뱅

감사합니다. 더 이상 못하겠습니다.

No more, thank you.

Спасибо, больше я не хочу.
스빠시-보, 볼쉐 야 녜 하추-

Gracias. Puesto que tomé mucho
그라씨아스 뿌에스또 께 또메 무초
no puedo hacerlo más.
노 뿌에도 아쎄르로 마스

Yo'q, rahmat.
욕, 라흐맡

谢谢。我不能再吃了。
xièxie wǒ bùnéng zài chīle
씨에씨에 워 뿌넝 짜이 차이러

Pas plus, merci.
빠 쁠뤼, 메흐씨

사양하지 마십시오.

Don't stand on ceremony.

Не стесняйтесь пожалуйста.
녜 스쩨스냐-이쩨시 빠잘-루이스따

No se rehuse.
노 세 레우세

Tortinmang.
터르튼망

请不要推辞。
qǐng búyào tuīcí
칭 뿌야오투이스

Ne dites pas non.
느 디뜨 빠 농

이 아이스크림은 어떻습니까?

How about this ice-cream?

Как вам нравится это мороженое?
깍크 밤 느라-빗쨔 에-따 마르-제느에

¿Qué tal este helado?
께 딸 에스떼 엘라도

Bu muzqaymoqqa nima deysiz?
뿌 무즈카이먹카 느마 데이스즈

这个冰淇淋怎么样？
Zhège bīngqílín zěnme yàng
쩌거 삥치린 쩐머 양

Cette glace, c'est comment?
쎄뜨 글라스, 쎄 꼬멍

이 아이스크림은 대단히 맛이 좋습니다.

This ice-cream is very nice.

Это мороженое очень вкусное.
에-따 마르-제노에 오-친 프꾸-스노에

Este helado es muy sabroso.
에스떼 엘라도 에스 무이 사브로소

Bu muzqaymoqning mazzasi juda yaxshi.
뿌 무즈카이먹닝 마자쓰 주따 야흐시

这个冰淇淋味道很好。
zhège bīngqílín wèidào hěn hǎo
쩌꺼 삥치린 웨이따오 헌 하오

Cette glace est très chouette.
쎄뜨 글라스 에 트헤 슈에뜨

당신의 친절한 대접에 감사합니다.

I thank you for your kind reception.

Благодарю вас за тёплый прием.
블라가다류- 바스 자 쬬-쏄르이 쁘리욤-

Gracias por su trato amable.
그라씨아스 뽀르 수 뜨라또 아마블레

Mehmondorchiligingiz uchun rahmat.
메흐먼더르칠리긴기즈 우춘 라흐맡

谢谢你的亲切接待。
Xièxiè nǐ de qīnqiè jiēdài
씨에씨에 니 더 친치에 지에따이

Je vous remercie pour votre aimable hospitalité.
주 부 흐메흐씨 뿌흐 보트흐 에마블 오스삐딸리떼

이 멜론을 드십시오.

Take this melon, please.

Попробуйте, эту дыню.
빠쁘로-부이쩨, 에-뚜 드이-뉴

Por favor coma este melón.
뽀르 파보르 꼬마 에스떼 멜론

Bu qovundan oling.
뿌 커분딴 얼링

请用这个甜瓜。
qǐng yòng zhège tiánguā
칭 용 쩌거 티엔꾸아

Prends ce melon, s'il vous plaît.
프항 쓰 믈롱, 씰 부 쁠래

23 기차여행

- Traveling by train
- Путешествие на поезде
- Viajando en tren
- Poezdda sayohat qilish
- 火车旅行
- voyage en train

지금 역에 다 왔습니다.

Now, we are at the station.

Вот мы и на вокзале.
보-트 므이 이 나 바그젤-레

Ahora llegamos a la estación.
아오라 예가모스 알 라 에스따씨온

Ana vokzalga yetib keldik.
아나 바그잘가 예톱 켈딕

现在到站了。
xiànzài dào zhàn le
씨엔짜이 따오 짠러

Maintenant, nous sommes à la gare.
멩뜨넝 누 쏨므 알 라 갸흐

대합실은 어디 있습니까?

Where is the waiting room?

Где зал ожидания?
그제 잘 아쥐다-니아

¿Dónde está la sala de espera?
돈데 에스따 라 살라 데 에스뻬라

Kutish zali qayerda?
쿠트시 잘르 카예르따

候车室在哪儿?
hòuchēshì zài năér
호우처쓰 짜이 나얼

Où est la salle d'attente?
우 에 라 쌀 다땅뜨

수화물 취급소는 어디 있습니까?

Where is the luggage office (baggage office)?

Где багажное отделение?
그제- 바가-쥐노에 앗젤레-니에

¿Dónde está la oficina de equipaje(oficina de equipaje)?
돈데 에스따 라 오피씨나 데 에끼빠헤 오피씨나 데 에끼빠헤

Yuk topshirish bo'limi qayerda?
육 텁시르시 볼르므 카예르따

水货站在哪儿?
shuĭhuò zhàn zài năér
슈이후어 짠 짜이 나얼

Où se trouve le bureau des bagages?
우 쓰 트루브 르 뷔호 데 바가주

매표소는 어디 있습니까?

Where is the booking office?

Где билетные кассы?
그제 빌레-뜨느이에 까-스이

¿Dónde está la boletería?
돈데 에스따 라 볼레떼리아

Chiptalar g'aznasi qayerda?
츕탈라르 카즈나쓰 카예르따

售票处在哪儿?
Shòupiàochù zài năer
쇼우피아오추 짜이 나얼

Où est le boxe office?
우 에 르 박스 오피스

안내소는 어디 있습니까?

Where is the information office (inquiry office)?

Где справочное бюро?
그제- 스쁘라-부츠노에 뷰로-

¿Dónde está la oficina de información(oficina de consultas)?
돈데 에스따 라 오피씨나 데 인포르마씨온 오피씨나 데 꼰술따스

Ma'lumot berish ofisi qayerda?
말루멑 베르시 오피스 카예르따

请叫来行李搬运人。
qǐng jiào lái xíngli bānyùn rén
칭 짜오 라이씽리 빤유-런

Où se trouve le bureau d'information?
우 쓰 트룹, 르 뷔흐 엥포흐마씨옹

수화물 운반인을 불러 주십시오.

Please go and bring a station porter with you.

Позовите, пожалуйста, носильщика.
빠자비-제, 빠잘-루이스따, 나쉴-쉬까

Por favor llame un encargado del equipaje para que traslade el equipaje.
뽀르 파보르 자마메 운 엔까르가도 델 에끼빠헤 빠라 께 뜨라스라데 엘 에끼빠헤

Yuk tashib beruvchi odamni chaqirib bering.
육 타싑 베루브츠 어담느 차크릡 베링

请叫来搬运行李的人。
qǐng jiào lái bānyùn xíngli de rén
칭 짜오라이 빤위엔 씽리 더 런

S'il vous plaît, appelez le porteur de bagages.
씰 부 쁠래, 아쁠레 르 뽀흐뙤흐 드 바가쥬

수화물 운반인이 왔습니다.

Here he is.

Вот он.
보-트 온

El encargado del equipaje (maletas) vino.
엘 엔까르가도 델 에끼빠헤 말레따스 비노

Mana yuk tashib beruvchi odam keldi.
마나 육 타싑 베루브츠 어담 켈뜨

行李搬运人来了。
xíngli bānyùn rén lái le
씽리 빤위엔 런 라이러

Il est là.
일-렐라.

La personne qui transporte les bagages est arrivée.
라 뻬-쏜 키 톤-쓰포-띠 리 바가즈 에스트 아-히베.

여보시오, 이 화물을 수화물 취급소에 날라 주세요.

Porter, please carry these luggages (baggages) to the luggage office(baggage office).

Носильщик, отнесите, пожалуйста,
나실-쉬크, 아뜨네시-쩨, 바잘-루이스따,
этот багаж в багажное отделение.
에-또트 바가-쉬 브 바가-쥐노에 앗젤레-니에

Disculpe, por favor, lleve estos
디스꿀뻬 뽀르 파보르, 예베 에스또스
equipajes a la oficina de equipajes.
에끼빠헤스 알 라 오피씨나 데 에끼빠헤스

Bu yerga qarab yuboring, iltimos,
뿌 예르가 카랍 유버링, 일트머쓰,
ushbu yuklarni yukxonaga olib
우시부 유클라르느 육허나가 얼립
borib bering.
버립 베링

喂,请把这批货送到收货处。
wèi, qǐng bǎ zhè pī huò sòngdào shōu huò chù
웨이, 칭 빠 쩌 피 후오 송따오 쌰우 후오 추

Porteur, veuillez apporter ces
뽀흐뙤흐, 뵈이에 아뽀흐떼 쎄
bagages à la bagagerie.
바가쥬 알 라 바가즈리

표를 벌써 샀습니까?

Have you already got your ticket?

Вы уже купили билет?
브이 우제 꾸삘-리 빌레-트

¿Ya compró su boleto?
야 꼼쁘로 수 볼레또

Chiptani sotib olib bo'ldingizmi?
츕타느 서틉 얼릅 볼띤기즈므

票已经买了吗?
piào yǐjing mǎile ma
피아오 이징 마일러 마

Avez-vous déjà acheté votre billet?
아베-부 데쟈 아슈떼 보트흐 비이에

수화물을 부치려면 기차표가 필요합니다.

To have your baggages checked, you must have your ticket.

Для сдачи багажа нужен билет.
들랴- 즈다-치 바가좌- 누젠 빌레-트

Si quiere que envíen su equipaje
시 끼에레 께 엔비엔 수 에끼빠헤
(maleta) necesita un boleto.
말레따 네쎄시따 운 볼레또

Yuklarni topshirishingiz uchun
유클라르느 텁시르신기즈 우춘
sizda chipta bo'lishi kerak.
스즈다 츕타 볼르시 케락

寄行李需要火车票。
ji xíngli xūyào huǒchēpiào
지 씽리 쑤야오 후오처피아오

Pour que vos bagages soient vérifiés,
뿌흐 끄 보 바가쥬 쑤아 베히피에,
vous devez avoir votre billet.
부 드베 아부아흐 보트흐 비이에

그러면, 내가 표를 사겠습니다.

Then, I'll take our tickets.

В таком случае я куплю билет.
프 따꼼- 슬루-치에 야- 꾸쁠류- 빌레-트

En ese caso deseo comprar un
엔 에세 까소 데세오 꼼쁘라르 운
boleto.
볼레또

Unda, men chipta sotib ola qolaman.
운다, 맨 츕타 서틉 얼라 컬라만

那么，我买票吧。
nàme, wǒ mǎi piào ba
나머, 워 마이 피아오빠

Ensuite, je prendrai nos billets.
엉쒸뜨, 주 프항드래 노 비이에

당신은 어떤 기차로 갑니까?

What train do you take?

Каким поездом вы поедете?
깍낌- 뽀-에즈돔 브이 빠예-제쩨

¿En qué tren irá usted?
엔 께 뜨렌 이라 우스뗏

Qaysi poyezdda ketasiz?
카이쓰 포예즈따 케타스즈

你坐什么火车去?
nǐ zuò shénme huǒchē qù
니 쭈오 선머 후어처 추

Quel train prenez-vous?
껠 트렝 프흐네-부

11시 50분발 키예프행 직행 기차를 타려고 합니다.

We wish to take the 11:50 through train for Kiev.

Я поеду поездом прямого
야 빠예-두 뽀-에즈돔 쁘랴모-보
сообшения до Киева
сообщения 다 끼-에바
в одиннадцать пятьдесят.
바진-나짜지 삐찌제샤-트

Planeo tomar el tren de las
쁠라네오 또마르 엘 뜨렌 데 라스
11:50 directo a Kiev.
온쎄 씽꾸엔따 디렉또 아 끼에프

Men soat 11:50da Kiyev
맨 서앝 온 브루 엘릭다 키옙
yo'nalishi bo'yicha jo'naydigan
요날르시 보이차 조나이드갼
poyezdga o'tirmoqchiman.
포이즈드갸 오트르먹츠만

我要坐11点50分发
wǒ yāo zuò 11 diǎn 50 fēnfā
워 야오 쭈어 11띠엔 50 피엔파
往基辅的直达火车。
wǎng jīfǔ dí zhídá huǒchē
왕 지푸 띠 즈따 후어처

Nous allons prendre le train
누 잘롱 프항드 흐 르 트렝
de 11h 50 pour Kiev.
드 옹 죄흐 쌩깡뜨 뿌흐 키에프

어떤 승차권을 사고 싶습니까?

What tickets do you wish to take?

Какого класса билет вы хотите
까꼬-보 클랏-사 빌례트 브이 하찌-쩨
купить?
꾸삐-찌

¿Qué boleto desea comprar?
께 볼레또 데세아 꼼쁘라르

Qaysi darajali chiptani sotib
카이쓰 다라잘리 츕타느 서틉
olmoqchisiz?
얼먹츠스즈

想买什么样的车票?
xiǎng mǎi shénmeyàng de chēpiào
씨앙 마이 선머양 더 처피아오

Quels billets voulez-vous prendre?
껠 비이에 불레-부 프항드흐

1등(2등)석 표를 사고 싶습니다.

I wish to take first-class(second-class) tickets.

Я хочу купить билет в купейный
야 하추- 꾸삐-찌 빌례-트 프 꾸뻬이느이
(плацкартный) вагон.
쁠라쯔까르뜨느이 바곤

Deseo comprar el boleto en
데세오 꼼쁘라르 엘 볼레또 엔
primera clase (segunda clase).
쁘리메라 끌라세 세군다 끌라세

Men birinchi darajadagi (ikkinchi
맨 브른츠 다라자다기 익킨츠
darajadagi) chiptani sotib
다라자다기 츱타느 서톱
olmoqchiman.
얼먹츠만

我想拍一等(二等)票。
wǒ xiǎng mǎi yīděng(èrděng)xí de piào
워 씨앙 마이 이떵 얼떵 씨더 피아오

Je veux acheter des billets
주 뵈 자슈떼 데 비이에
en première classe.
엉 프흐미에흐 끌라스

(매표소에서) 키예프행 1등석표 두 장 주세요.

(At the booking office) Give me two first-class tickets for Kiev.

(У кассы) Два билета в
우 까스이 드바- 빌례-따 프
купейный вагон до Киева.
꾸뻬이느이 바곤 다 끼에바

(En la boletería) Deme dos
엔 라 볼레떼리아 데메 도스
boletos en primera clase a Kiev.
볼레또스 엔 쁘리메라 끌라세 아 끼에프

(G’azna oldida) Kiyev
가즈나 얼드다 키옙
yo’nalishidagi birinchi darajadagi
요날르시다기 브른츠 다라자다기
chiptadan ikkita berib yuboring.
츱타단 익키타 베릅 유버링

(售票处)
(Shòupiàochù)
쇼우피아오처
给我两张去基辅的头等舱票。
gěi wǒ liǎngzhāng qù Jīfǔ de tóuděngcāng piào
께이 워 리양짱 치 지푸 더 토우떵창 피아오

(Au bureau des réservations)
오 뷔로 데 레제흐바씨옹
Donnez-moi deux billets en
도네-무아 두 비이에 엉
première classe pour Kiev.
프흐미에흐 끌라스 뿌흐 키에프

키예프, 1등(2등)석 왕복 승차권 두 장입니다.

Kiev, first(second)-class, two return tickets.

Два билета в купейный
드바- 빌례-따 프 꾸뻬이느이
(плацкартный) вагон до Киева
쁠라쯔까르뜨느이 바곤 다 끼예바
туда и обратно.
뚜다- 이 아브라-뜨노

A Kiev, 2 boletos en
아 끼에프, 도스 볼레또스 엔
asientos de primera clase
아시엔또스 데 쁘리메라 끌라세
(segunda clase), ida y vuelta.
세군다 끌라세, 이다 이 부엘따

Kiyev yo'nalishi, birinchi(ikkinchi)
키예브 욘날르시, 브른츠 읶킨츠
darajali, ikki tomonga ikkita
다라잘리, 읶키 터먼갸 읶키타
chipta berib yuboring.
츂타 베릅 유버링

基辅, 头等(二等)席往返车票两张。
jīfǔ, tóuděng(èrděng)xí wǎngfǎn chēpiào liǎng
지푸, 토우떵 얼떵 씨 왕판 처피아오 리앙
zhāng
짱

Kiev, première classe, deux billets
키에푸, 프흐미에흐 끌라스, 두 비이에
aller-retour.
알레-흐뚜흐

여보시오. 여기 우리 승차권이 있습니다.

Porter, we have here our tickets.

Носильщик, вот наши билеты.
나실-쉬크, 보-트 나쉬이 빌례-뜨이

Disculpe,
디스꿀뻬,
aquí están nuestros boletos.
아끼 에스딴 누에스뜨로스 볼레또스

Bu yerga qarab yuboring
뿌 예르갸 카랍 유버링
(yuk tashuvchi odam).
육 타싑 베루브츠 어담
Mana bizning chiptalarimiz.
마나 브즈닝 츂탈라르므즈

喂,这儿有我们的车票。
wèi, Zhèer yǒu wǒmen de chēpiào
웨이, 쩌어 요우 워먼 더 처피아오

Porter, nous avons ici nos billets.
뽀흐뙤흐, 누 자봉 이씨 노 비이에

이 짐 모두를 부치시겠습니까?

Do you wish to have all baggages checked?

Вы хотите, сдать все вещи?
브이 하찌-쩨 즈다-찌 프세- 베-쉬

Desea que registremos todos los
데세아 께 레히스뜨레모스 또도스 로스
paquetes.
빠께떼스

Bu hamma yuklarni topshirasizmi?
뿌 함마 유클라르느 텊시라스즈므

能把这些行李全部寄出去吗?
néng bǎ zhèxiē xíngli quánbù jì chūqù ma
넝 빠 쩌씨에 씽리 치엔뿌 지 추-치 마

Souhaitez-vous que tous les
수에떼- 부 뚜 레
bagages soient vérifiés?
바가쥬 쑤아 베히피에

아니요, 이 트렁크는 내가 가져가겠습니다.

No, I'll take this trunk with me.

Нет,
니에트,
я возьму этот чемодан с собой.
야- 바즈무 에-또트 체마단- 스 사보-이

No, me llevaré este baúl conmigo.
노, 메 예바레 에스떼 바울 꼰미고

Yo'q, bu chemodanni o'zim bilan
욕, 뿌 체모단느 오즘 블란
olaman.
얼라만

不,这行李箱我拿去。
bù, zhè xínglǐxiāng wǒ ná qù
뿌, 쩌 씽리씨앙 워 나 츠

Non, je vais prendre cette malle.
농, 주 베 프항드흐 쎄뜨 말

나와 함께 가시겠습니까?

Will you come with me?

Вы со мной пойдёте?
브이 사 므노-이 빠이조-찌

¿Vendrás junto conmigo?
벤드라스 훈또 꼰미고

Men bilan birga borasizmi?
맨 블란 브르갸 버라스즈므

你愿意和我一起去吗?
nǐ yuàn gēn wǒ yìqǐ lái ma
니 유앤 껜 워 이치 라이 마

Voulez-vous venir avec moi?
불레-부 브니흐 아베끄 무아

키예프행 기차는 몇 번 홈에서 출발합니까?

From which platform will the train leave for Kiev?

С какой платформы
스 깍꼬-이 쁠라트포-르므이
отправляется поезд в Киев?
아뜨쁘라블라-옛쨔 보-에스트 프 끼-에프

¿Cuál es el número de tren en
꾸알 에스 엘 누메로 데 뜨렌 엔
que partiremos a Kiev?
께 빠르띠레모스 아 끼에프

Kiyev yo'nalishidagi poyezd qaysi
키옙 욘날르시다기 포예즈드 카이스
platformadan jo'naydi?
플라트포르마딴 존나이드

去基辅的火车是几号主场出发?
qù Jīfǔ de huǒchē shì jǐ hào Zhǔchǎng chūfā
치 지푸 더 후오처 쓰 지 하오 쭈창 추파

De quel quai le train part-il pour
드 껠 께 르 트렝 빠흐-띨 뿌르
Kiev?
키에프

키예프행 기차가 출발하기 전까지는 아직 한 시간 이상 남아있습니다.

We have more than one hour before the train leaves for Kiev.

До отправления поезда в
다, 아뜨쁘라블레-니야 뽀-에스트 프
Киев остаётся ещё больше часа.
끼-에프 아스따욧-짜 잇쇼- 볼-쉐 치-사

Todavía queda más de una hora
또다비아 께다 마스 데 우나 오라
hasta antes de la partida
아스따 안떼스 데 라 빠르띠다
de el tren a Kiev.
데 엘 뜨렌 아 끼에프

Kiyev yo'nalishidagi poyezd
키예브 욘날르시다기 포예즈드
jo'nashigacha hali bir soatdan
조나시까차 할르 브르 서앝단
oshiq vaqt bor.
어식 왘트 버르

离去基辅的火车出发
líqù jīfǔ de huǒchē chūfā
리치 지푸 더 하우처 추파-
还有1个多小时。
háiyǒu 1gè duō xiǎoshí
하이 요우 이꺼 뚜오 샤오쓰

Il nous reste plus d'une heure
일 누 헤스뜨 쁠뤼 뒨 뇌흐
avant le départ du train pour Kiev.
아방 르 데빠흐 뒤 트렝 뿌흐 키에프

역내 식당에서 식사를 하시겠습니까?

Don't you wish to have lunch at the buffet?

Не хотите ли вы пообедать в
녜 하찌-쩨 리 브이 빠아베-다찌 브
буфете?
부페-쩨

¿Almorzamos en el restaurante de
알모르사모스 엔 엘 레스따우란떼 데
la estación?
라 에스따씨온

Bufetda ovqatlanib olamizmi?
부페트다 어브카틀라닙 얼라므즈므

要不要在站内食堂吃饭?
yàobúyào zài zhàn nèi Shítáng chīfàn
야오뿌야오 짜 짠 너이 쓰팅 치판

Vous voulez déjeuner au buffet?
부 불레 데죄네 오 뷔페

역내 식당이 어디에 있습니까?

Where is the buffet?

Где буфет?
그제- 부페-트

¿Dónde está el restaurante de la
돈데 에스따 엘 레스따우란떼 데 라
estación?
에스따씨온

Bufet qayerda?
부페트 카예르따

车站食堂在哪儿?
Chēzhàn Shítáng zài nǎer
처짠 쓰탕 짜 나얼

Où est le buffet?
우 에 르 뷔페

2층(1층)에 있습니다.

It is the second story(in the first floor).

На втором(первом) этаже.
나 프다롬 삐에로봄 에따쉐-

Está en el Segundo(Primer) piso.
에스따 엔 엘 세군도 쁘리메르 삐소

Ikkinchi qavat(birinchi qavat) da.
이킨츠 카바트 브른츠 카바트 다

在二楼(一层)。
zài èr lóu(yìcéng)。
짜이 얼 로우이청

C'est au deuxième étage
세 또 두지엠므 에따주
(au premier étage).
오 프흐미에 에따주

서두르시오, 11시 50분 기차가 곧 출발합니다.

Make haste, the 11:50 train is going to start.

Поторопитесь, скоро
빠따라삐-쩨시 스꼬-로
отправляется поезд,
아뜨쁘라블랴-엣쨔 뽀-에스트,
отходящий в 11:50.
아뜨하쟈-쉬이 바진-나짜치 뻬제샤트

Dese prisa el tren de la
데세 쁘리사 엘 뜨렌 데 라
11:50 pronto partirá (saldrá).
온세 씬꾸엔따 쁘론또 빠르띠라 살드라

Tezroq bo'ling, tez orada soat
테즈럭 볼링 테즈 어라다 서앝
11:50da poyezd jo'naydi.
온 브루 옐릭다 포예즈드 조나이뜨

快点儿, 11点50分的火车就要开了。
kuài diǎner, 11 diǎn 50 fēn de huǒchē jiùyào
쿠아이 띠엔얼, 11 띠엔 50펀 더 후오처 지우야오
kāile
카이러

Faites vite, le train 11:50 va
페뜨 비뜨 르 트 11:50(옹즈 : 쌩깡뜨) 바
partir.
빠흐띠흐

서두릅시다.

Let us make haste.

Давайте поскорее.
다바-이쩨 빠스꺄례-에

Démonos prisa. Apurémonos.
데모노스 쁘리사 아뿌레모노스

Keling, shoshilaylik.
켈링 서실라일릭

快点吧。
kuài diǎnba
쿠아이 띠엔-빠

Faisons vite.
프종 비뜨

(역원) 키예프행 승객은 승차하십시오.

(Station employee)
The passengers for Kiev get in!

(Станционный служащий)
스딴찌온-느이 슬루-자쉬
Объявляется посадка на
아비야블랴엣쨔 빠사뜨까 나
пассажирский поезд до Киева!
빠사쥐르스끼 뽀에스트 다 끼에바

(Empleado de la estación)
엠쁠레아도 데 라 에스따씨온
¡Pasajeros a Kiev suban!
빠사헤로스 아 끼에프 수반

(Stantsiya xodimi)
스탄쯔야 허드므

Kiyev yo'nalishidagi yo'lovchilar
키예브 요날르시다기 욜러브츨라르
poyezdga chiqishingizni so'rab
포옛가 츠크신기즈느 소랍
qolamiz!
컬라므즈

(站员)前往基辅的乘客请上车。
(zhànyuán) qiánwǎng jīfǔ de chéngkè qǐng
짠위엔 치엔왕 지푸 더 청꺼 칭
shàngchē
상처

(Employé de la gare)
앙쁠와이에 들 라 갸흐
Les passagers pour Kiev, entrent!
레 빠싸제 뿌흐 키에프 엉트흐

이 칸으로 탑시다. 여기에는 승객이 거의 없습니다.

Let us get in this car.
There are few passengers.

Вот наш вагон.
보트 나쉬 바곤-
Здесь много свободных мест.
즈제-시 므노고 사바보드느이흐 메스트

Tomemos este vagón.
또메모스 에스떼 바곤
Aquí no hay pasajeros.
아끼 노 아이 빠사헤로스

Keling, bu vagonga chiqaylik.
켈링, 뿌 바곤갸 츠카일릭
Bu yerda yo'lovchiar deyarli yo'q.
뿌 예르다 욜럽츨라르 데야를리 욕

坐这个车厢吧。
zuò zhège chēxiāng ba
쭈오 쩌거 처씨앙 빠
这里几乎没有乘客。
zhèlǐ jīhū méiyǒu chéngkè
쩌리 지후 메이요우 청꺼

Montons dans cette voiture.
몽데 덩 쎄뜨 부아뛰흐
Il y a peu de passagers ici.
일 리아 뾔 드 빠싸제 이씨

기차는 여기에 얼마 동안 정차합니까?

How long will the train stop here?

Как долго стоит здесь поезд?
깍-크 돌-고 스따이-트 즈제-시 뽀에스트

¿Durante cuánto tiempo se detiene aquí el tren?
두란떼 꽌또 띠엠뽀 세 데띠에네 아끼 엘 뜨렌

Poyezd bu yerda qancha turadi?
포예즈드 뿌 예르다 칸차 투라뜨

火车在这里停多长时间?
huǒchē zài zhèli tíng duō cháng shíjiān
후어처 짜이 쩌리 팅 뚜오 창 쓰지엔

Combien de temps le train s'arrêtera-t-il ici?
꽁비엥 드 떵 르 트렝 싸헤뜨라-띨 이씨

10분간 정차합니다.

It stops for ten minutes.

Он стоит десять минут.
온 스따이-트 제-샤찌 미누-트

Se detiene durante diez minutos.
세 데띠에네 두란떼 디에스 미누또스

O'n daqiqa turadi.
온 다키카 투라뜨

停车十分钟。
tíngchē shífēnzhōng
팅처 스펀쫑

Il s'arrête pendant dix minutes.
일 싸헤뜨 뻥덩 디 미뉘뜨

이 기차는 M---역에 정차합니까?

This train stops at M--,doesn't it?

Этот поезд останавливается на станции M--?
에-또트 뽀-에스트 아스따나 블리 바엣짜 나 스딴-지 엠--

¿Este tren se detiene en la estación M---?
에스떼 뜨렌 세 데띠에네 엔 라 에스따씨온 엠

Bu poyezd M-bekatida to'xtaydimi?
뿌 포예즈드M-- 베카트다 토흐타이뜨므

这列火车停M---站吗?
zhè liè huǒchē tíng M zhàn ma
쩌 리에 후오처 팅 엠짠 마

Ce train s'arrête à gare de M--, n'est-ce pas?
끄 트렝 싸헤뜨 알 라 갸흐 드 M--, 네-스 빠

M—은 큰 역이어서, 모든 기차가 다 정차합니다.

As M--, is a great station, all the trains stop there.

M--, большая станция и все поезда останавливаются там.
M--, 발샤-야 스딴찌야 이 프세- 빠에즈다- 아스따나-블리바윳짜 땀

Porque M- es una estación grande todos los trenes se detienen ahí.
뽀르께 엠 에스 우나 에스따씨온 그란데 또도스 로스 뜨레네스 세 데띠에넨 아이

M— bekati katta bekat bo'lganligi sababli, barcha poyezdlar to'xtab o'tadi.
M- 베카트 캍타 베캍 뿔갸느 사바블리, 바르차 포예즈뜰라르 토흐탑 오타뜨

M站是大站,所有火车都停.
M zhàn shì dàzhàn, suǒyǒu huǒchē dōu tíng
엠 짠 쓰 따짠, 슈오요우 후오처 또우팅

La gare de M— est grande et
라 갸흐 드 M--- 에 그항드 에
tous les trains s'y arrêtent.
뚜 레 트렝 시 아헤뜨

열차에서 내려 플랫폼을 조금 걷지 않겠습니까?

Won't you alight from the train and walk a little on the platform?

Выйдем из вагона,
브이젬 이즈 바고-나,
погуляем по платформе?
빠굴랴-엠 빠 쁠라뜨포-르메

¿No bajará del tren a la
노 바하라 델 뜨렌 알 라
plataforma a caminar un poco?
쁠라따포르마 아 까미나르 운 뽀꼬

Poyezddan tushib platformada
포예즏단 투십 플라트포르마다
biroz yurmaymizmi?
브러즈 유르마이므즈므

下火车走一趟站台,行不行?
xià huǒchē zǒu yítàng zhàntái, xíngbùxíng
씨아 후어처 쪼우 이팅 짠타이 씽뿌씽

Voulez-vous descendre du train et
불레-부 데쌍드흐 뒤 트렝 에
marcher un peu sur le quai?
마흐쉐 엉 쁘 쒸흐 르 께

이곳은 무슨 역입니까?

What station is this?

Как называется эта станция?
깍-크 나즈이바-엣짜 에-따 스딴-찌야

¿Qué estación es esta?
께 에스따씨온 에스 에스따

Bu qaysi bekat?
뿌 카이쓰 베카트

这是什么站?
zhè shì shénme zhàn
쩌 쓰 션머 짠

Quelle station est-ce?
껠 스따씨옹 에-스

B역입니다.

It is B station.

Это станция Б.
에-따 스딴-찌야 베-

Es la estación de B.
에스 라 에스따씨온 데 비

Bu B bekati.
뿌 B - 베캬트

是B站。
shì B zhàn
쓰 B 짠

C'est la station B.
쎄 라 스따씨옹 B

S로 가는 승객들은 여기서 기차를 갈아타십시오.

The passenger who go to S must change trains here.

Пассажирам, следующим в С.
빳사쥐-람, 슬례-두유쉼 프 에스
нужно делать пересадку здесь.
누-즈노 젤라찌 뻬레사-뜨꾸 즈제-시

El pasajero que va a S debe
엘 빠사헤로 께 바 에스 데베
cambiar de tren aquí.
깜비아르 데 뜨렌 아끼

S ga boradigan yo'lovchilar bu
S 가 버라뜨갼 욜러브츨라르, 부
yerda boshqa poyezdga
예르다 버시카 포예즈뜨갸
chiqishingiz kerak.
츠크신기즈 케락

去S的乘客请在这里换乘火车。
qù S dí chéngkè qǐng zài zhèlǐ huànchéng huǒchē
츠 S 디 청꺼 칭 자이 쩌리 후어청 추오처

Les passagers qui vont en S, doit
레 빠싸제 끼 봉 엉 S 두아
changer de train ici.
샹제 드 트렝 이씨

흡연칸이 따로 있습니까?

Is there a smoking car?

Есть ли вагон для курящих?
예스찌 리 바곤- 들랴- 꾸랴-쉬흐

¿Hay un coche especial para fumar?
아이 운 꼬체 에스뻬샬 빠라 푸마르

Chekadiganlar uchun alohida
체캬드갸늘라르 우춘 알러히다
vagon bormi?
바곤 버르므

有没有另外的吸烟间?
yǒu méi yǒu lìngwài de xīyān jiàn
요우 메이요우 링와이 더 씨예 지엔

Y a-t-il un compartiment fumeur?
이 아-띨 엉 꽁빠흐띠멍 퓌뫼흐

흡연 칸이 따로 없으므로 여기에서 담배를 피울 수 있습니다.

As there are no smoking car, we can smoke here.

Нет, вагона для курящих нет,
니에트-바고나 들랴- 꾸랴-쉬흐 니에-트
поэтому вы можете курить здесь
빠에-또무브이 모-제쎄 꾸리-찌 즈제-시

Debido a que no hay un coche
데비도 아 께 노 아이 운 꼬체
especial para fumar puede fumar
에스뻬샬 빠라 푸마르 뿌에데 푸마르
aquí.
아끼

Chekadiganlar uchun alohida
체캬드갸늘라르 우춘 알러히따
vagon yo'qligi sababli,
바곤 요클리기 사바블리,
shu yerda chekishingiz mumkin.
슈 예르다 체키신기즈 뭉킨

没有别的地方吸烟,
méiyǒu biéde dìfāng xīyān,
메이요우 삐에더 디팡 씨예,
可以在这里吸烟。
kěyǐ zài zhèlǐ xīyān
커이 짜이 쩌리 씨엔

Il n'y a pas de un compartiment
일 니 아 빠 드 꽁빠흐띠멍
fumeur, et on peut fumer ici.
퓌뫼흐, 에 옹 뾔 퓌메 이씨

이 열차에는 식당차가 있습니까?

Has this train a dining car?

Есть ли в этом поезде
예스찌 리 브 에-똠 뽀 에즈졔
вагон-ресторан?
바곤-레스따란-

¿Este tren tiene un coche comedor?
에스떼 뜨렌 띠에네 운 꼬체 꼬메도르

Bu poyezdda restoran-vagoni
뿌 포예즏다 레스토란-바고느
bormi?
버르므

这趟列车有餐车吗?
zhè tàng lièchē yǒu cānchē ma
쩌 탕 리어처 요우 찬처 마

Est-ce que ce train a une
에-스 끄 쓰 트렝 아 윈
voiture-restaurant?
부아뛰흐-헤스또헝

식당차에서는 담배를 피울 수 있습니다.

We can smoke there freely.

Можно курить в вагон-ресторане.
모-즈노 꾸리-찌 브 바곤-레스따라-네

Podemos fumar en el coche
뽀데모스 푸마르 엔 엘 꼬체
comedor.
꼬메도르

Restoran-vagonda chekishingiz
레스토란-바곤다 체키신기즈
mumkin.
뭄킨

在餐车可以抽烟。
zài cānchē kěyǐ chōuyān
짜이 찬처 커이 초우옌

Nous pouvons y fumer librement.
누 뿌봉 이 퓌메 리브흐멍

(차내의 승객에게) 담배를 피워도 될까요?

Allow me to have a cigarette if it is no inconvenience to you?

(Пассажиру в вагоне)
빠사쥐루 브 바고-녜
Разрешите закурить?
라즈레쉬-쩨 자꾸리-지

(A los pasajeros en el coche).
아 로스 빠사헤로스 엔 엘 꼬체
¿Podemos fumar?
뽀데모스 푸마르

(Vagon ichidagi yo'lovchiga)
바곤 이치다기 욜러브츠가
Cheksam bo'ladimi?
체키쌈 뽈라뜨므

(对车内乘客)可以抽烟吗?
(duì chē nèi chéngkè) kěyǐ chōuyān ma
뚜이 처 너이 청꺼 커이 추우옌 마

(Au passagers) Puis-je fumer ici?
오 빠싸제 쀠-주 퓌메 이씨

피우십시오.

Just as you please.

Пожалуйста.
빠잘-루이스따

Por favor fume.
뽀르 파보르 푸메

Chekavering.
체캬외링

请抽。
qǐng chōu
칭 초우

Si vous voulez.
씨 부 불레

물건을 잃어버리지 않도록 주의하십시오.

Be careful not to leave something behind.

Будьте внимательны,
부-지쩨 브니마-쩰느이,
не забудьте свои вещи.
네 자부-지쩨 스바이 베-쉬

Por favor tenga cuidado de no
뽀르 파보르 뗑가 꾸이다도 데 노
olvidar las cosas.
올비다르 라스 꼬사스

Narsalaringizni esdan
나르쌀라린기즈느 애쓰단
chiqarmaslikka ogoh bo'ling.
츠칸르마쓸릭캬 어거흐 볼링

注意不要丢东西。
zhùyì búyào diū dōngxi
쭈위 뿌야오 띠우 똥씨

Attention à ne rien laisser.
아떵씨옹 아 느 리엥 레쎄

여보시오, 내 짐을 찾아 다 주십시오.

Porter, please go and take my baggages .

Носильщик, возьмите мой багаж.
나실-쉬크 바지미-쩨 모이 바가-쉬

Disculpe, por favor busque mi
디스꿀뻬 뽀르 파보르 부스께 미
equipaje (maleta).
에끼빠헤 말레따

Yuk tashuvchi, iltimos, mening
육 타슈브츠, 일트머쓰, 매닝
yukimni topib hammasini keltirib
유킴느 터픕 함마쓰느 트릅
bering.
베링

喂, 帮我找齐行李。
wèi, bāng wǒ zhǎo qí xíngli
웨이, 빵 워 짜오 츠 씽리

Porteur, s'il vous plaît,
뽀흐뙤흐, 씰 부 쁠래,
donnez-moi mes bagages.
도네-무아 메 바가주

여기 수화물 영수증이 있습니다.

This is my baggage receipt (my baggage check).

Вот багажный талон
보-트 바가-쥐느이 딸론-
(мой багажный чек).
모이 바가-쥐느이 취

Aquí está el recibo de mi equipaje.
아끼 에스따 엘 레씨보 데 미 에끼빠헤

Mana yuk haqidagi chek.
마나 육 하크다기 책

这里有行李收据。
zhèli yǒu xíngli shōujù
쩌리 요우 씽리 쇼우쥐

Voici mon reçu de bagages
부아씨 몽흐쒸 드 바가주
(mon bulletin de bagages).
몽 뷜르땡 드 바가주

24 선박여행

- Travelling by ship
- Путешествие на корабле
- Viajando en barco
- Kema bilan sayohat qilish
- 船舶旅行
- Voyager en bateau

나는 블라디보스토크 (부산)으로 가고 싶습니다.

I wish to leave for Vladivostok(Busan).

Я хочу поехать во
야- 하추- 빠예-하찌 바
Владивосток (Пусан).
블라지바스또크 뿌산

Deseo ir a Vladivostok (Busan).
데세오 이르 아 블라디보스톡 부산

Men Vladivostok (Busan) ga
맨 블라지바스또크 뿌산 갸
bormoqchiman.
버르먹츠만

我想去符拉迪沃斯托克(釜山)。
wǒ xiǎng qù fúlādíwòsītuōkè(fǔshān)
워 샹 츠 푸라디워쓰투오커 푸샨

Je souhaite partir pour
주 쑤에뜨 빠흐띠흐 뿌흐
Vladivostok(Busan).
블라디보스톡 부산

극동행 배는 언제 출발합니까?

When will ship leave for the Far East (the Extreme Orient)?

Когда отправляется паром на
까그다- 아뜨브라-블라엣짜 빠롬 나
Дальний Восток?
달-니 바스또-크

¿Cuándo parte el barco que va al
꽌도 빠르떼 엘 바르꼬 께 바 알
extremo oriente (Este de Asia)?
엑스뜨레모 오리엔떼 에스떼 데 아시아

Uzoq Sharqqa kema qachon
우적 샤르크카 캐마 카천
jo'naydi?
조나이뜨

去远东的船什么时候出发?
qù yuǎndōng de chuán shénme shíhou chūfā
츠 위엔똥 더 추안 션머 쓰하우 추파

Quand les navires partiront-ils
깡 레 나비흐 빠흐띠홍-띨
pour l'Extrême-Orient?
뿌흐 렉스트렘-오리엉

화요일마다 오후 5시에 출발합니다.

It will leave port on Tuesdays at 5pm.

Он отправляется в пять часов
온 아뜨쁘라-블랴엣짜 프 빠찌 치소-프
вечера по вторникам.
베-체라 빠 프또르니깜

Parte todos los martes a las
빠르떼 또도스 로스 마르떼스 알 라스
cinco de la tarde(5pm).
씽꼬 데 라 따르데

Har seshanba kunlari tushlikdan
하르 세샨바 쿤라르 투실릭단
so'ng soat 5(besh)da portdan
송 서앝 베시다 포르트단
jo'naydi.
조나이뜨

每星期二下午5点出发。
měi xīngqīèr xiàwǔ 5diǎn chūfā
메이 씽치얼 씨아우 우-띠엔 추파

Il part à 17h le mardi.
일 빠흐 아 디 쎄 띄흐 르 마흐디

그다음 배는 언제 출발합니까?

When will the next ship leave port?

Когда отправляется следующий паром?
까그다 아뜨쁘라-블라옛쨔 슬레-두유쉬이 빠롬

¿Cuándo sale el siguiente barco?
꽌도 살레 엘 시귀엔떼 바르꼬

Undan keyingi kema qachon yo'lga chiqadi?
운단 케인기 캐마 카천 욜갸 츠카뜨

下一班什么时候出发?
xià yìbān shénmeshíhòu chūfā
씨아 이빤 션메이쓰호우 추파

Quand le prochain navire part-il?
깡 르 프호쉥 나비흐 빠흐-띨

15일 오전 10시에 출발합니다.

It will leave port on the fifteenth at 10 am.

Пятнадцатого числа в десять часов утра.
빠뜨나-쨔또보 치슬라-브 제-샤찌 치소-프 우뜨라-

Partirá el día quince a las diez de la mañana (10am).
빠르띠라 엘 디아 낀쎄 아 라스 디에스 데 라 마냐나

O'n beshinchi sanada soat 10 da portni tark etadi.
온 베신츠 사나다 서앝 온따 포르트느 타르키 애타뜨

15日上午10点出发。
15rì shàngwǔ 10diǎn chūfā
쓰우리 샹우 스디엔 추파

Il partira à 10 heures le 15.
일 빠흐띠라 아 10(디) 죄흐 르 15(깽즈)

승선권을 미리 사야 합니까?

It is necessary for me to have a passage ticket in advance?

Нужно ли покупать билет заранее?
누-즈노 리 빠꾸빠찌 빌레-트 자라-네에

¿Tengo que comprar un boleto de embarque con anticipación?
땡고 께 꼼쁘라르 운 볼레또 데 엠바르께 꼰 안띠씨빠씨온

Chiptani oldindan sotib olish kerakmi?
츱타느 얼뜬단 서틉 얼르시 케랔므

需要提前买船票吗?
xūyào tíqián mǎi chuánpiào ma
쒸야오 티치엔 마이 추엔피아오 마

Dois-je acheter un billet de passage à l'avance?
두아-주 아슈떼 엉 비이에 드 빠싸주 아 라벙스

당신이 배로 항해하기 원한다면, 표를 예약해야 합니다.

If you wish to go on board the ship, you must reserve a berth in advance.

Если вы хотите сесть на паром, вам надо заранее заказать билет.
예슬리 브이 하찌-쩨 세-스찌 나 빠롬, 밤 나-도 자라-네에 자까자-찌 빌레-트

Si usted desea navegar en el barco tiene que reservar un boleto.
시 우스뗃 데세아 나베가르 엔 엘 바르꼬 띠에네 께 레세르바르 운 볼레또

Agar siz kemaga o'tirmoqchi
아갸르 스즈 케마갸 오트르먹츠
bo'lsangiz, oldindan chipta
뽈싼기즈 얼든딴 츺타
buyurtirishingiz kerak bo'ladi.
부유르트르신기즈 케랔 볼라뜨

你要是想乘船航行,
nǐ yàoshi xiǎng chéngchuán hángxíng,
니 야오쓰 씨양 청추옌 항씽
就得订票。
jiùděi dìngpiào
지우떠이 띵피아오

Si vous souhaitez voyager en
씨 부 수에떼 부아야제 엉
bateau, vous devez réserver votre
바또, 부 드베 헤제흐베 보트흐
billet à l'avance.
비이에 아 라벙스

1등 선실에 빈자리가 있습니까?

Are there any unreserved first-class cabins?

Есть ли свободная каюта
예슬리 리 스바보-드나야 까유-따
первого класса?
뻬-르보보 끌랏-사

¿Tiene camarotes libres en
띠에네 까마로떼스 리브레스 엔
primera clase?
쁘리메라 끌라세

Birinchi darajali joylar bormi?
브른츠 다라잘리 저일라르 버르므

头等舱有空位吗?
tóuděngcāng yǒu kòngwèi ma
토우떵창 요우 콩웨이 마

Y a-t-il des places non réservées
이 아-띨 데 쁠라스 농 레제흐베
dans la cabine de première classe?
덩 라 까빈 드 프흐미에흐 끌라스

아니요, 1등 선실은 전부 예약되었습니다.

No, all first-class cabins are reserved.

Нет, каюты первого класса
니에-트, 까유-뜨이 뻬-르보보 끌랏-사
все заняты.
프세- 자-냐뜨이

No, los camarotes de primera
노, 로스 까마로떼스 데 쁘리메라
clase están totalmente reservados.
끌라세 에스딴 또딸멘떼 레세르바도스

Yo'q, barcha birinchi darajali
욕, 바르차 브른츠 다라잘리
joylar band qilingan.
저일라르 반드 클른간

不, 所有头等舱都是预留的。
bù, tóuděng cāngwèi yǐjīng quánbù yùdìng
뿌, 토우떵 창웨이 이징 츠엔뿌 유오띵

Non, toutes les cabines de
농 뚜뜨 레 까빈 드
première classe sont réservées.
프흐미에흐 끌라스 쏭 레제흐베

2등 선실에는 세 자리가 비어 있습니다.

As for the second-class cabins, three are unreserved.

Есть три свободных каюты
예스찌 뜨리- 스바보-드느이흐 까유-뜨이
второго класса.
프따로-보 끌랏-사

Tenemos tres camarotes de
떼네모스 뜨레스 까마로떼스 데
segunda clase libres.
세군다 끌라세 리브레스

Ikkinchi darajali uchta joyimiz bor.
이킨츠 다라잘리 우츠타 저이므즈 버르

二等舱有三个座位空着。
èrděng cāng yǒu sāngè zuòwèi kōngzhe
얼떵 창 유오 싼꺼 쭈우웨이 콩쩌

Dans les cabines de deuxième
덩 레 꺄빈 드 두지엠므
classe, trois places ne sont pas
끌라스, 투아 쁠라스 느 쏭 빠
réservées.
레제흐베

선실 침대를 예약하고 싶으면, 지금 곧 신청해야만 합니다.

If you wish to reserve a berth, you must make an application for it at once.

Если вы хотите заказать каюту,
예슬리 브이 하찌-쩨 자까자-찌 까유-뚜,
вам надо сейчас забронировать
밤 나-도 시챠-스 자브로니로바찌
место.
메스토

Si desea reservar un camarote
시 데세아 레세르바르 운 까마로떼
con cama ahora de inmediato
꼰 까마 아오라 데 인메디아또
tiene que solicitarlo.
띠에네 께 솔리씨따르로

Agar siz joy buyurtirmoqchi
아갸르 스즈 저이 부유르트르먹츠
bo'lsangiz, hozirdan band
볼싼기즈, 허즈르단 반드
qilishingiz lozim.
클르신기즈 러즘

想订舱位,现在就得申请。
xiǎng dìng cāngwèi, xiànzài jiù děi shēnqǐng
씨양 띵 창웨이, 씨엔짜이 지우떠이 션칭

Si vous souhaitez réserver un lit
씨 부 쑤에떼 레제흐베 엉 리
cabine, vous devez en faire la
꺄빈, 부 드베 엉 페흐 라
demande maintenant.
드멍드 멩뜨넝

그러면 2등 선실 침대를 예약하겠습니다.

Then, I'll reserve a berth of second-class cabin.

В таком случае заказажу каюту
프 딱꼼- 슬루-치에 자까쥬- 까유-뚜
второго класса.
프따로-보 끌랏-사

Entonces quiero reservar un
엔똔쎄스 끼에로 레세르바르 운
camarote con cama en segunda
까마로떼 꼰 까마 엔 세군다
clase.
끌라세

Unda ikkinchi darajali joyni
운다 이킨츠 다라잘리 저이느
oldindan band qilaman.
얼든단 반드 클라만

那我就预定第二舱的床了。
nà wǒ jiù yùdìng dièr cāng de chuángle
나 워 지우 유띵 띠얼 창 더 츠앙-러

Ensuite, je vais réserver un lit
엉쒸뜨, 주 베 레제흐베 엉 리
de cabine de deuxième classe.
드 꺄빈 드 두지엠므 끌라스

몇 시에 승선해야 합니까?

What time must I go on board?

Когда надо садиться на паром?
까그다- 나-도 사짓-짜 나 빠롬

¿A qué hora tengo que subir a bordo?
아 께 오라 땡고 께 수비르 아 보르도

Qachon kemaga o'tirishim kerak?
카천 케마갸 오트르심 케락

几点该上船?
jǐdiǎn gāi shàng chuán
지띠엔 꺼이 셩 추안

À quelle heure dois-je monter sur
아 껠 뢰흐 두아-주 몽떼 쒸흐
le bateau?
르 바또

출항 한 시간 전에 승선해야 합니다.

One hour before its departure.

За час до отхода.
자 차-스 다 아뜨호-다

Tiene que abordar una hora antes
띠에네 께 아보르다르 우나 오라 안떼스
de zarpar.
데 사르빠르

Jo'nashidan bir soat avval.
조나시단 브르 서앝 아왈

出港前一小时要上船。
chūgǎng qián yì xiǎoshí yào shàng chuán
추꾸앙 치엔 이 씨아오쓰 야오 샹 추안

Une heure avant son départ.
윈 뇌흐 아벙 쏭 데빠흐

이 배는 나홋카(홍콩)에 기항합니까?

Does the ship call(touch) at the port of Nakhodka(Hongkong)?

Заходит ли паром в Находку
자호-지트 리 빠롬 프 나호뜨꾸
(Гонконг)?
공콩구

¿Este barco hace escala en
에스떼 바르꼬 아쎄 에스깔라 엔
Nakhodka (Hong Kong)?
나홋카 홍콩

Bu kema Naxodka (Gongkong)
뿌 케마 나호뜨카 간콩
portiga kiradimi?
폴트가 크라뜨므

这艘船起航于纳霍德卡(香港)?
zhè sōu chuán qǐhángyú nàhuòdékǎ
쩌 쏘우 추안 치항꾸유 나후오더카
(xiānggǎng)
씨양깡

Ce bateau touche-t-il au port de
쓰 바또 뚜슈-띨 오 뽀흐 드
Nakhodka (Hong Kong)?
나홋카 홍콩

네, 나홋카(홍콩)는 주요 기항지 중의 하나입니다.

Yes, Nakhodka(Hongkong) is one of the important ports of call.

Да, Находка(Гонконг)- один из
다-, 나호뜨까 공콘그 아진- 이즈
важных портов.
바-쥐느이흐 빠르또-프.

Sí, Nakhodka(Hong Kong) es uno
시, 나홋카 홍콩 에스 우노
de los puertos de escala importantes.
데 로스 뿌에르또스 데 에스깔라 임뽀르딴떼스

Ha, Naxodka (Gonkong) - muhim
하, 나호뜨카 간콩- 무흠
portlaridan biri.
포르틀라르단 브르

是的,纳霍德卡(香港)
shì de, nàhuòdékǎ (xiānggǎng)
쓰 더, 나후오더카 씨양깡
是主要停靠港之一。
shì zhǔyào tíngkào gǎng zhīyī
쓰 쭈야오 팅카오 깡 쯔이

Oui, Nakhodka(Hong Kong) est
위, 나홋카 홍콩 에
l'un des principaux ports d'escale.
렁 데 프렝씨뽀 뽀흐 데스꺌

나는 모든 항구에 내리고 싶습니다.

I wish to land at every port of call.

Я хочу сойти на берег во
야- 하추- 스하지-씨 나- 베례크 바
всех портах.
프세-흐 빠르따-흐

Quiero bajar en todos los puertos.
끼에로 바하르 엔 또도스 로스 뿌에르또스

Men har bir port sohilida
맨 하르 브르 포르트 서흘르다
tushishni xohlayman.
투시시느 허흘라이만

我想下所有港口。
wǒ xiǎng xià suǒyǒu gǎngkǒu
워 씨양 씨아 수요우 깡코우

Je souhaite descendre à tous les
주 쑤에뜨 데썽드흐 아 뚜 레
ports.
뽀흐

여기서부터 블라디보스톡(부산) 까지는 며칠 걸립니까?

How many days does it take from here to Vladivostok(Busan)?

Сколько дней отсюда до
스꼴-꼬 드녜-이 앗슈-다 도
Владивостока(Пусана)?
블라지바스또까 뿌사나

¿Cuántos días se tarda desde aquí
꽌또스 디아스 세 따르다 데스데 아끼
hasta Vladivostok (Busan)?
아스따 블라디보스톡 부산

Bu yerdan Vladivostok (Busan)
뿌 예르단 블라디바스톡 뿌산
gacha necha kun ketadi?
갸차 네차 쿤 케타드

从这里到符拉迪沃斯托克(釜山)
cóng zhèér dào fúlādíwòsītuōkè(fǔshān)
총 쩌얼 따오 푸라띠워쓰투오커 푸샨
需要几天?
xūyào jǐtiān
쒸야오 지티엔

Combien de jours faut-il d'ici à
꽁비엥 드 주흐 포-띨 디씨 아
Vladivostok (Busan)?
블라디보스톡 부산

약 하루 걸립니다.

It takes about one days.

Приблизительно один день.
쁘리블리지-쩰노 아진 젠-

Tomará apróximadamente un día.
또마라 아쁘록시마다멘떼 운 디아

Taxminan bir kun ketadi.
타흐미난 브르 쿤 케타드

大约需要一天。
dàyuē xūyào yìtiān
따위에 쒸야오 이티엔

Cela prend environ un jour.
쓸라 프항 엉비롱 엉 주흐

따뜻한 송별에 대해 대단히 감사합니다.

I am much obliged to you for your hearty send-off.

Большое вам спасибо за тёплые
발쇼-에 밤 스빠시-보 자 쪼쁠르이에
проводы.
쁘로-보드이

Le estoy muy agradecido por su
레 에스또이 무이 아그라데씨도 뽀르 수
cordial despedida.
꼬르디알 데스뻬디다

Iliq mezbondorchiligingiz uchun
일륵 메즈번더르칠리긴기즈 우춘
katta rahmat.
캍타 라흐마트

非常感谢温暖的送别。
fēicháng gǎnxiè wēnnuǎn de sòngbié
페이창 깐씨에 웬누옌 더 송삐에

Merci pour votre amical adieu.
메흐씨 뿌흐 보트흐 아미깔 아디외

승객 중에 아는 사람이 있습니까?

Have you any acquaintances in the course of my voyage?

Есть ли у вас знакомые
예스찌 리 우 바스 즈나꼬-므이에
среди пассажиров?
스레지- 빳사쥐-로프

¿Tiene algún conocido entre los
띠에네 알군 꼬노씨도 엔뜨레 로스
pasajeros?
빠사헤로스

Yo'lovchilar orasida tanishlaringiz
욜러브츨라르 어라쓰다 타느실라린기즈
bormi?
버르므

乘客中有认识的人吗?
chéngkè zhōng yǒu rènsh de rénma
청꺼 쭝 요우 렌쓰 더 렌마

Connaissez-vous des passagers?
꼬네쎄-부 데 빠싸제

아니요, 한 사람도 없습니다.

No, I have not any.

Нет, ни одного.
니에-트 니 아드나보-

No, no tengo ninguno.
노, 노 땡고 닝구노

Yo'q, umuman yo'q.
욕, 우무만 욕

没有,没有一个人。
méiyǒu, méiyǒu yigè rén
메이요우, 메이요우 이꺼 런

Non, il n'y a personne.
농, 일 니 아 뻬흐쏜느

지루하시겠습니다.

I think you will be affected with monotony (ennui).

Я думаю, что вы будете скучать.
야-두-마유, 쉬또- 브이 부-제쩨 스꾸차-찌

Se aburrirá. Estará aburrido.
세 아부리라 에스따라 아부리도

Zerikib qolasizmi deb o'ylayapman.
제리킵 컬라스즈므 뎁 오일라얍만

会很无聊的。
huì hěn wúliáo de
후이 헌 우리아오 더

Je pense que vous allez vous
주 뻥스 끄 부 잘레 부
ennuyer.
앙뉘이에

그러나 여행중에 누군가를 알게 되겠지요.

But, I will have two or three acquaintances in the course of my voyage.

Но в поездке я познакомлюсь
노- 프 뽀-에스뜨께 야- 빠즈나꼼-물류시
с кем-нибудь.
스 껨나부-찌

Sin embargo en el viaje conoceré
신 엠바르고 엔 엘 비아헤 꼬노쎄레
a alguien.
아 알기엔

Safarim davomida kim bilandir
사파름 다머브다 킴 블란드르
tanishib olarman.
타느십 얼라르만

但是在旅行中会认识某人。
dànshì zài lǚxíng zhōng huì rènshi mǒurén
딴쓰 짜이 루씽 쭝 후이 런쓰 모우런

Mais je vais faire connaissance
메 주 베 페흐 꼬네썽스
avec quelqu'un pendant mon
아베끄 껠껑 뻥덩 몽
voyage.
부아야주

바다는 대단히 고요합니다. 그렇지요?

The sea is very calm, isn't it?

Море очень тихое, правда?
모-레 오-친 찌-호에, 쁘라-브다

El mar está muy tranquilo, ¿verdad?
엘 마르 에스따 무이 뜨랑낄로, 베르닷

Dengiz juda sokin, shunday emasmi?
댄기즈 주다 서킨, 슌다이 애마스므

大海很平静,不是吗?
Dàhǎi hěn píngjìng, bùshì ma
따하이 헌 핑징, 뿌쓰 마

La mer est très calme, n'est-ce pas?
라 메흐 에 트헤 깔름, 네-스 빠

무사히 블라디보스톡(부산)에 도착하시길 바랍니다.

I wish you would arrive in Vladivostok (Busan) safe and sound.

Желаю вам благополучно
젤라-유 밤 블라고빨루-츠노
добраться до Владивостока
다브랏짜 다 블라지바스또까
(Пусана).
뿌사나

Deseo que llegue sin dificultad a
데세오 께 제게 신 디피꿀땃 아
Vladivostok (Busan).
블라디보스톡 부산

Vladivostok (Busan)ga eson-omon
블라디바스톡 뿌산 갸 애선-어먼
yetib borishingizni tilab qolaman.
예틉 버르신기즈느 틀랍 컬라만
(Safaringiz bexatar bo'lsin!)
사파린기즈 베하타르 볼쓴

希望能平安到达符拉迪沃斯托克
xīwàng néng píngān dàodá fúlādíwòsītuōkè
씨왕 넝 핑안 따오따 푸라띠워쓰투오커
(釜山)。
fǔshān
푸샨

J'espère que vous arrivez à
줴스뻬흐 끄 부 자히베 아
Vladivostok(Busan) en toute
블라디보스톡 부산 엉 뚜뜨
sécurité.
쎄뀌히떼

나는 당신이 아무 사고 없이 블라디보스톡(부산)에 도착하리라고 확신합니다.

I am sure you will arrive Vladivostok (Pusan) without any accident.

Я уверен, что вы благополучно доберётесь до Владивостока (Пусана).
야- 우베-렌 쉬또- 브이 블라고쁠루-츠노 다베레쩨시 다 블라지바스또까 뿌사나

Deseo que lleguen todos a Vladivostok(Busan) sin contratiempos.
데세오 께 제겐 또도스 아 블라디보스톡 부산 신 꼰뜨라띠엠뽀스

Siz Vladivostok(Busan)ga eson-omon yetib olishingizga ishonaman.
스즈 블라디바스톡 뿌산 가 애선-어먼 예톱 얼르신기즈가 이셔나만

我确信您会毫无事故地到达符拉迪沃斯托克(釜山)。
wǒ quèxìn nín huì háowú shìgù dì dàodá fúlādíwòsītuōkè fǔshān
워 치에씬 닌 후이 하오우 쓰꾸 띠 따오따 푸라띠워쓰투오커 푸산

Je suis sûr que vous arriverez à Vladivostok(Busan) sans aucun accident.
주 쒸 쒸흐 끄 부 자리브헤 아 블라디보스톡 부산 썽 조끈 악씨덩

즐거운 항해를 하시기를 바랍니다.

A pleasant trip to you.

Счастливого плавания.
쉬슬리-보보 쁠라-바니야

Deseo que tenga un feliz viaje.
데세오 께 땡가 운 펠리스 비아헤

Sizga yoqimli sayohat tilab qolaman.
스즈가 여큼리 사여할 틸랍 컬라만

祝你航行愉快。
zhù nǐ hángxíng yúkuài
쭈 니 항씽 위쿠아이

J'espère que vous avez un bon voyage.
줴스뻬흐 끄 부 자베 엉 봉 부아야주

즐거운 여행 되시기 바랍니다.

I wish you a pleasant trip.

Счастливого пути.
쉬슬리-보보 뿌지-

¡Feliz viaje!
펠리스 비아헤

Oq yo'l tilayman!
억 욜 틸라이만

祝你旅途愉快。
zhù nǐ lǚtú yúkuài
쭈 니 루투 위쿠아이

Je vous souhaite un bon voyage.
주 부 쑤에뜨 엉 봉 부아야주

젊은이, 화물을 내 선실로 운반해 주세요.

Boy, please bring my baggages to my cabin.

Молодой человек, пожалуйста,
말라도이 첼로베크, 빠잘-루이스따,
принесите мой багаж в каюту.
쁘리네시-쩨 모이 바가-쉬 프 까유-뚜

Joven, lleve mis maletas al
호벤, 예베 미스 말레따스 알
camerino.
까메리노

Hoy yigit, iltimos, mening
허이 이길, 일트머쓰, 매닝
yukimni kabinamga keltirib
유킴느 카브남가 켈트릅
bersangiz.
베르싼기즈

年轻人,
niánqīngrén,
니예칭런
请把货物运到我的船舱。
qǐng bǎ huòwù yùndào wǒ de chuáncāng
칭 빠 후오우 윈따오 워 더 추옌창

Garçon, s'il vous plaît, apportez
갸흐쏭, 씰 부 쁠래, 아뽀흐떼
mes bagages dans ma cabine.
메 바가쥬 덩 마 꺄브흐

20호 선실입니다.

Number 20.

№ 20.
노메르 드바-짜찌

Camerino número 20 (veinte).
까메리노 누메로 베인떼

20 (yigirma).
이기르마

是20号船舱。
shì èrshí hào chuáncāng
쓰 어-쉬 하오 추옌창

Numéro 20.
뉘메로 뱅

나의 선실까지 함께 갈 수 있습니까?

Can you come to my cabin with me?

Вы можете пойти в каюту со
브이 모-줴쩨 빠 이찌- 프 까유-뚜 사
мной?
므노-이

¿Podemos ir hasta mi camerino
뽀데모스 이르 아스따 미 까메리노
juntos?
훈또스

Siz mening xonamga men bilan
스즈 매닝 허남가 맨 블란
birga bora olasizmi?
브르가 버라 얼라스즈므

能一起走到我的船舱吗?
néng yìqǐ zǒudào wǒ de chuáncāng ma
넝 이치 쪼따오 워 더 추옌창- 마

Pouvez-vous venir à ma cabine
뿌베-부 브니흐 아 마 꺄빈
avec moi?
아베끄 무아

당신과 같은 좋은 여행 친구를 만나게 되어 대단히 기쁩니다.

I am very glad to have a good traveling companion like you.

Очень рад(рада) ехать с таким
오-친 라-트 라-다 예-하찌 스 따낌-
хорошим спутником (такой
하로-쉼 스뿌뜨니꼼 딱꼬-이
хорошей спутницей), как вы.
하로-쉐이 스뿌-뜨니쩨이 깍-크 브이

Estoy muy contento de tener un
에스또이 무이 꼰뗀또 데 떼네르 운
buen compañero de viaje como
부엔 꼼빠녜로 데 비아헤 꼬모
usted.
우스뗏

Sizdek yaxshi sayohatdosh bilan
스즈댁 야흐시 사여할더시 블란
uchrashganimdan juda
우츠라시가늡단 주다
mamnunman.
맘눈만

很高兴见到像你这样的好朋友。
hěngāoxìng jiàndào xiàng nǐ zhèyàng de hǎopéngyǒu
헌까오씽 지옌따오 씨양 니 쩌양 더하오팡요우

Je suis très heureux de rencontrer
주 쒸 트헤 죄뢰 드 항꽁트헤
un bon ami de voyage comme vous.
엉 보 나미 드 부아야주 꼼므 부

바람이 불기 시작했습니다. 배가 좀 흔들리는군요.

The wind has begun to blow. The ship is rolling a little, isn't it?

Подул ветер. Кажется,
빠둘 베-쩨르 까쥇짜
начинается небольшая качка?
나치나옛쨔 네발샤야 까츠까

Empezó a soplar el viento.
엠뻬소 아 소쁠라르 엘 비엔또
El barco se mese un poco.
엘 바르꼬 세 메세 운 뽀꼬

Shamol esa boshladi.
샤멀 애사 버실라뜨
Kema biroz chayqalyapti.
케마 브러즈 차이칼얍트

开始起风了。船有点摇晃。
kāishǐ qǐ fēng le chuán yǒudiǎn yáohuàng
카이쓰 츠펑러 추안 요우띠엔 야오후앙

Le vent a commencé à souffler.
르 벙 아 꼬멍쎄 아 쑤플레
Le bateau tremble un peu,
fm 바또 트랑블 엉 쁘,
n'est-ce pas?
네-스 빠

당신은 뱃멀미를 안합니까?

Are you a good sailor?

Вы хорошо переносите
브이 하라쇼 뻬래노-시쩨
морскую качку?
마르스꾸-유 까-츠꾸

¿No tiene usted mareos en el barco?
노 띠에네 우스뗏 마레오스 엔 엘 바르꼬

Sizda dengiz kasalligi yo'qmi?
스즈다 댄기즈 캬살리기 욕므

你不晕船吗?
nǐ bù yūnchuánma
니 뿌- 윤-추-안마

N'avez-vous pas le mal de mer?
나베-부 빠 르 말 드 메흐

나는 뱃멀미를 하는 것 같습니다.

I think I have got seasick.

Кажется, меня укачивает.
까-셋싸 미냐- 우까-치바예트

Parece que me mareé.
빠레쎄 께 메 마레

Menda dengiz kasalligi borga
맨다 댄기즈 캬쌀리기 버르가
o'xshaydi.
오흐샤이드.

我好像晕船。
wǒ hǎoxiàng yùnchuán
워 하오샹 윈추안

Je semble avoir le mal de mer.
주 썽블 아부아흐 르 말 드 메흐

나는 뱃멀미를 잘합니다.

I am a bad sailor.

Я плохо переношу морскую качку.
야- 쁠로-호 뻬레나슈- 마르스꾸-유 까츠-꾸

Yo me mareo en el barco con
요 메 마레오 엔 엘 바르꼬 꼰
facilidad.
파씰리닷

Men dengiz chayqalishida
맨 댄기즈 차이칼르시다
qiynalaman.
크이날라만

我很晕船。
wǒ hěn yùnchuán
워 헌 윤-추안

Je suis bon au mal de mer.
주 쒸 보 노 말 드 메흐

나는 몸 상태가 나쁩니다.

I feel bad. (I feel ill.)

Я чувствую себя плохо.
(Я плохо себя чувствую.)
야- 춥-스뜨부유 시뱌- 쁠로-호

Me siento mal.
메 시엔또 말

Men o'zimni yomon his qilayapman.
맨 오즘느 여먼 흐스 클얍만

我身体状态不好。
wǒ shēntǐ zhuàngtài bùhǎo
워 쎈티 쭈안타이 뿌하오

Je me sens mal.
주 므 썽 말
(Je me sens malade.)
주 므 썽 말라드

침대에 누워있는 것이 좋겠습니다.

You'd better lie on the bed.

Вам лучше полежать в постели.
밤 루-취쉐 빨레-자찌 프 빠스-쪨리

Será mejor que se acueste en la cama.
세라 메호르 께 세 아꾸에스떼 엔 라 까마

Siz karavotda yotib turganingiz maqulroq.
스즈 카라왙타 여틉 투르가닌기즈 마쿨르럭

最好是躺在床上。
zuìhǎo shìtǎng zài chuángshàng
쭈하오 쓰탕 짜이 추앙샹

Vous devrais rester au lit.
부 드브헤 헤스떼 오 리

이 배는 언제 항구에 도착합니까?

When will this ship enter the port?

Когда этот паром придёт в порт?
까그다- 에-또트 빠롬 쁘리죠트 프 뽀-르트

¿Cuándo llegará a puerto este barco?
꽌도 예가라 아 뿌에르또 에스떼 바르꼬

Kema qachon portga kiradi?
케마 카천 폴트가 크라드

这艘船什么时候到港?
zhèsōu chuán shénme shíhòu dàogǎng
쩌쇼우 추안 선-머 쓰하우 따오깡

Quand ce navire arrivera-t-il dans le port?
깡 쓰 나비흐 아리브하-띨 덩 르 뽀흐

내일 아침 다섯 시입니다.

Tomorrow morning, toward five o'clock.

Завтра утром, в пять часов.
자-프뜨라 우-뜨롬 프 뺘-찌 치소-프

Mañana por la mañana, hacia las cinco en punto.
마냐나 뽀르 라 마냐나, 아씨아 라스 씽꼬 엔 뿐또

Ertaga ertalab soat beshda.
애르타가 애르탈랍 서앝 베시다

明天早上五点。
míngtiān zǎoshàng wǔdiǎn
밍티엔 짜오샹 우띠엔

Demain matin, vers cinq heures.
드맹 마땡, 베흐 쌩 꾀흐

배는 부두 곁에 댈 것입니까?

Will the ship lit along-side the pier?

Паром причалит к пристани?
빠롬 쁘리챨-리트 끄 쁘리-스따니

¿El barco anclará junto al muelle?
엘 바르꼬 앙끌라라 훈또 알 무에예

Kema qirgoq yoniga keladimi?
케마 크르거크 여느갸 켈라드므

船要靠码头吗?
chuán yào kào mǎtou ma
추안 야오 카오 마토우 마

Le navire sera-t-il ancré au quai?
르 나비흐 쓰하-띨 앙크헤 오 께

아니요, 썰물 때문에 부두 곁에 댈 수 없습니다.

No, it cannot lie along-side the pier for the reason of the low tide(the ebb tide).

Нет, из-за отлива паром не
니에-트, 이즈자 아뜰리-바 빠롬 녜
может причалить к пристани.
모-제트 쁘리찰-리찌 끄 쁘리-스따니

No, no puede anclar junto al
노 노 뿌에데 앙끌라르 훈또 알
muelle debido a la marea baja.
무에예 데비도 알 라 마레아 바하

Yo'q, suv qaytishi sababli qirg'oq
욕, 수브 카이트시 사바블리 크르걱
yoniga yaqinlasha olmaydi.
여느갸 야큰라샤 얼마이드

不,因为退潮,不能靠码头。
bù, yīnwèi tuìcháo, bùnéng kào mǎtou
뿌 인웨이 투이차오, 뿌넝 카오 마토우

Non, il ne peut pas être ancré au
농, 일 느 뾔 빠 제드흐 앙크헤 오
quai à cause de la marée basse.
께 아 꼬즈 들 라 마레 바쓰

배는 앞바다에 정박할 것입니다.

The ship will cast anchor in the offing.

Паром останавливается на рейде
빠롬 아스따나-블리바엣쨔 나 에-이제

El barco anclará costa afuera.
엘 바르꼬 앙끌라라 꼬스따 아푸에라

Kema reyd(portga kirish oldidan
케마 래이드 포르트갸 크르시 얼드단
to'xtaydigan joy)da to'xtaydi.
토흐타이드갼 저이 다 토흐타이드

船会停泊在前海。
chuán huì tíngbó zàiqián hǎi
추안 후이 팅-빠 짜이치안 하이

Le navire sera ancré au large.
르 나비흐 쓰하 앙크헤 오 라흐주

우리들은 드디어 무사히 도착했습니다.

Now we have got to the port safe and sound.

Мы благополучно прибыли.
므이 블라고빨루-츠노 쁘리-브일리

Finalmente hemos llegado a salvo.
피날멘떼 에모스 예가도 아 살보

Biz muvaffaqiyatli portga yetib
브즈 무와파키야틀리 폴트가 예틉
keldik.
켈딕

我们终于平安到达了。
wǒmen zhōngyú píngān dàodále
워먼 쫑유 핑안 따오따러

Nous sommes enfin arrivé au
누 쏨므 앙펭 아리베 오
port en toute sécurité.
뽀흐 앙 뚜뜨 쎄뀌리떼

배는 부두에 정박했습니다.

The ship is moored alongside the quay.

Паром пришвартовался к
빠롬 쁘리쉬바르또-발샤 끄
пристани.
쁘리-스따니

El barco está anclado en el muelle.
엘 바르꼬 에스따 앙끌라도 엔 엘 무에예

Kema qirg'oq yonida to'xtadi.
케마 크르거크 여느다 토흐타드

船停泊在码头上。
chuán tíngbó zài mǎtóu shàng
추안 팅뽀어 짜이 마토우샹

Le navire est amarré au quai.
르 나비흐 에 따마헤 오 께

25 비행기여행

- Travel by air
- Путешествие на самолёте
- Viajar por aire
- Havoga sayohat qilish
- 飞机旅行
- Voyage en avion

당신이 프랑스에 갈 것이라고 들었는데, 언제 출발합니까?

I here that you will go to France, When will you start?

Говорят, что вы поедете во
가바랴-트, 쉬또- 브이 빠예-제쩨 바
Францию.
프란-찌유
Когда вы отправляетесь?
까그다- 브이 아뜨쁘라-블랴엣쩨시

Escuche que irá a Francia,
에스꾸체 께 이라 프란씨아
¿cuándo partirá?
꽌도 프란씨아

Frantsiyaga ketyapsiz deb
프란찌야갸 켙얍스즈 댑
aytishdi, qachon jo'naysiz?
아이뜨시드, 카천 조나이스즈

听说你要去法国, 什么时候出发?
tīngshuō nǐyào qùfǎguó, shénme shíhou chūfā
팅슈오 니야오 추파꾸어, 션머 쓰호우 추파

J'ai entendu que vous iriez aller
줴 엉떵뒤 끄 부 지히에 알레
en France, quand partez-vous?
엉 프항스, 깡 빠흐떼-부

다음 주 금요일에 출발합니다.

I will start on next Friday.

Я отправлюсь в пятницу на
야- 아뜨쁘라-블류시 프 빠-뜨니쭈 나
будущей неделе.
부-두쉐이 녜젤-레

Partiré el viernes de la próxima
빠르띠레 엘 비에르네스 데 라 쁘록시마
semana.
세마나

Men kelgusi juma kuni yo'lga
맨 켈규스 주마 쿠느 욜가
tushaman.
투샤만

下周五出发。
xiàzhōuwǔ chūfā
씨아쪼우우 추파

Je partirai vendredi prochain.
주 빠흐띠헤 벙드흐디 프호쉥

당신은 배로 갑니까, 비행기로 갑니까?

Will you go by ship or by air?

Вы поплывёте на пароходе или
브이 빠쁠르이뵤쩨 나 빠라호-제 일-리
полетите на самолёте?
빨레찌쩨 나 사말료-쩨

¿Usted irá en barco?
우스뗃 이라 엔 바르꼬
¿Irá en avión?
이라 엔 아비온

Siz kemada ketasizmi?
스즈 케마다 케타스즈므
Yoki samolyotda uchasizmi?
여키 사말룥다 우차스즈므

你是坐船去,还是坐飞机去?
nǐ shì zuòchuán qù, hái shì zuò fēijī qù
니 쓰 쭈오추안 취, 하이쓰 쭈오페이지취

Voulez-vous aller en bateau ou
불레-부 잘레 엉 바또 우
en avion?
어 나비옹

비행기로 갑니다.

I will go by airplane.

Я полечу на самолёте.
야- 빨레추- 나 사말료-쩨

Iré en avión.
이레 엔 아비온

Men samolyotda uchaman.
맨 사말룟다 우차만

坐飞机去。
zuò fēijī qù
쭈오 페이지 취

Je vais aller en avion.
주 베 잘레 어 나비옹

당신은 비행기 여행이 처음입니까?

Is it your first trip by air?

Вы в первые летите на самолёте?
브이 프 뻬르브이에 레찌-쩨 나 사말료-쩨

¿Es su primer viaje en avión?
에스 수 쁘리메르 비아헤 엔 아비온

Samoloyotda birinchi marta
사말룟다 브른츠 마르타
uchishingizmi?
우츠신기즈므

你是第一次乘飞机旅行吗?
nǐ shì dìyícì chéngfēijī lǚxíngma
니 쓰 띠이츠 칭페이지 뤼씽마

Est-ce votre premier voyage en
에-쓰 보트흐 프흐미에 부이아주 어
avion?
나비옹

아니요, 나는 자주 비행기로 여행했습니다.

No, I have often made a trip by air

Нет, я часто летал (летала)
니에-트 야- 챠-스또 레-딸 -레딸-라
на самолёте.
나 사말료-쩨

No, yo viajé frecuentemente en avión.
노, 요 비아헤 프레꾸엔떼멘떼 엔 아비온

Yo'q, men tez-tez samolyotda
욕, 맨 테즈-테즈 사말룟다
sayohat qilib turaman.
사여핱 클릅 투라만

不,我经常乘飞机旅行。
Bù, wǒ jīngcháng chéng fēijī lǚxíng
뿌, 워 징창 청 페이지 뤼씽

Non, j'ai souvent fait un voyage
농, 줴 페 수벙 페 덩 부어아주
en avion.
어 나비옹

여객기는 언제 인천공항을 출발합니까?

When will the passenger plane start from Incheon?

Когда самолёт отправляется
까그다- 사말료-트 아뜨쁘라블랴엣쌰
из международного аэропорта
이즈 미즈두나로드노보 아에로뽀르따
Инчхон?
인천

¿Cuándo partirá el avión de
꽌도 빠르띠라 엘 아비온 데
pasajeros desde Incheon?
빠사헤로스 데스데 인천

Qachon yo'lovchi samolyot
카천 이우럽츠 사말룟
Incheon xalqaro aeroportidan
인천 할카러 아예로폴트단
jo'naydi?
조나이드

客机什么时候从仁川机场出发?
kèjī shénme shíhòu cóng rénchuān jīchǎng chūfā
커-지 션머 쓰하우 총 런추안 지창 추파

Quand l'avion va-t-il partir
깡 라비옹 바-띨 빠흐띠흐
d'Incheon?
딘천

이번 달 20일 오전 11시에 출발합니다.

It will start on the twentieth of this month at eleven am.

В одиннадцать часов утра
바 진-나짜찌 치소-프 우뜨라
двадцатого числа этого месяца.
드밧짜-또보 치슬라- 에-또보 메-샤짜

Partirá (saldrá) este mes el día
빠르띠라 살드라 에스떼 메스 엘 디아
veinte por la mañana.
베인떼 뽀르 라 마냐나

Bu oyning yigirmanchi kuni
뿌 어이닝 이기르만츠 쿠느
tushlikdan so'ng soat o'n birda.
투실릭단 송 서앝 온 브르다

本月20日上午11点出发。
běnyuè 20 rì shàngwǔ 11 diǎn chūfā
뻔위에 얼쓰이 르 샹우 쓰이 띠엔 추파

Il partira à onze heures du matin
일 빠흐띠하 아 옹 죄흐 뒤 마땡
le vingt de ce mois.
르 뱅 드 쓰 므와

무엇 때문에 당신은 거기에 갑니까?

What do you go there for?

Для чего ыы туда полетите?
들라- 체보- 브이 뚜다- 빨레찌쩨

¿Debido a qué va usted ahí?
데비도 아 께 바 우스뗃 아이

U yerga uchishingizning sababini
우 예르가 우츠신기즈 사바브느
bilsam bo'ladimi?
블쌈 뽈라뜨므

为什么你到那儿去?
wèishénme nǐ dào nàer qù
위션머 니 따오 나얼 취

Pourquoi y allez-vous?
뿌흐꾸아 이 알레-부

러시아의 산업을 시찰하기 위해서입니다.

For the purpose of inspecting the industrial condition in Russia.

Для ознакомлення с
들라- 아즈나까믈레-니야 스
промышленностью России.
쁘라므-쉘렌노스찌유 라시이

Con el fin de observar la
꼰 엘 핀 데 옵세르바르 라
condición industrial en Rusia.
꼰디씨온 인두스뜨리알 엔 루시아

Rossiya sanoatini o'rganib chiqish
라씨야 사너아트느 올가닙 츠크시
uchun.
우춘

为了视察俄罗斯的产业。
wèile shìchá éluósī dí chǎnyè。
웨이러 쓰차 엘루스 띠 찬위에

Pour inspecter l'industrie russe.
뿌흐 엥스뻭떼 렝뒤스트히 휘쓰

그 밖에 당신은 어떤 곳을 방문하고 싶습니까?

What other places do you with to visit?

Какие еще места вы хотите
깍끼-에 잇쇼- 메스다- 브이 하찌-쎄
посетить?
빠세찌-찌

¿Excluyendo eso que otros
엑스끌루옌도 에소 께 오뜨로스
lugares quisiera visitar?
루가레스 끼시에라 비시따르

U yerdan tashqari yana qaysi
우 예르단 타시카르 야나 카이쓰
joylarga borishni istaysiz?
저일라르가 버르시느 이쓰타이스즈

此外，你还想访问哪些地方？
cǐwài, nǐ hái xiǎng fǎngwèn nǎxiē dìfang
치와이, 니 하이 샹 팡웬 나씨에 띵팡

Quels autres endroits voulez-vous
껠 조트흐 장트루아 불레-부
visiter?
비지떼

유럽의 많은 산업도시를 방문할 생각입니다.

I intend to see many factory towns in Europe.

Я намерен(намерена) посетить
야 나메-렌 나메-레나 빠세찌-찌
многие промышленные города
므노-기에 쁘라므이-쉘렌느이에 가라다-
Европы.
에브로-쁘이

Pienso visitar muchas ciudades
삐엔소 비시따르 무차스 씨우다데스
industriales de Europa.
인두스뜨리알레스 데 에우로빠

YEvropaning ko’pgina sanoat
예브로파닝 쿂기나 사너앝
shaharlarini ko’rish niyatidaman.
사하를라르느 코르시 니야트다만

我想访问欧洲很多产业城市。
wǒ xiǎng fǎngwèn ōuzhōu hěnduō chǎnyè chéngshì
워 씨앙 팡윈 오우쪼우 헌뚜오 찬위 청쓰

Je visiteai plusiers villes
주 비지뜨헤 쁠뤼지에흐 빌
indistruelles en Europe.
엥뒤스트휘엘 어 뉴롭

당신은 비행기 여행과 배 여행 중에서 어느 것이 더욱 편안하다고 생각하십니까?

Which do you think more comfortable, travelling by sea or by air?

Что вы считаете более
쉬또- 브이 쉬따-에쩨 볼-레에
удобным, путешествие
우도-브느임, 뿌쩨쉐-스뜨비에
по воздуху или по морю?
빠 보즈-두후 일-리 빠 모류

¿Entre viajar en avión y viajar
엔뜨레 비아하르 엔 아비온 이 비아하르
en barco que dice que piensa es
엔 바르꼬 께 디쎄 께 삐엔사 에스
más cómodo?
마스 꼬모도

Siz samolyot orqali sayohat qilish
스즈 사말룥 얼칼리 사여핱 클르시
va kema orqali sayohat qilish
와 케마 얼칼리 사여핱 클르시
o’rtasida qaysi birini qulayroq deb
오르타스다 카이쓰 브르느 쿨라이렄 댑
hisoblaysiz?
흐서블라이쓰즈

您认为在飞机旅行和轮船旅行中哪个更舒适？
nín rènwéi zài fēijī lǚxíng hé lúnchuán lǚxíng zhōng nǎge gèng shūshì
닌 런웨이 짜이 페지 뤼씽 허 룬추안 루씽 쭝 나꺼에 껑쑤쓰

Que pensez-vous plus confortable,
끄 뻥쎄-부 쁠뤼 꽁뽀흐따블
voyager en avion ou en bateau?
부아야제 어 나비옹 우 엉 바또

나는 비행기 여행이 더욱 편리합니다.

Travelling by air is much comfortable for me.

Я люблю летать на самолёте.
야 류블류 레따지 나 사말료찌

Para mí es más conveniente
빠라 미 에스 마스 꼰베니엔떼
viajar en avión.
비아하르 엔 아비온

Men uchun samolyotda sayohat
맨 우춘 사말룟다 사여할
qilish qulayroq.
클르시 쿨라이럭

我乘飞机旅行更加方便。
wǒ chéng fēijīlǚxíng gèngjiā fāngbiàn
워 청 페이지루씽 껑지아 팡삐엔

Voyager en avion est très
부아야제 어 나비옹 에 트헤
confortable pour moi.
꽁뽀흐따블 뿌흐 무아

당신은 비행기 멀미를 합니까?

Do you feel airsick?

Вас тошнит во время полёта?
바스 따쉬니트 바 브레먀 빨료따

¿Usted tiene mareos en el avión?
우스뗏 띠에네 마레오스 엔 엘 아비온

Siz samolyotda uchganingizda
스즈 사말룟다 우츠가닌기즈다
ko'nglingiz ayniydimi?
콩길린기즈 아이나이드므

你晕飞机吗?
nǐ yūn fēijī ma
니 윈 페이지 마

Vous sentez-vous le mal de l'air?
부 썽떼-부 르 말 드 레흐

네, 조금 합니다.

Yes, a little.

Немножко.
넴노-쉬꼬

Sí tengo un poco.
시 땡고 운 뽀꼬

Ha, ozgina.
하, 어즈기나

是的, 稍微有点。
shì de, shāowēi yǒudiǎn
쓰 더, 샤오웨이 요우띠엔

Oui, un peu.
위, 엉 뾔

비행중에 당신은 어디서 식사를 합니까?

Where do you take your meals during a flight?

Где вы едите,
그제- 브이 예지찌,
когда вы летите на самолёте?
까그다- 브이 레찌-쩨 나 사말료-쩨

¿Mientras usted viaja en avión
미엔뜨라스 우스뗏 비아하 엔 아비온
donde come?
돈데 꼬메

Samolyotda uchganingizda siz
사말룟다 우츠가닌기즈다 스즈
qayerda ovqatlanasiz?
카얘르다 어브카틀라나스즈

飞行中你在哪儿吃饭?
fēixíng zhōngnǐ zài nǎér chīfàn
페이씽 쭝니 짜이 나얼 츠판

Où prenez-vous vos repas
우 프흐네-부 보 흐빠
pendant un vol?
뻥덩 엉 볼

우리는 각자 좌석에서 식사를 합니다.

We take our meals in our seats.

Мы едим на своих местах.
므이 예짐- 나 스바이-흐 메스따-흐

Tomamos la comida en nuestros
또마모스 라 꼬미다 엔 누에스뜨로스
asientos.
아시엔또스

Biz har birimiz o'z joylarimizda
브즈 하르 브르므즈 오즈 저일라르므즈다
ovqatlanamiz.
어브카틀라나므즈

我们在各自的座位上吃饭。
wǒmen zài gèzì de zuòwèi shàngchīfàn
워먼 짜이 꺼지더 쭈오웨이 상-츠판

Nous prenons nos repas à notre
누 프흐농 노 흐빠 아 노토흐
place.
쁠라스

여객기에는 식당이 없으므로 스튜어디스가 식사를 서빙 합니다.

As there is no dining room in the passenger plane, meals are served by the stewardess.

На самолёте нет столовой,
나 사말료-쩨 니에-트 스딸로-보이,
поэтому стюардесса подаёт еду.
빠에-또무 스튜아르제-사 빠다요-트 예두-

Debido a que no hay restaurante
데비도 아 께 노 아이 레스따우란떼
en el avión de pasajeros
엔 엘 아비온 데 빠사헤로스
la azafata sirve la comida.
라 아사파따 시르베 라 꼬미다

Samolyotda ovqatlanish joyi
사말룥다 어브카틀라느시 저이
yo'qligi sababli styuardessa
요클리기 사바블리 스튜아르데싸
ovqatlarni keltirib beradi.
어브카틀라르느 켈트릅 베라뜨

客机上没有餐厅,空姐请吃饭。
kèjī shàng méiyǒu cāntīng, kōngjiě qǐngchīfàn
커지 상 메이요우 찬팅, 콩지에 칭 츠판

Il n'y a pas de restaurant dans
일 니 아 빠 드 헤스또항 덩
l'avion, l'hôtesse servent des repas.
라비옹, 오떼스 쎄흐브 데 흐빠

여객기는 파리로 직행합니까?

Does the passenger plane go through to Paris?

Пассажирский самолёт летит
빳사쥐-르스끼 사말료-트 레찌-트
прямо в Париж?
쁘랴-모 프 빠리-쉬

El avión de pasajeros va
엘 아비온 데 빠사헤로스 바
directamente a París?
디렉따멘떼 아 파리스

Samolyot Parijga uchadimi?
사말룟 파리즈갸 우차드므

客机直达巴黎吗?
kèjī zhídá Bālí ma
커지 지따 빠리 마

Est-ce un vol direct pour Paris?
에-스 엉 볼 디렉 뿌흐 빠리

아니요, 파리로 직행하지 않습니다 그것은 북극을 경유하여 코펜하겐으로 갑니다.

No, it does not go through to Paris It goes to Copenhagen via by way of the North Pole.

Нет, он летит не прямо в
니에트, 온 레찌-트 녜 쁘랴-모 프
Париж Он летит в Копенгаген
빠리-쉬 온 레찌-트 프 꼬뻰가-겐
через Северный полюс.
체-레스 셰-레사- 뜨꾸

No, no va directamente a París.
노, 노 바 디렉따멘떼 아 파리스
Pasa por el Polo Norte a Copenhague.
빠사 뽀르 엘 뽈로 노르떼 아 꼬뻰하게

Yo'q, u Parijga to'g'ri bormaydi.
욕, 우 파리쯔갸 토그르 버르마이뜨
U SHimoliy qutb orqali
우 시멀리 쿠툽 어르칼리
Kopengagenga boradi.
카펜가겐갸 버라뜨

不, 不直达巴黎。
bù, bù zhídá bālí
뿌, 뿌 찌따 빠리
它经由北极前往哥本哈根。
tā jīngyóu běijí qiánwǎng gēběnhāgēn
타 징요우 뻬이지 치엔왕 꺼뻰하건

Non, il ne va pas directement à
농, 일 느 바 빠 디렉뜨멍 아
Paris. Il va à Copenhague en
빠리 일 바 아 꼬뻬나그 엉
passant par le pôle Nord.
빠썽 빠흐 르 뽈 노흐

모스크바와 상트페테르부르크로 가는 손님은 거기에서 다른 여객기로 갈아타야만 합니다.

The passenger for Moscow the for Leningrad must take there another passenger plane.

Пассажирам, которые летят в
빳사쥐-람 까또-르이에 레짜-뜨 브
Москву и Ленинград нужно
마스끄부- 이 레닌그라드 누-쥐노
сделать там пересадку.
즈젤-라지 땀 뻬레사-뜨꾸

Los pasajeros para Moscú y para
로스 빠사헤로스 빠라 모스꾸 이 빠라
Leningrado deben transbordar allí
레닌그라도 데벤 뜨란스보르다르 아지
a otro avión de pasajeros.
아 오뜨로 아비온 데 빠사헤로스

Moskva va Leningradga
마스크바 와 레닌그랃가
uchadigan yo'lovchilar u yerdan
우차뜨간 욜러브츨라르 우 예르단
boshqa samolyotga o'tishlari kerak.
버시카 사말룥가 오트실라르 케랔

去莫斯科和圣彼得堡的客人
qù mòsīkē hé shèngbǐdébǎo de kèrén zhǐnéng
취 모스커 허 성삐떠빠오더 커런찌넝
只能在那里换乘其他客机。
zài nàlǐ huànchéng qítā kèjī
짜이 나리 후안청 치타 커지

Les passagers pour Moscou et
레 빠싸제 뿌흐 모스꾸 에
pour Saint-Pétersbourg doivent y
뿌흐 쌩-뻬떼르스부르 두아브 이
changer d'avion.
샹제 다비옹

당신은 이미 좌석을 예약했습니까?

Have you already reserved your seat?

Вы уже забронировали свое место?
브이 우쉐- 자브로니-로발리 스보에 메-스또

¿Usted ya reservó su asiento?
우스뗃 야 레세르보 수 아시엔또

Siz allaqachon joyingizni band
스즈 알라카천 저인기즈느 반드
qilib qo'ydingizmi?
클릅 코이딘기즈므

你已经订座了吗?
nǐ yǐjīng dìngzuòle ma
니 이징 띵쭈오러 마

Avez-vous déjà réservé votre place?
아베-부 데자 헤제흐베 보트흐 쁠라스

네, 나는 1주일 전에 예약했습니다.

Yes, I reserved it before a week.

Да, я забронировал(заброни-
다-, 야- 자브로니-로발 자브로니-
ровала) неделю тому назад.
로발라 네젤-류 따무- 나자-드

Sí lo reservé una semana antes.
시 로 레세르베 우나 세마나 안떼스

Ha, men bir hafta oldin band
하, 맨 브르 하프타 얼뜬 반드
qilib qo'ydim.
클릅 코이듬

是的，我一周前就预订了。
shì de, wǒ yìzhōuqián jiù yùdìng le
쓰 더, 워 이쪼우치엔 지우 위띵러

Oui, je l'ai réservé il y a une
위, 주 레 헤제흐베 일 리 아 윈
semaine.
쓰멘

나는 런던에 비행기로 가고 싶습니다.

I would like to go to London by air.

Я хочу полететь в Лондон на
야- 하추- 빨레쩨-찌 브 론-돈 나
самолёте.
사말료-쩨

Quiero ir a Londres en avión.
끼에로 이라 론드레스 엔 아비온

Londonga samolyot orqali
런던가 사말룥 어르칼리
uchishni xohlayman.
우츠시느 허흘라이만

我想乘坐飞机去伦敦。
wǒ xiǎng chéngzuò fēijī qù Lúndūn
워 샹 청쭈우 페이지 취 룬뚠

Je veux aller à Londres.
주 뵈 잘레 아 롱드흐

어떤 항공편으로 가시겠습니까?

What airline do you wish to take?

Самолётом какой авиакомпании
사말료똠 깍꼬이 아비아깜빠니
вы хотите поехать?
브이 하찌쩨 빠에하찌

¿En qué vuelo le gustaría ir?
엔 께 부엘로 레 구스따리아 이르

Siz qaysi aviakompaniya orqali
스즈 카이스 아비아 캄파니야 얼칼리
uchishni xoxlar edingiz?
우츠시느 허흘라르 애딘기즈

您想坐什么航班?
nín xiǎng zuò shénme hángbān
닌 샹 쭈오 션머 항빤

Quel avion voulez-vous prendre?
껠 라비옹 불레-부 프항드흐

나는 에어로플로트(AEROFLOT) 를 원합니다.

I wish take the Aeroflot Air Lines.

Я хочу полететь Аэрофлотом.
야- 하추- 빨레쩨찌 아에로플로똠

Quiero en líneas aéreas de Aeroflot.
끼에로 엔 리네아스 아에레아스 데 아에로플롯

Men Aeroflot havo yo'nalishini
맨 아에로플롵 하워 요날르시느
tanlayman.
탄라이만

我希望乘坐Aeroflot Air Lines。
Wǒ xīwàng chéngzuò Aeroflot Air Lines
워 씨왕 청쭈오 아이로플로트 에어 라인

Je veux prendre les lignes
주 뵈 프항드흐 레 리뉴
aériennes Aeroflot.
에에리엔 아에로프로트

나는 알래스카를 거쳐서 가고 싶습니다.

I wish to go via(by the way) Alaska.

Я хочу лететь через Аляску.
야- 하추- 레쩨- 레즈 알랴-스꾸

Deseo ir a través de Alaska.
데세오 이라 뜨라베스 데 알라스까

Men Alyaska orqali uchishni
맨 아랴쓰카 얼칼리 우츠시느
xoxlardim.
허흘라르듬

我想经由阿拉斯加去。
wǒ xiǎng jīng yóu ālāsījiā qù
워 샹 징 유오 아라스지아 취

Je veux passer par l'Alaska.
주 뵈 빠쎄 빠흐 랄라스까
(en passant l'Alaska.)
엉 빠썽 랄라스까

비행기로 부칠 수 있는 짐의 최대중량은 얼마입니까?

What is the maximum weight of baggages we can take with us?

Какое количество багажа
깍꼬-예 깔리-체스뜨보 바가자-
принимается на самолёт?
쁘리니마-엣짜 나 사말료-트

¿Cuál es el peso máximo de
꾸알 에스 엘 뻬소 막시모 데
equipaje que podemos llevar en
에끼빠헤 께 뽀데모스 예바르 엔
el avión?
엘 아비온

Samolyotda olib ketsa bo'ladigan
사말룥다 얼립 켙싸 뽈라뜨갼
maksimal yuk og'irligi qancha?
막시말 육 어그를리기 칸차

空运货物的最大重量是多少?
kōngyùn huòwù de zuì dà zhòngliàng shì
콩윤 후오우 더 쭈이 따 쫑리앙 쓰
duōshǎo
뚜오샤오

Quel est le poids maximum des
껠 레 르 뿌아 막씨멈 데
bagages?
바가주

Bir kishiga yigirma kilogrammdan
브르 키시갸 이기르마 키로그람딴
ortishi mumkin emas.
어르트시 뭄킨 애마쓰

每人20公斤。
měirén 20gōngjīn
메이런 얼쓰 꽁진

20 kilogrammes par personne.
뱅 낄로그함 빠흐 뻬흐쏜느

1인당 20㎏까지입니다.

Nor more than twenty kilograms per head.

До двадцати килограммов.
다 드바짜찌- 낄라그라-모프

Por cada persona son veinte
뽀르 까다 뻬르소나 손 베인떼
kilogramos.
낄로그라모스

런던행 여객기는 몇 시에 떠납니까?

What time does the passenger plane leave for London?

Когда улетает пассажирский
까그다- 울레따-에트 빳사쥐-르스기
самолёт в Лондон?
사말료-트 브 론-돈

¿A qué hora parte el avión de
아께 오라 빠르떼 엘 아비온 데
pasajeros que viaja a Londres?
빠사헤로스 께 비아하 아 론드레스

Yo'lovchi samolyoti qachon
열러브츠 사말료트 카천
Londonga yo'l oladi?
런던가 욜 얼라뜨

飞往伦敦的客机几点起飞?
fēiwǎng Lúndūn de kèjī jǐdiǎn qǐfēi
페이왕 룬뚠 더 커지 지띠엔 치페이

À quelle heure part l'avion pour
아 껠 뢰흐 빠흐 라비옹 뿌흐
Londres?
롱드흐

런던발 여객기는 몇 시에 이곳에 도착합니까?

What time does the passenger plane come here from London?

Во сколько прибудет сюда
바 스꼴-꼬 쁘리부-제트 슈다-
пассажирский самолёт из
빳사쥐-르스끼 사말료-트 이즈
Лондона?
론-도나

¿A qué hora llega a este lugar el
아 께 오라 예가 에스떼 루가르 엘
avión de pasajeros de Londres?
아비온 데 빠사헤로스 데 론드레스

Londondan yo'lovchi samolyoti bu
런던단 욜러브츠 사말료트 뿌
yerga qachon keladi?
예르갸 카천 켈라뜨

从伦敦起飞的客机几点到这里?
cóng Lúndūn qǐfēi de kèjī jǐdiǎn dào zhèli
총 룬뚠 치페이 더 커지 지띠엔 따오 쩌리

À quelle heure l'avion de
아 껠 뢰흐 라비옹 드
Londres arrivera-t-il?
롱드흐 아리브하-띨

여기부터 런던까지는 몇 시간 걸립니까?

How many hours does it take from here to London?

Сколько часов займёт перелёт
스꼴꼬 치소-프 자이묘-트 빼렐료-트
до Лондона? Сколько лётных
다 론-돈나 스꼴-꼬 료-뜨느이흐
часов отсюда до Лондона?
치소-프 앗뜨슈-다 다 론-도나

¿Desde aquí hasta Londres
데스데 아끼 아스따 론드레스
cuántas horas toman?
꽌따스 오라스 또만

Bu yerdan Londongacha necha
뿌 예르단 런던갸차 네차
soat ketadi?
서앝 케타뜨

从这儿到伦敦需要几个小时?
cóng zhèlǐ dàolúndūn xūyào jǐ gè xiǎoshí
총 쩌리 따오룬뚠 씌야오 지 꺼 씨아오쓰

Combien d'heures faut-il d'ici à
꽁비엥 되흐 포-띨 디씨 아
Londres?
롱드흐

약 3시간 걸립니다.

It takes about three hours.

Приблизительно три часа.
쁘리블리지-쪨노 뜨리- 치사

Tarda apróximadamente tres
따르다 아쁘록시마다멘떼 뜨레스
horas.
오라스

Taxminan uch soat ketadi.
타흐미난 우츠 서앝 케타뜨

大约需要三个小时。
Dàyuē xūyào sān gè xiǎoshí
따위에 씌야오 싼 꺼 씨아오쓰

Cela prend environ trois heures.
쓸라 프항 엉비홍 투아 죄흐

현재 고도는 얼마입니까?

What is the present altitude of our passenger plane?

На какой высоте мы сейчас находимся?
나 깍꼬-이 브이사쩨- 므이 시차-스 나호-짐샤

¿De cuánto es la altitud ahora?
데 꽌또 에스 라 알띠뚯 아오라

Hozir samolyot balandligi qanchani tashkil qiladi?
허즈르 사말료트 발란들리기 칸차느 타시킬 클리뜨

现在的高度是多少?
xiànzài di gāodù shì duōshǎo
씬자이 띠 까오뚜쓰 뚜오사오

Quelle est l'altitude actuelle de notre avion?
껠 레 라띠뛰드 악뛰엘 드 노트흐 아비옹

현재 고도는 3천 미터라고 생각됩니다.

I think we are in the height of three thousand meters.

По-моему мы на высоте трёх тысяч метров.
빠모-에무 므이 브이사쩨- 뜨료-흐 뜨이샤치 메-뜨로프

Pienso que la altitud ahora es de tres mil metros.
삐엔소 께 라 알띠뚯 아오라 에스 데 뜨레스 밀 메뜨로스

Menimcha, ayni vaqtda biz uch ming metr balandlikdamiz.
매늠차, 아이느 와큳따 브즈 우츠 밍 메트르 발란들릭다므즈

现在的高度是3000米。
xiànzài di gāodù shì 3000mǐ
씬짜이 띠 까오뚜 쓰 싼치엔미

Je pense que nous sommes à la hauteur de trois mille mètres.
주 뻥스 끄 누 쏨므 알 라 오뙤흐 드 투아 밀 메트흐

현재 속력은 얼마입니까?

What is the present speed of our passenger plane?

Какая скорость сейчас?
까까-야 스꼬-로스찌 시차-스

¿De cuánto es la velocidad ahora?
데 꽌또 에스 라 벨로씨닷 아오라

Ayni paytda samolyot tezligi qanchani tashkil qiladi?
아이느 파이트다 사말료트 테즐리기 칸차느 타시킬 클라뜨

现在速率是多少?
xiànzài sùshuài shì duōshǎo
씬짜이 슈샤이쓰 뚜오샤오

Quelle est la vitesse actuelle de notre avion?
껠 레 라 비떼스 악뛰엘 드 트호 아비옹

25 비행기여행

정확히 모르지만, 시속 500km 로 비행하고 있다고 생각됩니다.

I cannot say for certain, but I think our passenger plane is flying at a speed of five hundred kilometers an hour.

Точно не знаю, но я думаю,
또-츠노 녜 즈나-유, 노 야 두-마유,
что мы летит со скоростью
쉬또- 므이 레찜- 사 스꼬로스찌유
пятьсот километров в час.
삐찌-소트 낄라메-뜨로프 프 차-스

No lo sé precisamente pero
노 로 세 쁘레씨사멘떼 빼로
pienso que la velocidad es de
삐엔소 께 라 벨로씨닫 에스 데
quinientos kilómetros por hora.
끼니엔또스 낄로메뜨로스 뽀르 오라

Aniq bilmadimku, lekin menimcha,
아늑 빌마딤쿠, 레킨 매늠차,
soatiga besh yuz kilometr tezlikda
서아트갸 베시 유즈 킬로메트르 테즐릭다
uchyapmiz.
우츠얖므즈

虽然不太清楚,
suīrán bú tài qīngchǔ,
쑤란 뿌 타이 칭추,
但我认为它正在以每
dàn wǒ rènwéi tā zhèngzài yǐ měi
딴 워 런웨이 타 쩡짜이 이 메이
小时500公里的速度飞行。
xiǎoshí 500gōnglǐ dí sùdù fēixíng
씨아오쓰 우빠이꽁리 띠 쑤뚜 페이씽

Ce n'est pas précis, mais nous
쓰 네 빠 프헤씨, 메 누
volons peut-être à cinq cent
볼롱 뾔-떼트흐 아 쌩 썽
kilomètres par l'heure.
낄로메트흐 빠흐 뢰흐

얼마나 아름다운 경치인가! 마치 파노라마를 보는 기분입니다.

What a fine view it is! It seems to me that I am looking at a panorama.

Какой красивый вид! Как будто
까꼬-이 끄라시-브이 비-트 까-크 부-뜨또
я смотрю на панораму.
야- 사마뜨류- 나 빠나라-무

¡Cuán hermoso el paisaje!
꽌 에르모소 엘 빠이사헤
Por decirlo así soy feliz viendo
뽀르 데씨르로 아시 소이 펠리스 비엔도
el panorama.
엘 빠노라마

Naqadar go'zal manzara!
나카다르 고잘 만자라
Go'yo panorama ko'rayotganga
고여 파나라마 코라옅걑갸
o'xshayman.
오흐샤이만

多么美丽的景色!
duōme měilì de jǐngsè
뚜오머 메이리 더 징써
感觉就像在看全景。
gǎnjué jiù xiàngzài kàn quánjǐng。
깐쮸에 지우 샹짜이 칸 취엔징.

Comme c'est beau! Il me semble
꼼므 세 보 일 므 썽블
que je regarde un panorama.
끄 주 흐가흐드 엉 빠노하마

여객기는 착륙했습니다.

The passenger plane has reached the ground.

Самолёт приземлился.
사말료-트 쁘리젬릴-샤

El avión de pasajeros aterrizó arribó.
엘 아비온 데 빠사헤로스 아떼리소 아리보

Samolyot qo'ndi.
사말룟 콘뜨

客机着陆了。
kèjī zhuólùle
커지 쭈오루러

L'avion a atterri.
라비옹 아 아떼리

당신의 항공여행은 어떠했습니까?

How about your travel by air?

Как вам понравился полёт?
깍-크 밤 빠느라-빌샤 빨료-트

¿Qué tal su vuelo?
께 딸 수 부엘로

Havoda sayohatingiz yaxshi o'tdimi?
하워다 사여하틴기즈 야흐시 옽뜨므

你的航空旅行怎么样?
nǐ de hángkōng lǚxíng zěnmeyàng
니 더 항쿵 루씽 쩐머양

Comment s'est passé votre vol?
꼬멍 쎄 빠쎄 보트흐 볼

26 세관에서

- At the custom house
- На таможне
- En la aduana
- Maxsus uyda
- 在海关
- À la douane

여권을 보여주십시오.

Will you show me your passport?
Let me see your passport, please.

Покажите мне ваш паспорт.
빠까쥐-쩨 므녜 바-쉬 빠-스뽀르트
Можно посмотреть ваш паспорт.
모-즈노 빠스마뜨례-찌 바-쉬 빠-스뽀르트

Por favor muéstreme su pasaporte.
뽀르 파보르 무에스뜨레메 수 빠사뽀르떼

Pasportingizni ko'rsatib yuboring.
파스포르팅기즈느 코르싸툽 유버링

请出示护照。
qǐng chūshì hùzhào
칭 추쓰 후짜오

Voulez-vous me montrer votre
불레-부 므 몽트헤 보트흐
passeport?
빠스뽀흐
(Laissez-moi voir votre passeport,
레쎄-무아 부아흐 보트흐 빠스뽀흐,
s'il vous plaît.)
씰 부 쁠래

이것이 나의 여권입니다.

Here is my passport.

Вот мой паспорт.
보-트 모이 빠-스뽀르트

Este es mi pasaporte.
에스떼 에스 미 빠사뽀르떼

Mana mening pasportim.
마나, 매닝 빠스뽀르틈

这是我的护照。
Zhè shì wǒ de hùzhào
쩌 쓰 워 더 후짜오

Voici mon passeport.
부아씨 몽 빠스뽀흐

신고할 물품이 있습니까?

Have you anything to declare?

Есть ли у Вас вещи,
예스찌 리 우 바스 베쉬,
подлежащие декларации
빠들레좌쉬에 제끌라라찌
(декларированию)?
제끌라리로바니유

¿Tiene algo que declarar?
띠에네 알고 께 데끌라라르

Deklorasiyaga yozishingiz kerak
댁클로라지아갸 여스신기스 케락
bo'lgan narsalaringiz bormi?
뽈갼 나르쌀라린기즈 버르므

有需要申报的物品吗?
yǒu xūyào shēnbào de wùpǐn ma
유오 씨유오 션빠오 더 윈핀 마

Avez-vous quelque chose à
아베-부 겔끄 쇼즈 아
déclarer?
데끌라헤

이것은 개인용품밖에 갖고 있지 않습니다.

I have only the articles for personal use.

Это личные веши.
에-따 리-츠늬에 베-쉬

Estos son artículos personales no
에스또스 손 아르띠꿀로스 뻬르소날레스 노
tengo nada más.
땡고 나다 마스

Shaxsiy narsalarimdan tashqari
샤흐시 나르쌀라름단 타시카르
olib ketayotgan narsam yo'q.
얼립 케타열갼 날쌈 욕

这个只有个人用品。
zhège zhǐyǒu gèrén yòngpǐn
쩌거 찌요우 꺼런 용핀

Je n'ai que des objets personnels.
주 네 끄 데 조브제 뻬흐쏘넬

당신의 짐을 조사해 보겠습니다.

Let me examine your baggages.

Разрешите осмотреть ваш багаж.
라즈레-쉬쩨 아스마뜨레-찌 바-쉬 바가-쉬

Quisiera verificar sus maletas.
끼시에라 베리피까르 수스 말레따스

Yukingizni tekshirib ko'raman.
유킨기즈느 텍시릅 코라만

调查一下你的行李。
diàochá yíxiànǐ de xíngli
띠아오차 이샤니 더 씽리

Laisse-moi examiner vos bagages.
레쎄-무아 에그자미네 보 바가주

조사해 보십시오.

I wish to have my baggages examined.

Пожалуйста, осмотрите.
빠잘-루이스따, 아스마뜨리-쩨

Por favor verifiquelas.
뽀르 파보르 베리피께라스

Tekshirib ko'ring, marhamat.
텍시릅 코링, 마르하맡

请调查一下。
qǐng diàochá yíxià
칭 띠아오차 이씨아

Je souhaite que mes bagages soient examinés.
주 쑤에뜨 끄 메 바가주 쑤아 에그자미네

트렁크를 열어 주십시오.

Please open these trunks.

Откройте, пожалуйста, ваши чемоданы.
앗끄로-이쩨 빠잘-루이스따, 바-쉬 체마다-느이

Por favor abra el baúl.
뽀르 파보르 아브라 엘 바울

Yukingizni ochib bering.
유킨기즈느 어촙 베링

请打开后备箱。
qǐng dǎkāi hòu bèixiāng
칭 따카이 호우 뻬이씨양

S'il vous plaît, ouvrez ces malles.
씰 부 쁠래, 우브헤 쎄 말

금지된 물품을 갖고 있지 않습니까?

Haven't you any prohibited goods?

Нет ли у вас вещей, провоз которых запрещён?
니에-트 리 우 바스 베쉐-이, 쁘라보-스 까또-르이흐 자쁘레숀

¿No tiene objetos prohibidos?
노 띠에네 오브헤또스 쁘로이비도스

Sizda taqiqlangan narsalar yo'qmi?
스즈다 타크란갼 나르쌀라르 욬므

你不是有违禁品吗?
nǐ bú shì yǒu wéijìnpǐn ma
니 뿌 쓰 요우 웨이진핀 마

Avez-vous des marchandises interdites?
아베-부 데 마흐샹디즈 엥떼흐디뜨

아니요, 나에게는 그런 물건은 없습니다.

No, I have not any.

Нет, у меня нет таких вешей.
니에-트 우 미냐- 니에-트 딱끼-흐 베쉐-이

No, no tengo esas cosas.
노, 노 땡고 에사스 꼬사스

Yo'q, menda yo'q.
욕, 맨다 욕

不, 我没有那种东西。
bú, wǒ méiyǒu nàzhǒng dōngxi
뿌, 워 메이요우 나쫑 똥씨

Non, je n'en ai pas.
농, 주 넝 네 빠

여기에는 나의 옷만 들어 있습니다.

There are only the clothes for personal use.

Здесь только моя одежда.
즈제-시 똘-끄 마야 아제-쥐다

Aquí tengo solo mi ropa.
아끼 땡고 솔로 미 로빠

Bu yerda faqatgina shaxsiy kiyimlarim bor.
뿌 예르다 파캍기나 샤흐시 키이믈라름 버르

这里只有我的衣服.
zhèli zhǐyǒu wǒ de yīfu
쩌리 쯔요우 워 더 이푸

Il n'y a que mes vêtements.
일 니아 끄 메 베뜨멍

이 트렁크에는 무엇이 들어 있습니까?

What are there in this trunk?

Что в этом чемодане?
쉬또- 브 에-똠 체마다-녜

¿Qué tiene en este baúl?
께 띠에네 엔 에스떼 바울

Bu chemodanda nima bor?
뿌 체마단다 느마 버르

这个箱子里装的是什么?
zhège xiāngzi lǐ zhuāng de shì shénme
쩌거 씨양즈 리쭈앙 더 쓰 션머

Qu'y a-t-il dans ce coffre?
끼 아-띨 덩 쓰 꼬프흐

그 트렁크에는 무엇이 들어 있습니까?

What are there in that trunk?

Что в том чемодане?
쉬또-프 똠 체마다-녜

¿Qué tiene en ese baúl?
께 띠에네 엔 에세 바울

U chemodanda nima bor?
우 체마단다 느마 버르

那个箱子里装的是什么?
nàge xiāngzi lǐ zhuāng de shì shénme
나거 씨양즈리 쭈앙 더 쓰 션머

Qu'est-ce qu'il y a dans ce coffre?
께-스 낄리 아 덩 쓰 꼬프흐

카메라 3대, 담배 3상자, 금 손목시계 2개, 책 및 속옷들이 있습니다.

There are three cameras, three boxes of cigars, two gold wristwatches, books and underwears.

Там три фотоаппарата, три
땀- 뜨리- 포또아빠라-따, 뜨리-
коробки сигарет, двое золотых
까로-쁘기 시가례-뜨, 드보-에 잘라뜨이흐
наручных часов, книги и бельё.
나루츠느이흐 치소-프 끄니-기 이 벨레요-

Hay tres cámaras, tres cajas de
아이 뜨레스 까마라스, 뜨레스 까하스 데
cigarros, dos relojes de pulsera
씨가로스, 도스 렐로헤스 데 뿔세라
de oro, libros y ropa interior.
데 오로, 리브로스 이 로빠 인떼리오르

Uchta kamera, uch quti sigaret,
우치타 카메라, 우츠 쿠트 시가레트,
ikkita tilla qo'l soatlari, kitoblar
이키타 틸라 콜 설아틀라르, 키터블라르
va ichki kiyimlar bor.
와 이츠키 키이믈라르 버르

有三台相机,三箱香烟,
yǒu sāntái xiāngjī, sānxiāng xiāngyān,
요우 싼타이 씨양즈, 싼씨앙 샹얀
两本金手表及内衣。
liǎng běnjīn shǒubiǎojí nèiyī
리양 뻰진 쇼우삐아오지 네이이

Il y a trois caméras, trois boîte
일 리 아 투아 까메라, 투아 부아뜨
de cigarettes, deux montres en or,
드 씨갸레뜨, 두 몽트흐 어 노흐,
des livres et des sous-vêtements.
데 리브흐 에 데 쑤-베뜨멍

당신은 피다 남은 담배 한 상자를 가지고 있는 이것은 괜찮습니다.

You have a box of cigars whose contents are partially consumed, that's good.

У вас есть распечатанный блок
우 바스 예스찌 와스뻬차딴느이 블로크
сигарет, но это ничего.
시가례-뜨, 노 에-따 니체보-

Tienes una caja de cigarros cuyo
띠에네스 우나 까하 데 씨가로스 꾸요
contenido está parcialmente
꼰떼니도 에스따 빠르씨알멘떼
consumido, esto está bien.
꼰수미도, 에스또 에스따 비엔

Ochilgan sigaret qutingiz bor
어칠갼 시가렡 쿠틴기즈 버르
ekan, mayli.
애칸, 마일르

你带一箱香烟没问题。
nǐ dài yixiāng xiāngyān méi wèntí
니 따이 이씨양 샹얀 메이 웬티

Vous avez une boîte de cigarettes
부 자베 윈 부아뜨 드 시갸레뜨
dont le contenu est partiellement
동 르 꽁뜨뉘 에 빠흐씨엘멍
consommé, c'est OK.
꽁쏘메, 쎄 오께

그러나 당신은 그 이외 두 상자에대해 과세를 해야 합니다.

As you two other boxes they will be taxed.

Но за другие два блока вы
노- 자 드루기-에 드바 블로까 브이
должны заплатить пошлину.
달쥐느이 자쁠라찌-찌 뽀쉴리누

Sin embargo sobre las otras dos
신 엠바르고 소브레 라스 오뜨라스
cajas hay un impuesto gravado.
까하스 아이 운 임뿌에스또 그라바도

Ammo qolgan ikki qutingiz
암머 컬간 익키 쿠틴기즈
uchun soliq to'lashingiz zarur.
우춘 설릭 톨라신기즈 자루르

但你还要对另外两箱征税。
dàn nǐ háiyào duì lìngwàiliǎng xiāng hēngshuì
딴 니 하이야오 뚜이 리와이량 씨양 썽슈이

Vous devez payer des taxes sur
부 드베 뻬이에 데 딱스 쒸흐
deux autres boîtes.
두 조트흐 부아뜨

그 외에도, 당신은 카메라 1대와 손목시계 한 개에 대해서도 관세를 지급해야만 합니다.

Besides, you must pay(you have to pay) a customs duty for one camera and one wrist watch.

Кроме того, вы должны
끄로-메 따보-, 브이 달쥐느이
заплатить пошлину за один
자쁠라찌-찌 뽀-쉴리누 자 아진-
фотоаппарат и за одни ручные
포또아빠라-트 이 자 아드니- 루츠느이에
часы.
치스이

Esas otras también, una cámara,
에사스 오뜨라스 땀비엔, 우나 까마라,
un reloj de oro, solo sobre esos
운 렐로흐 데 오로, 솔로 소브레 에소스
también tiene que pagar un
땀비엔 띠에네 께 빠가르 운
impuesto grabado.
임뿌에스또 그라바도

Undan tashqari, siz bitta
운단 타시카르, 스즈 빝타
kameraga va bitta qo'l soati
카메라 와 빝타 콜 서아트
uchun bojxona to'lovlarini
우춘 버즈허나 톨럽을라르느
to'lashingiz kerak.
톨라신기즈 케락

除此之外, 你还要为一台相机和
chúcǐzhīwài, nǐ hái yào wèi yìtái xiāngjī hé
추츠찌와이 니 하이 야오 웨이 이타이 씨양지 허
一块手表支付关税。
yíkuài shǒubiǎo zhīfù guānshuì
이콰이 쇼우삐아오 쯔푸 꾸안쑤이

De plus, vous devez payer des
드 쁠뤼, 부 드베 뻬이에 데
taxes sur une caméra et une
딱스 쒸흐 윈 까메하 에 윈
montre.
몽트흐

전부 얼마를 지급해야만 합니까?

How much do I owe you?

Сколько всего я должен
스꼴-꼬 프세보- 야 돌-젠
(должна) заплатить?
돌쥐나- 자쁠라찌-찌

¿Cuánto es el total sólo de lo
꽌또 에스 엘 또딸 솔로 데 로
que tengo que pagar?
께 땡고 께 빠가르

Hammasi bo'lib qancha to'lashim
함마쓰 보립 칸차 톨라신기즈
kerak?
케락

总共要付多少钱?
zǒnggòng yào fù duōshǎo qián
쫑꽁 야오 푸 뚜오샤오 치엔

Combien je te dois?
꽁비엥 주 뜨 두와

전부 1,100 루블입니다.

One Thousand one hundred roubles in all.

Всего тысяча сто рублей.
프세보- 뜨이샤차 스또 루블레-이

El total son mil cien rublos.
엘 또딸 손 밀 씨엔 루블로스

Hammasi bo'lib bir ming bir yuz rubl.
함마쓰 볼립 브르 밍 브르 유즈 루블

一共是1,100卢布。
yígòng shì 1,100 lúbù
이꽁 쓰 이빠이 루뿌

Mille cent roubles en tout.
밀 쌍 루블 엉 뚜

그것은 너무 과한데요.

It is absurd.

Это так дорого.
에-따 딱크 도-로고

Pero eso es demasiado excesivo.
뻬로 에소 에스 데마시아도 엑쎄시보

Juda qimmat-ku!!
주다 큼맡-쿠

那个太过分了。
nàgè tài guòfèn le
나꺼 타이 꾸오펀 러

C'est absurde.
쎄 땁쒸흐드

그렇지 않습니다.

Never.

Вовсе нет.
바프세 니에-트

No es así.
노 에스 아시

Unday emas.
운다이 애마스

不是。
bú shì
뿌 쓰

Jamais.
쟈메

당신이 관세를 물지 않으면, 당신의 물건을 우리에게 보관해야 합니다.

If you do not wish to pay your duty, you must leave them in our charge.

Если вы не хотите заплатить
예슬리 브이 녜 하찌-쩨 자쁠라찌-찌
пошлину, вы должны оставить
뽀-쉴리누, 브이 달쥐느이 아스따-비찌
ваши веши у нас на хранении.
바-쉬 베-쉬 우 나스 나 흐라녜-니이

Si usted no paga el arancel por
시 우스뗃 노 빠가 엘 아란쎌 뽀르
estas cosas, tiene que dejarnos
에스따스 꼬사스, 띠에네 께 데하르노스
en custodia sus cosas.
엔 꾸스또디아 수스 꼬사스

Agar siz soliq to'lashni
아갸르 스즈 설릭 톨라시느
xoxlamasangiz, narsalaringizni
허흘라마산기즈, 나르쌀라린기즈느
saqlab turish uchun bizga
사클랍 투르시 우춘 브즈다
qoldirishingizga to'g'ri keladi.
컬드르신기즈갸 토그르 켈라드

如果你不交关税,
rúguǒ nǐ bù jiāo guānshuì
루꾸어 니 뿌 지아오 꾸안쓰이
你的东西要存放在我们这里。
nǐ de dōngxi yāo cúnfàng zài wǒmen zhèlǐ
니 더 똥씨 야오 춘-팡 짜이 워먼 쩌리

Vous ne pouvez pas prendre vos
부 느 뿌베 빠 프항드흐 보
bagages sauf si vous payez des
바가쥬 소프 씨 부 뻬이에 데
taxes.
딱스

그러면, 내가 당신 나라에 체류하는 동안 이 물건들을 맡겨 놓겠습니다.

Then, I will leave these articles in your charge during stay in your county.

Тогда я оставлю их у вас, пока я
따그다- 야- 아스따-블류 이흐 우 바스, 빠까-야
в вашей стране.
브 바-쉐이 스뜨라녜-

En ese caso puede dejar
엔 에세 까소 뿌에데 데하르
encargadas sus cosas en este
엔까르가다스 수스 꼬사스 엔 에스떼
país durante un tiempo.
빠이스 두란떼 운 띠엠뽀

U holda, men sizning
우 헐다, 맨 스즈닝
mamlakatingizda bo'lish
마믈라캬틴기즈다 볼르시
muddatimda sizga narsalarimni
묻다틈다 스즈갸 나르쌀라름느
qoldiraman.
컬드라만

那么, 我将在你国家
nàme, wǒ jiāng zài nǐ guójiā
나머, 워 지앙 짜이 니 꾸오지아
逗留期间寄存这些东西。
dòuliú qījiān jìcún zhèxiē dōngxi
또우리우 치지엔 지춘 쩌씨에 똥씨

Ensuite, je laisserai ces articles à
엉쒸뜨, 주 레쓰헤 쎄 자흐띠끌 아
votre charge pendant mon séjour
보트흐 샤흐주 뻥덩 몽 쎄주흐
dans votre pays.
당 보트흐 뻬이

여기에 영수증이 있습니다.

Here's your receipt.

Вот вам квитанция.
보-트 밤 끄비딴-찌야

Aquí tiene su recibo.
아끼 띠에네 수 레씨보

Mana ma'lumot qog'ozi.
마나 말루머트 커거즈

这里有收据。
zhèlǐ yǒu shōujù
쩌리 요우 쇼우지

Voici votre reçu.
부와씨 보트흐 르쒸

여기에 당신의 이름과 주소를 적어 주십시오.

Please enter your name and your address here.

Напишите здесь вашу фамилию и адрес.
나삐쉬-쩨 즈제-시 바-슈 파밀-리류 이 아-드레스

Aquí apunte por favor su nombre y su dirección.
아끼 아뿐떼 뽀르 파보르 수 놈브레 이 수 디렉씨온

Marhamat, bu yerga ismingiz va manzilingizni yozib bering.
마르하맡, 뿌 예르갸 이쓰민기즈 와 만즐린기즈느 여즙 베링

请在这里写下你的名字和地址。
qǐng zài zhèlǐ xiěxià nǐde míngzì hé dìzhǐ
칭 짜이 쩌리 씨에씨아 니더 밍즈 허 띠즈

S'il vous plaît, écrivez votre nom et votre adresse ici.
씰 부 뿔래, 에크리베 보트흐 농 에 보트흐 아드헤스 이씨

트렁크를 닫아도 좋습니까?

May I shut my trunks?

Можно закрыть чемодан?
모-즈노 자끄르이찌 체마단-

¿Está bien si cierro mi baúl.
에스따 비엔 시 씨에로 미 바울

Chemodanimni yopishim mumkinmi?
체마다늠느 여프심 뭄킨므

可以关上后备箱吗?
kěyǐ guānshàng hòu bèixiāng ma
커이 꾸안샹 호우 뻬이씨양 마

Puis-je fermer mes malles?
쀠-주 페흐메 메 말

네, 좋습니다.

Yes, you may.

Да, пожалуйста.
다, 빠잘-루이스따

Sí, está bien.
시, 에스따 비엔

Ha, mumkin.
하, 뭄킨

是的, 很好。
shì de, hěn hǎo
쓰 더 헌 하오

Oui, vous pouvez.
위, 부 뿌베

트렁크에 검사필의 표시를 해 주십시오.

Please put a mark on my trunks.

Поставьте отметку о досмотре
빠스따-비쩨 아뜨메뜨꾸 아 다스모-뜨레
на чемодан.
나 체마단-

Por favor marque mi baúl como
뽀르 파보르 마르께 미 바울 꼬모
inspeccionado.
인스뻭씨오나도

Yukimni tekshirganlik haqida
유킴느 텍시르갸늘릭 하크다
belgini qo'yib yuboring, iltimos.
벨기느 코입 유버링, 일트머쓰

请在后备箱上做一下验讫的标记。
qǐng zài hòubèixiāng shàng zuò yíxià yànqì de
칭 짜이 호우뻬이샹 샹 쭈오 이씨아 얀치 더
biāojì
삐아오찌

S'il vous plaît, mettez une
씰 부 쁠래, 메떼 윈느
marque sur mes malles.
마흐끄 쒸흐 메 말

가도 좋습니다.

Now, you can go away.

Вы можете идти.
브이 모-쥐쩨 이찌-

Buen camino.
부엔 까미노

Ketishingiz mumkin.
케트신기즈 뭄킨

去也行。
qù yě xíng
추 웨 씽

Maintenant, vous pouvez partir.
멩뜨넝, 부 뿌베 빠흐띠흐

참고서적

전혜진, 영어대조 러시아어 회화, 문예림, 1996.

조병익, 웹스터 영한 대사전, 유한, 2000.

김춘식 외 3인, 한국어-우즈베크어 사전, 문예림, 2003.

김효정, 우즈벡어 회화, 부산대학출판부, 2004.

김충식, 여행자를 위한 스페인어 회화, 문예림, 2007.

김태성, 여행자를 위한 중국어 회화, 문예림 2008.

전혜진, 러시아어 회화 사전, 문예림, 2009.

장유경, 프랑스어 회화 사전, 문예림 2012.

김충식, 스페인어 대사전, 문예림, 2012.

이승환 장유경, 프랑스 한국어 입문사전, 문예림, 2012.

김춘식 외 2인, 러시아-한국어사전, 문예림, 2013.

김춘식 외 2인, 한국어-러시아어 사전, 문예림, 2013.

M 굴쇼다 외 3인, 우즈베크어 한국어 사전, 문예림, 2014.

김춘식 외 2인, 활용 러시아어 회화, 한국어판, 문예림, 2014.

김병일, 우즈벡어 기초회화, 중앙아시아어 회화 시리즈, 펴내기, 2014.

김춘식 외 2인, 활용 우즈베크어 한국어판, 문예림, 2015.

중국어의 발생과 역사 (세계 언어백과, 김진아, 김은정) [네이버 지식백과]